Pédagogie pratique

CE1
CE2

Réussir en conjugaison

W0297573

Charlène Schneider

RETZ
editions-retz.com

Cet ouvrage suit l'orthographe recommandée par les rectifications de 1990 et les programmes scolaires.

Voir le site
http://www.orthographe-recommandee.info et son miniguide d'information.

© Éditions Retz 2020
ISBN : 978-2-7256-3916-1

Sommaire

Progression des séquences

Phases	Séquences	Niveaux
Phase 1 *Prérequis*	**1.** Le verbe	CE1-CE2
	2. Le sujet du verbe	CE1-CE2
	3. Les pronoms personnels sujets	CE1-CE2
	4. Passé, présent, futur	CE1-CE2
Phase 2 *Les verbes réguliers, temps par temps*	**5.** Le présent	CE1
	5bis. Le présent	CE2
	6. L'imparfait	CE1-CE2
	7. Le futur	CE1-CE2
	8. Le passé composé	CE2
Phase 3 *Les verbes irréguliers, approche horizontale*	**9.** Conjuguer les verbes « être » et « avoir »	CE1-CE2
	10. Conjuguer les verbes « faire » et « dire »	CE1-CE2
	11. Conjuguer le verbe « prendre »	CE2
	12. Conjuguer les verbes « aller » et « venir »	CE1-CE2
	13. Conjuguer les verbes « pouvoir » et « vouloir »	CE2
	14. Conjuguer le verbe « voir »	CE2

Démarche générale

L'enseignement de la conjugaison ne cesse de mettre en difficulté les professeurs des écoles et les élèves. Pour ces derniers, il s'agit à la fois d'un art rigoureux, fastidieux et d'une affreuse source de confusions tant il semble exister d'exceptions et de particularités dans l'application des règles générales. Au cycle 2, les élèves découvrent l'ampleur de la tâche qui les attend. Pour écrire en français, il ne suffit pas de retranscrire ce qu'on entend : il faut aussi respecter toute une série de règles et de codes dont les finalités apparaissent des plus obscures. Il faut aussi en mémoriser chaque exception et éviter les pièges qui semblent surgir au hasard. Autant tout apprendre par cœur ! D'ailleurs, c'est en général ce qui est demandé aux élèves. Pour certains, l'obstacle semble insurmontable.

Du côté des professeurs des écoles, et bien que les pratiques évoluent, force est de constater qu'il parait parfois difficile de concevoir une autre façon d'enseigner la conjugaison que celle qui nous fut appliquée : apprentissage par cœur de tables de conjugaison puis application dans le cadre d'exercices. On essaye d'appâter avec des jeux ou de rendre actifs les élèves par des manipulations, mais le constat, amer, reste toujours le même : « Il y a ceux qui savent et ceux qui ne savent pas », comme me le disait une collègue. Quand bien même les résultats d'exercices d'application seraient excellents, beaucoup semblent tout oublier dès qu'ils passent en production d'écrits, qu'ils soient dictés ou autonomes. Et pourtant, ce n'est qu'à ce moment qu'on peut être certain que l'élève « sait conjuguer », lorsqu'il est capable de réaliser ces accords entre sujet et verbe de manière autonome et précise. Si les élèves y arrivent, ils auront éliminé une des sources d'erreurs les plus fréquentes.

Comment faire progresser tous les élèves ? Comment permettre à nos élèves de construire une cohérence avec toutes les règles de la conjugaison ? Comment mettre en avant les régularités ? Comment réduire la part du « par cœur » dans la réussite des élèves ? Comment faciliter le transfert dans des tâches plus complexes ? Voilà les questions qui m'ont interrogée durant quelques années et qui m'ont poussée à chercher puis construire une méthode plus efficace, que j'ai développée en trois phases :

1. une première phase qui vise à développer les prérequis de la conjugaison,
2. une deuxième phase inspirée par la conjugaison traditionnelle,
3. une troisième phase dédiée aux verbes irréguliers, inspirée par la conjugaison horizontale.

Phase 1 — **Prérequis**

Phase 2 — **Les verbes réguliers, temps par temps**

Phase 3 — **Les verbes irréguliers, approche horizontale**

1. Deux approches en conjugaison : verticale et horizontale

1. La conjugaison traditionnelle (ou verticale)

De manière traditionnelle, l'enseignement se penche d'abord sur un mode et un temps donnés. Ensuite, les élèves découvrent un tableau avec, pour chaque pronom personnel sujet, la forme verbale ou la terminaison correspondante. C'est ce qui justifie l'emploi de l'appellation « conjugaison verticale ».

Lorsqu'un élève écrit un texte au cycle 2, il n'utilise souvent qu'un ou deux temps, rarement plus. L'élève va donc d'abord connaitre la temporalité de son texte (passé, présent ou futur) et donc piocher dans ses connaissances relatives à la conjugaison au temps correspondant. Avec une approche verticale, on est alors assez proche de ce que font les élèves au moment même où ils écrivent.

ÉTAPE 1

L'élève décide d'écrire ce qu'il est en train de faire.

↓

C'est du présent.

↓

Les verbes seront conjugués au présent (de l'indicatif).

intérêt de l'approche traditionnelle

Étape 1 du processus de réalisation de l'accord sujet / verbe dans une phrase simple, en situation de production d'écrit, au cycle 2.

La deuxième phase de la méthode, qui s'appuie sur une approche verticale de la conjugaison, correspond à cette première étape du processus d'écriture : l'élève connait le temps de l'énoncé et sait donc qu'il doit conjuguer les verbes à ce temps-ci[1]. Elle permet de rappeler la construction du verbe conjugué (radical + terminaison), mais aussi de se pencher plus particulièrement sur la construction de la terminaison. Pour les temps simples au programme, la terminaison peut être composée d'un morphème flexionnel, marqueur du temps[2], accompagné d'un second morphème flexionnel, marqueur de la personne. Le présent a la particularité, pour les verbes réguliers, d'avoir une terminaison « simple », constituée uniquement d'un marqueur de personne.

Ainsi, l'approche verticale, temps par temps, permet d'étudier les régularités de chaque temps.

---

1. À titre de rappel : la première phase s'intéresse aux prérequis.
2. Jean-Christophe Pellat (dir), *Quelle grammaire enseigner ?*, éd. Hatier (2009), p169.

au présent	à l'imparfait	au futur
dans e	dans ait	dans era
radical – terminaison simple composée uniquement d'un marqueur de personne à choisir en fonction du groupe du verbe	radical – terminaison composée d'un marqueur de temps (« -ai- ») et d'un marqueur de personne connu (« -t »)	radical – terminaison composée d'un marqueur de temps (« -er- ») à choisir en fonction du groupe du verbe et d'un marqueur de personne nouveau (« -a »)

Cependant, l'approche verticale est moins efficace pour observer la régularité des marqueurs de personne. Aucun de nous n'oserait supposer qu'on puisse écrire « je faisait » avec un « -t », car nous savons qu'il n'y a jamais de « -t » à la fin des verbes conjugués à la première personne du singulier. Pour autant, les élèves ne seront pas nécessairement choqués de l'écrire, car « je faisais » et « il faisait » ne sont finalement pas si éloignés dans le tableau de l'imparfait, et que rien ne semble justifier qu'il y ait un « -s » pour « je » et un « -t » pour « il », si cela n'est pas explicité. On sait, bien sûr, que le dire et l'écrire ne suffisent pas : les élèves doivent en faire la découverte et l'expérience.

La répétition au fil des séquences permet une première prise de conscience pour certains élèves, mais c'est durant la troisième phase de la méthode que l'observation la plus efficace de ces régularités des marqueurs de personne se fait.

2. La conjugaison horizontale

C'est à ce moment qu'intervient l'approche horizontale de la conjugaison. Celle-ci propose de s'intéresser à un même verbe, conjugué avec une seule personne, mais à tous les temps. On peut par exemple conjuguer le verbe « faire » avec la première personne du pluriel à l'imparfait, au présent et au futur, mais aussi au passé composé[1] (en CE2). On (re)découvre alors que tous ces verbes conjugués se terminent par « -ons ».

1. Seuls ces temps sont au programme mais certains préconisent d'aborder aussi le futur proche de manière explicite. Pour plus d'informations au sujet de la conjugaison horizontale, voir le blog de François Kleczewski : https://lewebpedagogique.com/conjugaisonhorizontalece1/

IMPARFAIT	PRÉSENT	FUTUR
nous faisions	nous faisons	nous ferons

On se concentre ici sur le lien entre le sujet et la terminaison. En répétant cet exemple avec de nombreux verbes, on (re)découvre alors les marqueurs de personne : il y a, par exemple, toujours « -ons » avec « nous », mais il y a aussi presque toujours « -ez » avec « vous », « -s » avec « tu » et « je » (sauf pour les verbes du premier groupe), etc. Les terminaisons, et notamment les lettres muettes finales, ne semblent plus être distribuées au hasard, mais respecter certaines règles. C'est en les observant qu'on diminue la charge liée au « par cœur ». Observer cette cohérence permet de ne pas avoir à apprendre « -ais », « -s », « -as », mais uniquement qu'il y a toujours un « -s » à la fin de verbes conjugués avec « tu ».

Et comment l'élève saura-t-il qu'avec « tu », il faut écrire un « a » avant le « s », au futur ? Outre le fait que cette terminaison a été observée à la deuxième phase de la méthode, il peut dire sa phrase pour l'entendre et la transcrire. Il est également nécessaire d'insister sur l'importance capitale d'écrire des phrases et des textes qui ont du sens. Il ne s'agit plus uniquement d'appliquer une règle, mais de produire des écrits qui signifient quelque chose. C'est d'ailleurs pour cela que chaque exercice proposé est un court texte dont on vérifiera la compréhension et l'oralisation. L'application de cette méthode avec des élèves dont la maitrise du français oral n'est pas très assurée peut, ici, connaitre ses limites. Il faut donc impérativement travailler en amont, puis en parallèle, l'expression orale en veillant à la justesse des verbes notamment.

Considérons les programmes ajustés en 2018[1], où il est demandé de :

Mémoriser le présent, l'imparfait, le futur, le passé composé pour :
– *être* et *avoir* ;
– les verbes du premier groupe ;
– les verbes irréguliers du troisième groupe (faire, aller, dire, venir, pouvoir, voir, vouloir, prendre).

Si l'on s'en tient à la méthode traditionnelle, on demande aux élèves d'apprendre la conjugaison de dix verbes en plus des verbes du premier groupe pour quatre temps, avec six pronoms personnels sujets. Cela représente 264[2] formes. Comment ne pas décourager nos élèves avec un tel agglomérat qui ne représente, qui plus est, qu'une partie de tous les verbes et de toutes les formes existantes ? Difficile, dans ces conditions, de faire rimer exigence avec bienveillance.

1. *BO* n° 30 du 26 juillet 2018 : https://www.education.gouv.fr/bo/18/Hebdo30/MENE1820169A.htm?cid_bo=132987
2. 11 (10 verbes irréguliers + verbes du 1er groupe) x 4 (temps) x 6 (pronoms personnels sujets).

En revanche, si l'on regroupe les régularités de terminaison, la quantité à mémoriser par cœur est très largement réduite[1]. Qui plus est, grâce à la présente méthode, les apprentissages ont lieu en classe et non à la maison. Lorsque, éventuellement, vous demanderez aux élèves de réviser (et non d'apprendre) la conjugaison à la maison, ils se sentiront en confiance, en situation de réussite, et leurs résultats n'en seront que meilleurs.

En situation de production d'écrit, après s'être intéressé au temps du texte (et donc au temps des phrases qui le constituent), l'élève écrit d'abord le sujet puis le verbe conjugué avec la bonne terminaison. C'est à ce moment que l'approche horizontale prend tout son intérêt :

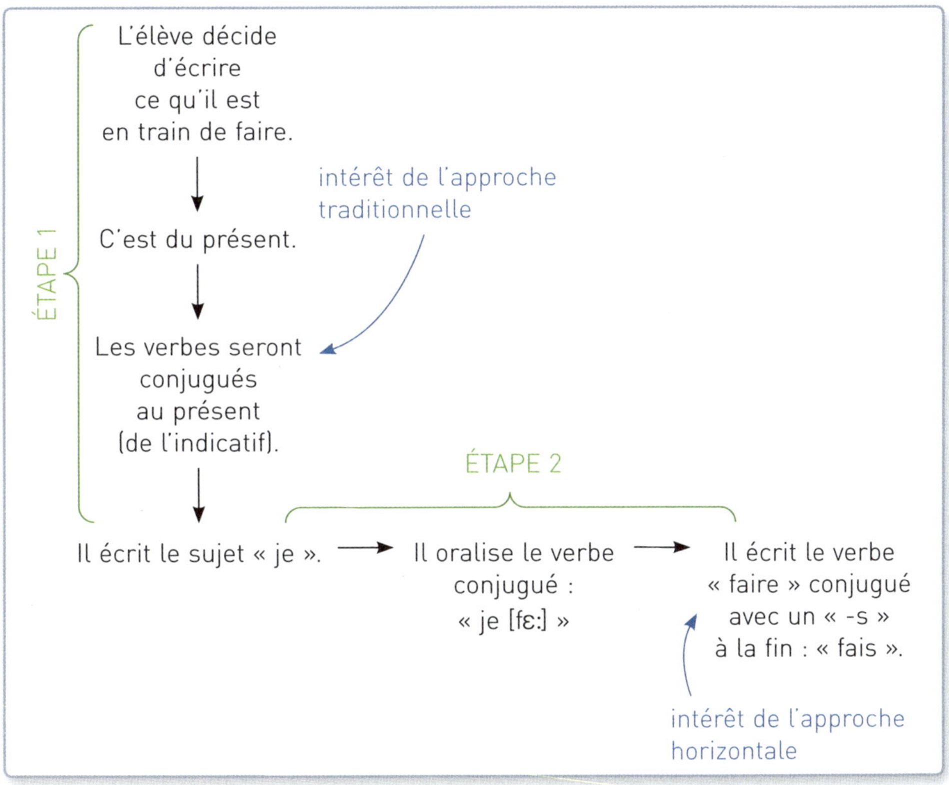

Processus de réalisation de l'accord sujet / verbe dans une phrase simple en situation de production d'écrit.

1. Carole Tisset affirme : « il suffit de connaitre les 8 désinences de personne et les 9 désinences temporelles pour savoir conjuguer et écrire la finale de tous les verbes ». Voir la publication « Surtout renoncer aux tables de conjugaison » https://lewebpedagogique.com/conjugaisonhorizontalece1/files/2016/01/Conjugaison-horizontale-Surtout-renoncer-au-tableau-de-conjugaison-BLE-91-n%C2%B025.pdf

L'un des avantages notables de cette méthode est qu'elle génère des résultats positifs, y compris avec des élèves qui peinent à entrer dans le métalangage propre à la conjugaison. Même s'ils éprouvent des difficultés à utiliser les mots « infinitif », « radical », « terminaison » ou « premier groupe » à bon escient, les élèves auront tendance à écrire les verbes conjugués correctement en s'appuyant à la fois sur la langue orale et sur des automatismes fondés sur les régularités observées. Mieux ! Ils sauront probablement justifier l'accord en recourant au sujet. Le cycle 3 pourra très bien prendre le relais pour continuer à consolider le métalangage.

2. Spécificités de la méthode

Dans le présent ouvrage, nous ne nous limiterons ni à une approche ni à une autre. Il s'agit de croiser ces deux pratiques pour permettre à tous les élèves de réussir dans cet apprentissage. Il s'agit aussi de les aider à développer des automatismes tout en posant les bases nécessaires à leur réussite en cycle 3, et après. Nous restons au plus près des programmes tout en nous autorisant à aller un peu plus loin afin d'éviter qu'une simplification exagérée ne vienne empêcher l'élève de constituer une vue d'ensemble contextualisée de ses apprentissages.

Cette méthode s'appuie sur trois grands axes :

- une posture active de l'élève qui mène une véritable recherche,
- la répétition permise par le croisement des approches verticales et horizontales,
- des traces écrites construites par les élèves, véritables supports à la compréhension et à la mémorisation du fonctionnement de la conjugaison.

1. Rechercher en contexte

On le sait désormais assez bien, une posture transmissive n'est assurément pas la posture la plus efficace en termes d'apprentissage. Comme le disait Confucius : « Dis-moi et j'oublierai, montre-moi et je me souviendrai, implique-moi et je comprendrai. ». Notre objectif est, bien sûr, la compréhension des règles de la conjugaison : premièrement, les élèves mémorisent plus durablement ce qu'ils ont compris ; deuxièmement, ils arrivent plus aisément à assimiler les exceptions, mais aussi à intégrer les règles supplémentaires qu'ils découvriront au cycle 3 et après. Il s'agit donc de construire des bases solides, des fondations qui seront utiles tout au long de la scolarité de l'élève.

Pour ce faire, nous plaçons les élèves en situation de recherche active. Et pour ne pas perdre de vue que nous sommes en train d'étudier la langue française écrite, un langage nous permettant de communiquer, porteur de sens, les recherches des élèves sont menées dans des livres de littérature de jeunesse. Pour utiliser cette méthode, il est donc nécessaire de rassembler un certain nombre d'ouvrages : albums, bandes dessinées, petits romans, magazines, journaux, etc. Les emprunts à la BCD, à la médiathèque locale ou les appels aux dons réalisés dans les familles sont autant de pistes pour étoffer une petite bibliothèque de classe qui peut aussi servir dans d'autres domaines.

Le recours à des supports authentiques donne du sens aux apprentissages en plongeant les élèves dans le monde concret et quotidien. Les élèves se rendent compte qu'ils sont capables d'apprendre de nouvelles choses par eux-mêmes grâce aux textes qu'ils lisent. Ils apprennent à apprendre et à prendre confiance en cette capacité qu'ils ont, tous. D'ailleurs, au fil des séquences, les élèves sont de plus en plus rapides pour trouver puis analyser les verbes.

En situation de recherche, les élèves émettent des hypothèses, débattent, mènent l'enquête dans une sélection d'ouvrages puis en déduisent une règle permettant de valider ou non les hypothèses précédemment formulées. Cette posture active de l'élève lui permet de comprendre de lui-même les règles de la conjugaison. Il organise les connaissances qu'il recueille ce qui lui permet, à son rythme, d'entrer dans la complexité de la langue.

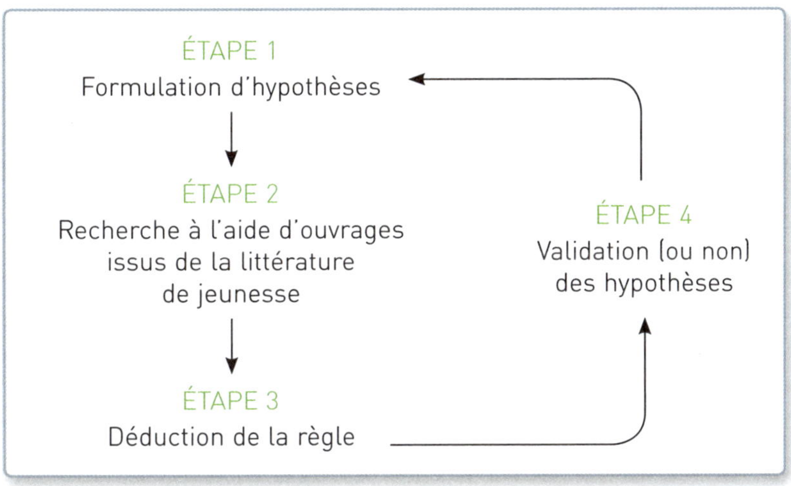

Démarche de recherche utilisée dans la méthode.

2. Prendre le temps et s'appuyer sur la répétition

La méthode demande d'accorder à la conjugaison un temps relativement important, mais nécessaire. En cycle 2, la grammaire du verbe représente la majorité du programme d'étude de la langue. Sur les 360 heures annuelles dédiées au français, en réserver un cinquième à la grammaire du verbe est tout à fait réaliste : cela représente 72 séances d'une heure, soit près de deux heures hebdomadaires en moyenne (on pourra faire moins en début d'année et augmenter la quantité en fin d'année, comme le propose la programmation proposée plus loin).

La méthode nécessite 59 séances en CE1 et 63 en CE2, chacune durant de 35 à 55 minutes : le reste permet de prolonger certaines phases d'entrainement, de consolider les apprentissages à l'aide de productions d'écrit, de créer des liens avec d'autres axes de l'enseignement du français, de pratiquer d'éventuelles évaluations, etc.

Ce temps accordé à l'enseignement de la conjugaison permet aussi de réaliser les répétitions nécessaires à l'apprentissage. En effet, en débutant par une approche plutôt verticale puis en s'orientant vers une approche à dominante horizontale, la construction des règles peut être consolidée. Les élèves qui n'auront pas tout à fait compris ce qui aura été abordé dans une première séquence auront l'occasion de le faire durant les séquences suivantes. Chacune interagit avec les séquences qui précèdent et celles qui suivent.

Ainsi, un premier temps est accordé aux prérequis de la conjugaison (notion de verbe, sujet, pronom personnel sujet et temps) durant une première phase (séquences 1 à 4). Ensuite, avec les séquences 5 à 8, nous nous limitons à étudier un temps à la fois. Cela met en valeur la régularité du radical et la présence de marqueurs de temps dans les terminaisons, à partir de la séquence 6 (sur l'imparfait). Cependant, à chaque séance, on peut faire le lien avec la séquence précédente. Ainsi, à l'imparfait, « il faisait » se termine par la lettre « t » comme « il fait » au présent[1], car le « t » est un marqueur de personne qui correspond au pronom « il ».

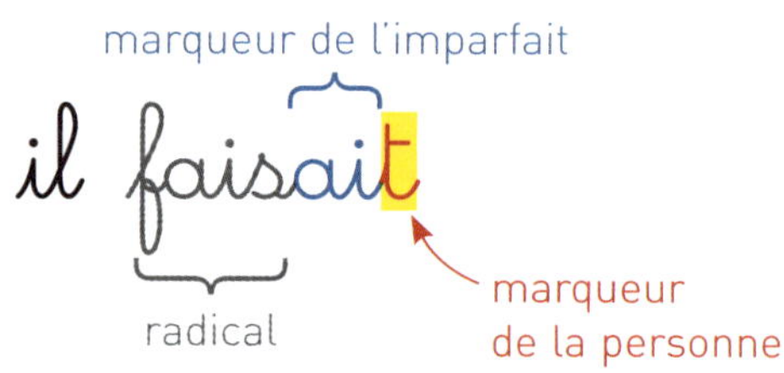

Durant les séquences 9 à 14, l'approche horizontale, que l'on privilégie pour les verbes fréquents (dits « irréguliers »), permet de consolider les connaissances acquises précédemment : la conjugaison de nombreux verbes irréguliers s'appuie fortement sur ces règles très régulières. « Il est », « il disait », « il voit » ont tous la lettre « -t » à la fin de leur terminaison. Le répéter à chaque occasion soutient la mise en mémoire de cette connaissance et l'entrainement qui a lieu durant ces séquences génère un certain automatisme.

3. Produire des traces écrites constituant de véritables supports d'apprentissage

La construction de la leçon est elle-même l'occasion de consolider les acquis en s'appuyant sur un effort de métalangage et d'explicitation que doivent fournir les

1. Pendant la phase 2, il est tout à fait possible d'aborder les verbes dits « irréguliers » dans leurs formes régulières (radical « fai » + marqueur de personne « t » pour « fait »).

élèves. Quand bien même l'acquisition du vocabulaire spécifique à la conjugaison n'est pas un objectif en soi, on sait qu'en faisant l'effort d'expliquer, l'élève structure davantage ses connaissances et ses savoir-faire. Qui plus est, lorsqu'un élève explique sa façon de procéder, on offre une occasion supplémentaire aux autres élèves de comprendre ce qu'ils n'ont peut-être pas compris jusque-là.

Deux supports accompagnent cet effort d'explicitation. Ils servent aussi de trace écrite. La **carte mentale**[1] (ou carte heuristique) est le premier support. Cet outil permet de représenter de façon schématique les grandes idées d'une notion. Ainsi, on limite la quantité d'écrit tout en structurant visuellement les connaissances : on rend visibles les liens qui existent entre les différents éléments clés. Si l'exercice peut sembler intimidant de prime abord, il est vivement conseillé de réaliser ses propres cartes mentales avec ses élèves, en classe. Les premières pourront être réalisées collectivement, à partir de ce qui aura été découvert, mais l'objectif de fin d'année (au moins en CE2) est de permettre aux élèves de tracer leurs propres cartes mentales avec un minimum de guidage.

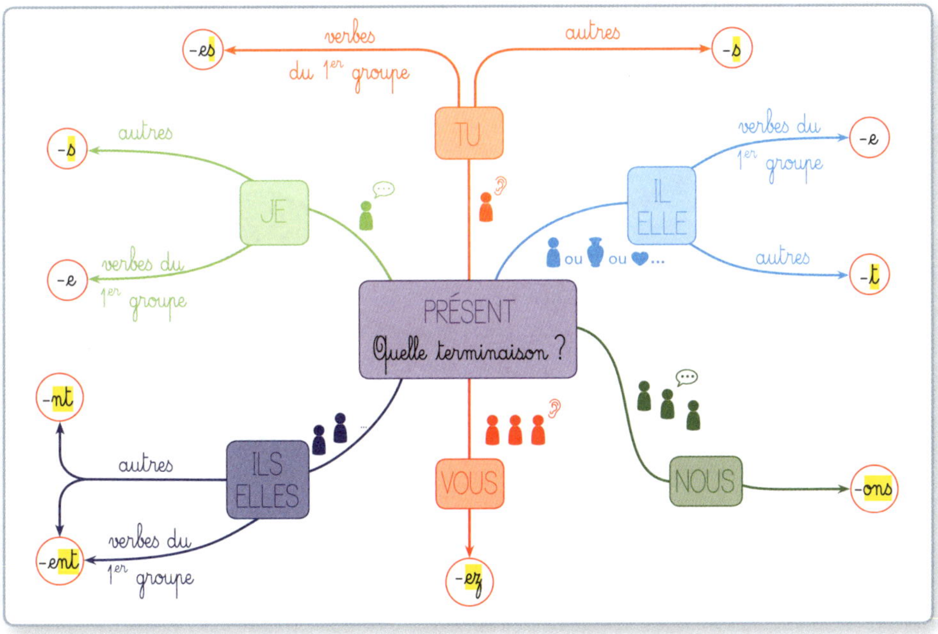

Carte mentale du présent[2]

1. Pour plus d'informations sur les cartes mentales, voir *Utiliser les cartes mentales à l'école* de Muriel Lauzeille (Éditions Retz, 2017).
2. Dans les cartes mentales proposées dans les ressources numériques, nous avons privilégié une construction dans le sens des aiguilles d'une montre, commençant en haut à gauche. Pour lire ces cartes mentales, il faut partir du centre puis suivre la branche. En cas de nœud, poursuivre la lecture des branches secondaires dans le sens des aiguilles d'une montre.

Autre support : les **leçons à manipuler** (LAM). Vous connaissez peut-être cette présentation originale des traces écrites mais à défaut, vous pouvez vous imaginer une leçon présentée à la manière des albums pour jeunes enfants avec des volets à soulever et des éléments à manipuler. Pour autant, il ne s'agit pas de créer une « leçon gadget ». Chaque leçon a été pensée pour que l'élève puisse, progressivement, se détacher d'elle lorsqu'il conjugue. Ainsi, dans la leçon sur la conjugaison au présent de l'indicatif, l'élève voit les grandes étapes :

1) Je dis la phrase dans ma tête.
2) Je cherche le pronom personnel correspondant au sujet.
3) J'écris la bonne terminaison à la fin du verbe.

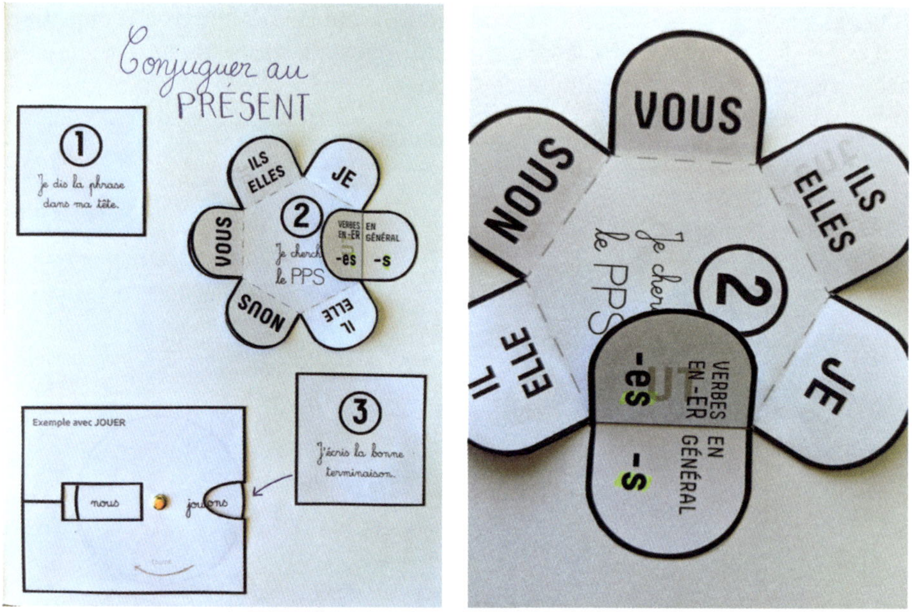

Supports de la LAM du présent.

Grâce aux volets, qui cachent précisément l'information à mémoriser, l'élève peut d'abord se dire la réponse mentalement avant de la vérifier. De même, progressivement, il n'a plus besoin de soulever le volet, voir sa leçon suffit. Ce volet lui est aussi utile pour réviser sa leçon de façon autonome.

La roue qui se situe en dessous permet d'avoir un exemple concret. Là encore, l'élève peut choisir de se dire mentalement la prochaine terminaison avant de vérifier en tournant. Il voit bien, grâce à cette roue, que le radical ne varie pas, seule la terminaison « bouge » (donc change).

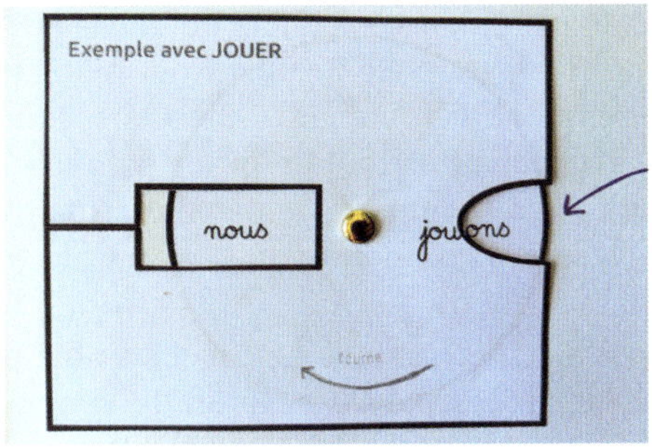

Roue de la LAM du présent.

Remarque : les support des LAM sont conçus de manière à être imprimés recto-verso (option « Imprimer sur bords longs »).

3. Proposition de programmation

1. Programmation en CE1

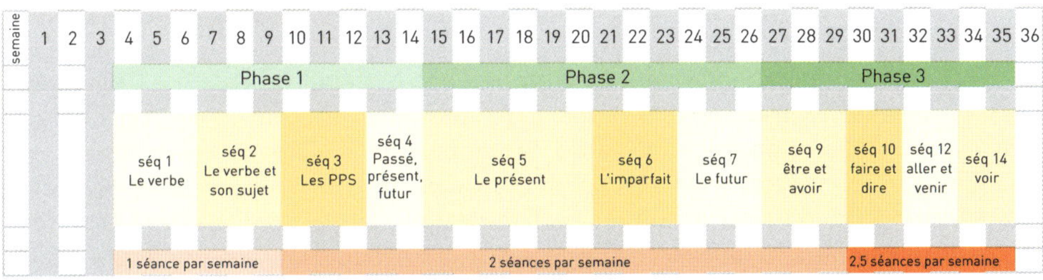

En CE1, les trois premières semaines sont laissées libres, car la remise en route de la lecture peut requérir une attention particulière. Il n'est pas rare qu'en début d'année on ait bien trop à mettre en place pour se lancer directement dans l'étude de la langue. Ensuite, le rythme s'accélère progressivement. Dans cette proposition, entre les semaines 4 et 9, une séance d'étude de la langue dédiée à la grammaire du verbe suffit. À partir de la semaine 10, avec la séquence 3, on accélère légèrement le rythme puisqu'il faut ajouter une séance supplémentaire sur l'une des trois semaines dédiées aux pronoms personnels sujets, idéalement la dernière.

Ainsi, à partir de la semaine 12, deux séances dédiées à la grammaire du verbe ont lieu chaque semaine. Vous pouvez décider de faire cette transition plus tardivement, mais il vous faut alors, au choix, accélérer le rythme ensuite, ou renoncer à l'une des séquences sur les verbes irréguliers. Le choix qui a été fait ici permet de prendre un peu plus de temps pour la séquence 9, qui introduit une nouvelle structure avec une approche majoritairement horizontale. Ce choix laisse plus de temps aux élèves pour entrer dans cette approche horizontale grâce à quatre séquences présentant la même structure. Il présente l'avantage de permettre de travailler la conjugaison de sept verbes irréguliers et, ainsi, ne pas laisser tout le travail de structuration des apprentissages qui leur est lié au CE2.

La trente-sixième semaine est laissée libre, car il semble peu réaliste d'amorcer un apprentissage et de le conclure à la toute fin de l'année. Cette semaine peut permettre un travail de révision, de consolidation à travers des projets d'écriture ou offrir une certaine marge si vous avez pris un peu de retard sur votre programmation, ce qui est assez fréquent.

2. Programmation en CE2

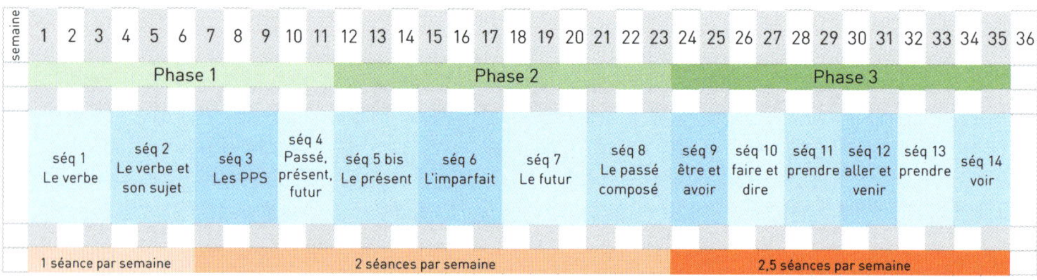

En CE2, l'étude de la langue peut être menée dès le début de l'année. Cependant, il est préférable de prendre son temps. En étalant des séquences de trois séances sur trois semaines, on s'accorde plus de souplesse pour revenir en douceur sur les acquis de l'année passée. Au besoin, on peut toujours ajouter une deuxième séance par semaine pour renforcer suffisamment ces apprentissages essentiels. On peut aussi, plus aisément, s'appuyer sur les productions d'écrit ou le travail mené en lecture afin de créer des liens et de consolider les acquis.

Comme en CE1, le nombre de séances dédiées à la conjugaison par semaine augmente progressivement. Il s'agit, en début d'année, de libérer du temps pour d'autres apprentissages et de s'autoriser un peu plus de souplesse avant d'intensifier le rythme.

À partir de la semaine 21, deux approches sont possibles concernant le passé composé. Dans la première (présentée ci-dessus), on peut utiliser la découverte du passé composé pour se remémorer les acquis, en matière de conjugaison, des verbes « être » et « avoir » au présent. Dans ce cas, la séquence 9 s'appuie sur ces acquis et se concentre sur les autres temps. Cette séquence offre aussi l'occasion de découvrir sereinement le nouveau format de séquence, avec une approche plus horizontale.

Dans une seconde approche, on pourrait décider de placer la séquence 9 avant la séquence 8 afin que le rappel effectué au sujet des verbes « être » et « avoir » en séquence 9 soutienne la séquence 8. Si ce choix peut s'avérer pertinent avec des élèves ayant des acquis fragiles avec ces deux verbes, il faut toutefois noter qu'il s'agit d'une rupture dans la progressivité du rythme des séances ainsi qu'une source potentielle de perturbation pour les élèves ayant le plus besoin des repères propres à une structure répétitive des séquences.

4. Structure d'une séquence type de conjugaison

La méthode se structure en trois grandes phases. La première consiste à poser les bases grammaticales nécessaires à l'entrée en conjugaison. Là, il n'existe pas de séance type : chaque séquence est singulière et le déroulé est précisé dans les chapitres correspondants.

Ensuite, la deuxième phase consiste en l'observation des verbes réguliers, temps par temps. Enfin, la troisième phase se consacre à l'étude des verbes irréguliers. Chaque séquence de ces deux étapes s'appuie sur trois types de séances : séance de découverte, séance d'entrainement et séance de bilan. Le déroulement des séances de découverte diffère selon que l'on se trouve dans la phase 2 ou 3.

Phase 1	Phase 2	Phase 3
Prérequis	**Les verbes réguliers, temps par temps**	**Les verbes irréguliers, approche horizontale**
	• Séances de découverte par temps • Séances d'entrainements • Séance de bilan	• Séances de découverte pour les verbes irréguliers • Séance d'entrainement • Séance de bilan

Séance de découverte | Les verbes réguliers par temps (séquences 5 à 8) (50 min)

Chaque séquence débute par une séance de découverte. Celle-ci porte d'abord sur un seul temps et un seul pronom personnel sujet. Il faut donc plusieurs séances de découverte pour une seule séquence.

Les premières séances des premières séquences pourraient paraitre relativement longues ou demander plus de temps que prévu. Mieux vaut compter dix à quinze minutes de plus pour ne pas se retrouver pressé par le temps. Dans le cas d'une séance trop longue, il est possible de reporter la phase de réinvestissement après une pause (rituel, récréation) ou de la placer à un moment ultérieur de la journée (en début d'après-midi par exemple, si on fait sa séance le matin).

Déroulement de la séance

1. Compléter une phrase avec un indicateur de temps (15 min)

Commencer par donner, à l'oral, un début de phrase contenant un indicateur de temps qui contraint les élèves à utiliser un temps donné et un pronom personnel sujet. Les élèves doivent, à l'oral d'abord, inventer la fin de la phrase. L'enjeu est énoncé clairement : il s'agit ensuite d'écrire cette fin, qui doit être assez courte pour être écrite rapidement, et de l'écrire le plus justement possible.

Exemple :

En ce moment, je...

Quelques élèves sont interrogés oralement. À ce moment, insister sur les propositions qui correspondent à la consigne, valoriser principalement les réponses courtes mais sans dénigrer les plus longues (en précisant toutefois que ce serait très long d'écrire autant et qu'il vaut donc mieux écrire plus court). Insister en demandant aux élèves quelle partie de la phrase ils écriront (le pronom personnel et la fin de la phrase) et quelle partie ils n'écriront pas (le début avec l'indicateur temporel).

Ensuite, inviter les élèves à passer à l'écrit (sur ardoise), en précisant qu'ils peuvent écrire ce qui a déjà été dit. Expliciter à nouveau ce qu'on attend des élèves : écrire le plus juste possible. C'est l'écriture des mots qui nous intéresse.

Interroger quelques élèves et noter les propositions complètes au tableau. Sélectionner celles qui semblent porteuses d'apprentissage, qu'elles soient justes ou erronées. Pour chaque proposition :

- demander à l'élève interrogé d'identifier le verbe conjugué, l'écrire tel que l'élève l'aura noté et l'encadrer en rouge ;
- corriger l'orthographe des autres mots directement en précisant qu'il s'agit, pour cette séance, de se concentrer sur le verbe ;
- demander à chaque élève quel est le temps de sa phrase. Il n'est pas utile de l'écrire au tableau.

Brièvement, rappeler le lien entre l'indicateur temporel imposé en début de phrase et le temps des verbes notés au tableau. En déduire le temps et le pronom personnel sujet étudié durant la séance.

Exemple de ce qui peut être noté au tableau

En ce moment, (je)...

je [panse] à la récréation.

j' [aime] écrire.

je [lève] le doigt.

je [sui] assis sur ma chaise.

je [lit] une phrase.

Inviter les élèves à débattre sur l'écriture des verbes au tableau, en justifiant autant que possible. Corriger ensemble les erreurs de transcription phonétique et d'orthographe à l'aide de l'infinitif (dans notre exemple : « pense » ; on ne corrige pas les terminaisons pour le moment), faire remarquer que l'incertitude réside dans les lettres finales du verbe conjugué. Préciser que la conjugaison s'intéresse essentiellement, mais pas exclusivement, à la fin des verbes conjugués, à la « terminaison ». S'appuyer sur le verbe « terminer » pour aider à la compréhension et la mémorisation de ce terme.

2. Rechercher des verbes conjugués dans des ouvrages (10 min)

Proposer de mener l'enquête afin de déterminer la ou les lettres muettes finales des verbes conjugués au temps souhaité, avec le pronom personnel sujet étudié. Il s'agit de rechercher, dans une sélection de livres préalablement établie, des verbes conjugués qui peuvent aider à déduire la règle ciblée. Définir une liste de critères de sélection des verbes (qu'on peut écrire au tableau) :

- ils sont conjugués au temps étudié dans cette séquence,
- il y a le bon pronom personnel sujet, avant.

Il est souhaitable de pousser la réflexion en allant jusqu'à demander aux élèves s'ils savent où ils pourraient trouver ce type de phrases (dans des dialogues, des bandes dessinées, des romans, des documentaires, des notices, etc.). S'ils ne le savent pas, inutile d'insister. Ils pourront le (re)découvrir pendant la recherche. On pourra en parler lors de la mise en commun, sans y perdre trop de temps.

Un exemple est réalisé en classe entière à l'aide d'un extrait. Celui-ci sera, de préférence, préparé par l'enseignant et sélectionné parmi les livres présents dans la classe ou dans la bibliothèque. **À défaut, un exemple est proposé dans les ressources numériques.** Sur une petite affiche, une feuille A4 ou encore au tableau, l'enseignant écrit l'ensemble « sujet + verbe » que les élèves lui disent d'écrire afin qu'ils puissent visualiser précisément ce qui leur est demandé de faire.

Ensuite, les élèves mènent l'enquête en groupes à l'aide des ouvrages proposés. Si plusieurs pronoms personnels sont à l'ordre du jour, vous avez deux possibilités : soit chaque groupe se concentre sur un seul pronom, soit chaque groupe mène des recherches pour tous les pronoms personnels concernés.

Conseil matériel

Pour réaliser cette recherche, des notes repositionnables sont fournies à chaque groupe ainsi qu'une sélection d'ouvrages issus de la littérature de jeunesse. Les élèves recopient les ensembles « sujet + verbe » extraits des ouvrages et laissent la note repositionnable en place à la bonne page. On peut envisager de remplacer ces notes par une ardoise si les élèves sont bien à l'aise avec la discrimination des verbes conjugués.

Selon les habitudes de travail en groupe des élèves, il peut être nécessaire de rappeler le cadre d'un tel dispositif coopératif. Il est demandé aux élèves d'échanger entre eux. On peut, au sein des groupes, constituer des binômes avec, pour consigne, qu'un ensemble « sujet + verbe » ne peut être recopié qu'à la condition que les deux élèves soient d'accord sur le respect des critères énoncés précédemment.

L'enseignant passe voir chaque groupe, relance les recherches, encourage, souligne les démarches et attitudes efficaces, étaye, suggère ou questionne. Le but est de soutenir l'activité des élèves, de l'orienter dans la bonne direction et, éventuellement, de relancer la réflexion quand nécessaire. Le professeur en profite pour vérifier la validité de ce qui est trouvé, rappeler (ou faire rappeler) les critères ou la définition d'un verbe conjugué (et de son sujet).

3. Collecter les terminaisons (10 min)

Sur le tableau, afficher une dizaine de bandes de papier préparées en amont. Le professeur y écrit les ensembles « sujet + verbe » trouvés par les élèves.

Conseil matériel

Pour cette activité de classement on peut :
- afficher les bandes de papier avec des aimants ou du ruban adhésif,
- préparer un stock de bandes plastifiées et aimantées grâce à du ruban adhésif magnétique qu'on réutilise à chaque séance de découverte (écrire au feutre ou crayon pour tableau),
- écrire directement au tableau et prévoir des feutres de deux couleurs afin d'entourer les terminaisons,
- utiliser un logiciel pour VPI ou TBI avec des étiquettes préparées avant la séance, mais qu'on remplira au moment de la collecte.

Chaque fois qu'un élève propose un verbe, l'enseignant lui demande quel est l'infinitif du verbe et le note à côté, entre parenthèses.

Remarque : Dans le cas d'une erreur de sélection qui n'aurait pas été corrigée durant le travail de recherche, la phrase complète est reprise et le verbe conjugué est retrouvé sans qu'on ne perde trop de temps à ce moment-là. Le but n'est pas de refaire une séance sur l'identification du verbe. On pourra envisager de réaliser une remédiation en séance détachée si besoin. Il est aussi possible d'écarter la proposition faite par l'élève si celui-ci en a d'autres à proposer, plus pertinentes, et de reprendre avec lui sa première proposition ultérieurement.

Exemple de ce qui peut être affiché au tableau

je réfléchis	(→ réfléchir)
j'écoute	(→ écouter)
j'écris	(→ écrire)
je regarde	(→ regarder)
je cherche	(→ chercher)

4. Déduire la règle (10 min)

Faire rappeler aux élèves le but de la recherche menée : comprendre comment se conjuguent les verbes à un temps donné. Leur demander ensuite ce qui pourrait être fait pour répondre à notre interrogation. Ils se limiteront peut-être à dire « regarder les terminaisons » (ou la fin des verbes). On peut alors leur suggérer d'entourer les terminaisons. Il est important que les élèves ne voient pas cette invitation comme une consigne venue de nulle part (si ce n'est de l'enseignant), mais qu'ils fassent le lien entre le but de la recherche et la tâche qu'ils vont réaliser. Cette prise de conscience peut toutefois être progressive et se faire tout au long des séances puisque leur déroulement se répète.

Observer les lettres entourées et demander quelles sont les lettres finales possibles. Les noter en haut du tableau, pour constituer une ou deux colonnes, selon les besoins. Par exemple, pour le présent, à la première personne du singulier, on nommera les deux colonnes « -s » et « -e ».

Parfois, certaines terminaisons comme les lettres « -x » ou « -ds » pourront apparaitre. À vous de choisir : soit vous les intégrez (et cela fera deux colonnes de plus), mais il faut prendre le temps de les expliquer, soit vous expliquez que ces terminaisons existent, mais que, pour le moment, vous faites le choix de les laisser temporairement de côté. Ces terminaisons seront revues avec les verbes irréguliers (comme « pouvoir », « vouloir » et « prendre »).

Faire venir des élèves au tableau pour ranger les bandes de papier dans la bonne colonne. L'ensemble de la classe valide ou invalide le classement effectué.

Demander ensuite aux élèves de s'intéresser à chaque colonne pour essayer de déduire une règle. Quand c'est pertinent, au présent principalement, suggérer de regarder l'infinitif du verbe. D'autres fois, il sera éventuellement nécessaire de guider davantage, à la discrétion de l'enseignant. Le professeur mène les échanges, met à l'épreuve les hypothèses (même justes) des élèves et invite au débat.

La règle est alors déduite, à l'oral uniquement. Une trace écrite individuelle viendra ultérieurement.

5. Réinvestissement (5 min)

Afin de consolider la règle découverte, il est intéressant de réaliser un court entrainement. Il ne s'agit pas d'exercice réalisé à l'écrit : la séance a déjà été longue et ce type d'écrit présente un aspect définitif potentiellement bloquant pour certains élèves, surtout si précocement. Il est donc proposé de réaliser un travail de groupe (avec le même groupe que celui constitué en début de séance) qui consiste à corriger les hypothèses formulées lors de la première phase. C'est l'occasion, pour les élèves, de prendre conscience du chemin déjà parcouru en une séance de manière très positive.

La validation des corrections proposées par les groupes est faite collectivement.

Un dernier bilan est effectué en faisant reformuler la règle découverte par les élèves. Cette fois-ci, il leur est demandé d'expliquer comment ils ont fait, quelle démarche ils ont suivie. Au présent, par exemple, l'élève cherche d'abord le sujet, puis le groupe du verbe et en déduit la terminaison. Ce cheminement est représenté par un schéma ou une carte mentale que l'enseignant trace sur une affiche. Cette dernière servira de trace écrite collective, support utilisé en séance d'entrainement, notamment.

Séance de découverte

Les verbes irréguliers (séquences 9 à 14) (40 min)

Lorsque l'on passe à l'étude des verbes irréguliers, la démarche de recherche telle qu'elle a été menée précédemment devient trop compliquée et fastidieuse car, même si ces verbes sont très fréquents, il est difficile de les trouver écrits avec la bonne personne et à tous les temps dans un délai suffisamment court.

Il est donc conseillé de créer une affiche collective de récolte avec les infinitifs de tous les verbes irréguliers programmés sur l'année et de la compléter au fur et à mesure des collectes lors des séances de littérature, de lecture ou de toute autre matière. Un modèle est présent dans les ressources numériques. Cette affiche pourra être présentée, par exemple, à l'issue de la séquence sur le présent, une fois que la démarche a été comprise.

L'un des intérêts de cette façon de procéder est de permettre aux élèves de réaliser qu'ils peuvent acquérir de nouvelles connaissances seuls, en étant attentifs à la langue qu'ils lisent à tout moment.

Conseil matériel

Ces affiches[1] peuvent être constituée de feuilles A3, une par verbe, éventuellement regroupées en grand carnet et apposées à hauteur d'élève. Les élèves pourront compléter l'affiche au fil des lectures.

1. Un modèle pour chacune de ces affiches est proposé dans les ressources numériques.

Exemple d'affiche collective de récolte CE1

AVOIR

Imparfait	Présent	Futur
je	je	je ....
tu	tu	tu ....
il/elle	il/elle	il/elle ....
nous	nous	nous ....
vous	vous	vous ....
ils/elles	ils/elles	ils/elles ....

Réussir en conjugaison CE1-CE2 © Éditions Retz

Exemple d'affiche collective de récolte CE1

Exemple d'affiche collective de récolte CE2

AVOIR

Passé composé	Imparfait	Présent	Futur
je	je	je	je ....
tu	tu	tu	tu ....
il/elle	il/elle	il/elle	il/elle ....
nous	nous	nous	nous ....
vous	vous	vous	vous ....
ils/elles	ils/elles	ils/elles	ils/elles ....

Réussir en conjugaison CE1-CE2 © Éditions Retz

Exemple d'affiche collective de récolte CE2

En début de séance, l'affiche correspondant au(x) verbe(s) étudié(s) (par exemple « faire » et « dire ») est montrée et accessible aux yeux de tous.

Déroulement de la séance

Formuler et vérifier des hypothèses → S'entrainer → Faire le bilan

1. Formuler des hypothèses sur l'écriture des terminaisons verbales et les vérifier (15 min)

Afin d'inciter les élèves à formuler des hypothèses, un exercice sur ardoise est proposé. Des phrases sont dictées par l'enseignant et les élèves n'ont qu'à écrire le pronom personnel correspondant au sujet et le verbe conjugué. Préciser à chaque fois ce qui doit être noté (ce qui est en gras, dans ce livre). Corriger après chaque phrase en faisant justifier (identification du sujet, voire de l'infinitif du verbe quand cela est nécessaire).

S'agissant de se concentrer sur les accords sujet / verbe, la compréhension ne doit pas être un obstacle. Aussi, il convient d'adapter les phrases en fonction des élèves.

Au regard de l'affiche de collecte, deux cas sont possibles :

- La conjugaison du verbe de la séance en cours à la personne travaillée a déjà été notée : l'étape de formulation d'hypothèse devient alors une sorte d'entrainement préliminaire afin d'amener les élèves à retrouver la bonne information au bon endroit sur l'affiche.
- La conjugaison du verbe de la séance en cours à la personne travaillée n'a pas été trouvée : les élèves formulent alors de véritables hypothèses. Il sera nécessaire de recourir à l'extrait fourni dans les ressources numériques si les élèves n'arrivent pas à déduire la bonne écriture à partir de leurs connaissances.

À la fin de chaque phrase, les différentes propositions sont copiées au tableau puis débattues en classe entière. On reviendra, dès que possible, à la règle précédemment étudiée qui sera reformulée par les élèves eux-mêmes. Ce moment de la séance est idéal pour permettre aux élèves de prendre conscience du chemin parcouru. Grâce au travail mené jusque-là, ils sont déjà capables d'écrire la plupart des verbes irréguliers sans erreur, alors qu'ils ne les ont pas encore appris ni travaillés de manière ciblée. Après tous les efforts fournis, il est grand temps, pour les élèves, de réaliser que ceux-ci commencent déjà à porter leurs fruits.

Remarque : Les verbes fréquents, appelés « irréguliers » dans les programmes, ne sont pas si irréguliers que ça. À l'imparfait et au futur, l'irrégularité se limite souvent à un changement du radical. Au passé composé, en CE2, c'est simplement le participe passé qui peut se terminer par la lettre « -t »

ou la lettre « -s ». L'essentiel des irrégularités se trouve surtout au présent. Aussi, il est tout à fait possible de s'appuyer sur ce qui est entendu et sur les terminaisons ou les marqueurs de personne déjà connus. Il est essentiel de mettre en avant les régularités et ce que connaissent déjà les élèves.

Une fois validée, la bonne réponse est consignée sur une affiche collective présentée sous forme de tableau. Le code utilisé est le suivant :

- Les terminaisons régulières sont entourées en rouge.
- Les marqueurs de personne réguliers et fréquents sont surlignés en jaune.
- Les marqueurs de temps sont soulignés en rouge (séquence 1)
- Les particularités régulières d'un même verbe (la lettre « s » s'ajoutant au radical dans « disais », le radical de « ferai » ou « sera ») sont soulignées en bleu, tout comme certains participes passés dont le radical change (« eu », « su », « pu », etc.).

Par exemple :

	IMPARFAIT	PRÉSENT	FUTUR
IL	il était	il est	il sera
	il avait	il a	il aura

Un exemple d'affichage est proposé pour chaque séance concernée. Les éléments de régularité ou d'irrégularité à observer sont précisés à la suite. Cette trace écrite reste affichée pour les exercices d'entrainement.

2. Exercice d'entrainement (20 min)

Après avoir rassemblé les connaissances découvertes ou rappelées à l'occasion de l'étape précédente, préciser que l'on va mettre tout cela en pratique dans un exercice écrit, dans le but de s'entrainer.

3. Bilan (5 min)

Il s'agit de faire le point avec les élèves sur ce qu'ils ont appris. Se concentrer sur ce qui est nouveau ou sur les prises de conscience qui ont eu lieu durant la séance. Il ne sera pas toujours possible de rappeler tout ce qui a été dit. Insister sur les points qui ont mis les élèves en difficulté.

Séance d'entrainement (séquences 5 à 14) (40 ou 45 min)

Les séances d'entrainement ont lieu après la découverte des terminaisons pour un ou plusieurs pronoms personnels dans le cadre de la phase 2 ou après la découverte de la conjugaison d'un verbe irrégulier aux trois ou quatre temps étudiés dans le cadre de la phase 3. Elles ont pour but de créer des automatismes grâce à un déroulement ritualisé et des exercices aux consignes identiques.

Cette séance d'entrainement pourra porter sur plusieurs pronoms personnels sujets, plusieurs temps, voire plusieurs verbes irréguliers.

Déroulement de la séance

Rappeler les règles découvertes → S'entrainer sur ardoise → S'entrainer individuellement → Faire le bilan (carte mentale)

1. Rappel des séances précédentes (5 min)

Il s'agit de faire une mise en contexte pour les élèves. Faire rappeler ce qui a été fait durant les deux séances précédentes et l'objet des recherches.

À l'aide de la trace écrite collective, faire rappeler les règles découvertes lors des séances précédentes. Il est conseillé de se concentrer sur la marche à suivre pour réussir à conjuguer en explicitant les actions réalisées mentalement et en invitant les élèves à s'aider de la carte mentale affichée.

Préciser que l'objet de cette séance est de s'entrainer à utiliser ces règles.

2. Entrainement sur ardoise (10 min)

Remarque : Cet entrainement ne concerne que la phase 2 de la méthode (celle dédiée à la découverte des temps). Pour la phase 3, ces dictées sont intégrées à l'étape de rappel précédente.

Il s'agit d'une dictée de phrases où les élèves n'ont qu'à écrire le pronom personnel correspondant au sujet et le verbe. Préciser à chaque fois ce qui doit être noté (ce qui est en gras dans ce livre). Écrire au tableau l'infinitif du verbe à conjuguer, à chaque fois. Corriger chaque phrase en faisant justifier (identification du sujet et de l'infinitif du verbe).

Remarque : Puisqu'il s'agit de se concentrer sur les accords sujet / verbe, il ne doit y avoir aucune difficulté de compréhension. Le sens doit être explicité, les phrases adaptées aux capacités des élèves.

Cet exercice permet de vérifier la bonne compréhension des règles, d'apporter quelques précisions et d'encourager les élèves à se lancer en prenant confiance en eux. L'erreur est, comme toujours, valorisée en tant qu'opportunité d'apprentissage.

3. Exercice d'entrainement (20 min)

Les élèves réalisent l'exercice individuellement, après avoir fait un exemple en classe entière.

Exemple en classe entière (« Faisons ensemble. »)

Projeter l'exemple de l'exercice au tableau. Faire lire ou lire soi-même la consigne et l'expliquer, puis quand il y a lieu, faire lire la phrase de l'exemple à un élève, telle quelle. Faire préciser que le verbe entre parenthèses est à l'infinitif et qu'il faut le conjuguer.

Pour réaliser l'exercice, proposer aux élèves de mémoriser le début de la phrase en le répétant plusieurs fois, de fermer les yeux pour ne plus lire et de dire le verbe conjugué comme il vient, le plus naturellement possible. Puis, vérifier que la phrase produite a du sens.

Collectivement, le verbe de cet exemple est conjugué. Faire expliciter :

- le sujet et le verbe conjugué,
- ce qu'il faut écrire et ce qu'il ne faut pas écrire,
- la terminaison, et comment on l'a choisie,
- les éventuels points de vigilance (variation du radical, notamment).

Insister sur les points pouvant mettre les élèves en difficulté, au regard de l'exercice précédent. S'appuyer sur la trace écrite collective, si nécessaire.

Enfin, lire la totalité des phrases de l'exercice et veiller à la bonne compréhension de chacune d'entre elles.

Entrainement individuel (« À ton tour ! »)

Remarque : Quand c'est possible, il est conseillé de faire écrire toute la phrase dans le cahier car, pour écrire, les élèves doivent lire la phrase. Cela les encourage à dire la phrase dans leur tête avant de l'écrire et évite les réponses données au hasard, détachée du sens. Toutefois, en CE1, mais parfois en CE2 aussi, les élèves n'ont pas suffisamment automatisé le geste d'écriture ou la copie pour écrire plusieurs phrases complètes sans que leur entrainement à la conjugaison n'en pâtisse. La fiche à photocopier peut alors s'avérer utile.

Cette fiche peut aussi être utilisée pour gagner du temps (en faveur d'une autre étape de la séance ou en cas de contretemps, par exemple). Elle peut aussi être un support de différenciation pour les élèves ayant des difficultés à l'écrit. Il faudra alors, dans ce cas, circuler parmi les élèves concernés ou réaliser un groupe de besoin afin de s'assurer du passage par la phase d'énonciation de la phrase et de

la vérification du sens. Les fiches existent sans aide ou avec aide, pour faciliter la différenciation en diminuant la quantité à écrire[1].
Plusieurs degrés de différenciation sont possibles :

Copie complète

L'élève copie les phrases complètes en conjuguant le verbe, à chaque fois. Chaque élève écrit autant qu'il le peut, la qualité de l'écrit étant privilégiée par rapport à la quantité.

Copie partielle

L'élève n'écrit que les ensembles « sujet + verbe conjugué » de chaque phrase dans son cahier.

Fiche classique

L'élève complète la fiche en n'écrivant que les verbes.

Fiche avec aide

L'élève complète une fiche où le début du verbe est déjà écrit. Il n'a qu'à se concentrer sur les lettres finales et les terminaisons.

Remarque : seuls les facsimilés des fiches des dernières séances sont reproduits dans le livre.

Pour cette phase, il est important de rappeler aux élèves qu'il ne s'agit pas de faire tout l'exercice jusqu'au bout mais de faire du mieux que l'on peut, en écrivant le plus juste possible. Sur les premières séances, la plupart des élèves ne parviendront qu'à réaliser une ou deux phrases et c'est tout à fait normal. Ne pas hésiter à l'expliciter.

Correction collective

Corriger les premières phrases collectivement en reprenant explicitement la démarche de l'exemple. La correction est écrite au tableau, sur l'exercice projeté (ou recopié).

1. Pour les séquences 5 à 14, les ressources numériques proposent des fiches classiques et des fiches « avec aide ». Pour les séquences 1 à 4, elles proposent des fiches classiques et des fiches « différenciées », car pour ces séquences, la différenciation peut à la fois consister en l'ajout d'une aide et en une réduction de la difficulté.

4. Bilan (5 min)

Pour clore la séance, demander aux élèves de rappeler une nouvelle fois la ou les règles sur lesquelles ils se sont entrainés.

Pour les séquences de la phase 2, c'est à ce moment qu'une première trace écrite individuelle est réalisée. Pour chaque temps, la leçon occupe deux pages : à gauche, les cartes mentales tracées par les élèves, à droite les leçons à manipuler. Ici, on réalise la carte mentale au fur et à mesure de l'avancement dans la séquence.

Un exemple de carte mentale est proposé pour chaque séquence mais il est conseillé de l'adapter en fonction de ce qui a été construit avec les élèves. Cette carte doit faire sens pour eux et gagne donc à être construite par eux. Vous pouvez, au fur et à mesure, commencer à tracer une carte mentale puis impliquer progressivement les élèves en leur posant des questions :

« Où est-ce que je mets cette information ? »

« Est-ce que je peux relier cette idée à une autre ? »

« Est-ce que vous pensez que cette idée est plutôt en lien avec ça ou avec ça ? »

« Qu'est-ce que tu mettrais comme titre à cet ensemble d'idées ? »

Etc.

Les élèves recopient cette carte mentale sur la page dédiée. Cette trace écrite leur servira de leçon lors des prochains exercices.

Séance de bilan | Conjuguer des verbes avec toutes les personnes, à tous les temps (séquences 5 à 14) (35 min)

Chaque séquence se termine par une séance de bilan. Il s'agit de réaliser un dernier point sur l'ensemble des règles découvertes et de s'accorder un temps d'entrainement supplémentaire. C'est aussi durant cette séance qu'est assemblée la leçon à manipuler.

Déroulement de la séance

1. Rappeler les règles découvertes
2. Faire une synthèse (leçon à manipuler)
3. S'entrainer sur ardoise
4. S'entrainer individuellement
5. Faire le bilan de la séquence

1. Rappel des séances précédentes (5 min)

Après avoir fait un rappel succinct des règles précédemment découvertes et travaillées, préciser l'objectif de la séance : s'entrainer sur tout ce qui a été appris durant la séquence.

Pour ce faire, les élèves réalisent un nouvel exercice sur ardoise, similaire à ceux des séances d'entrainement. Les consignes sont données en suivant les mêmes modalités et les phrases sont dictées dans les mêmes conditions, en précisant quelle est la partie qui doit être écrite par les élèves, sur l'ardoise.

2. Synthèse et trace écrite (10 min)

Avant de s'entrainer, les élèves assemblent leur leçon à manipuler. Elle servira de support pour la réalisation des exercices.

Rappel : Pour la phase 2, deux pages A4 sont réservées pour la trace écrite : la page de gauche accueille la carte mentale et la page de droite la leçon à manipuler. Pour la phase 3, la leçon à manipuler constitue l'unique trace écrite.

Phase 2 : séquences 5 à 8 — Phase 3 : séquences 9 à 14

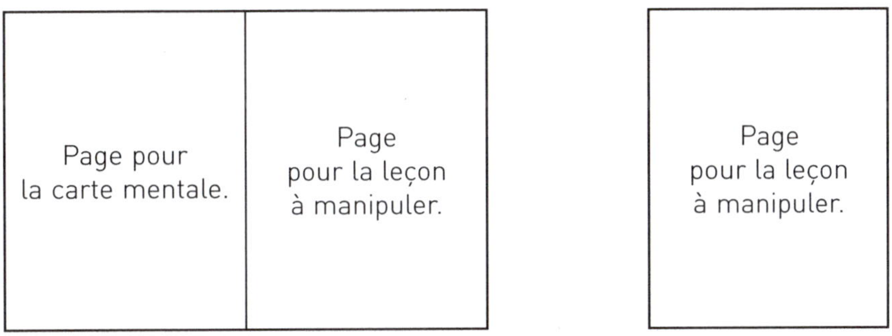

Conseil matériel Les éléments sont fournis prédécoupés ou non, à la discrétion de l'enseignant et selon les capacités des élèves. Faire assembler préalablement les éléments qui doivent l'être (deux éléments à coller pour les volets, roue à fixer avec une attache parisienne).

On demande aux élèves de prendre deux ou trois minutes, en binômes ou individuellement, pour proposer une organisation de la leçon sur la page vierge. Les propositions sont mises en commun et discutées pendant deux ou trois minutes, à nouveau. Les possibilités invalidées sont écartées et un ou plusieurs modèles sont proposés au tableau. Les élèves collent ensuite leur support.

Si, à la fin du temps imparti, les élèves n'ont pas fini de coller leur leçon, ils rangeront leurs éléments dans une petite enveloppe ou pochette prévue à cet effet, placée au début ou à la fin du cahier. Les élèves pourront reprendre ce collage plus tard, lorsqu'ils auront fini leur travail, lors d'ateliers, éventuellement à la maison, avec ou sans l'aide d'un camarade ayant terminé. À cette fin, la présence d'un cahier ou classeur « modèle » peut s'avérer utile.

3. Exercices d'entrainement (15 min)

Cette phase d'entrainement est individualisée. Il n'est pas demandé à tous les élèves de réaliser tous les exercices de la fiche. En fonction des exercices précédemment réalisés et en s'aidant de la grille d'observation présente dans les ressources numériques, l'enseignant sélectionne et cible des exercices pour chaque élève.

La grille d'observation met ainsi en lien les exercices d'entrainement des séances précédentes avec les exercices de la séance de bilan. Ainsi, le professeur peut plus aisément savoir qui a besoin de s'entrainer sur quel sujet.

La grille d'observation sert au moment de la correction des exercices, mais peut aussi être corrigée et / ou complétée sur les temps oraux de rappel (avec l'ardoise).

Dans les séquences suivantes, à la discrétion de l'enseignant, les élèves pourront gagner en autonomie en sélectionnant eux-mêmes les exercices qu'ils pensent devoir réaliser. Pour les y aider, le but de l'élève est précisé à chaque exercice.

Expliquer, si besoin, le vocabulaire ou les phrases pouvant mettre les élèves en difficulté de compréhension. La consigne étant toujours la même, elle peut être lue et expliquée collectivement.

Les exercices sont réalisés individuellement. Il n'y a pas de phase de correction collective puisque tous les élèves ne font pas les mêmes exercices. À la place, l'enseignant navigue entre les élèves pour conseiller, orienter vers les outils pertinents ou créer des groupes de besoin. Le tutorat est un autre dispositif qui peut permettre aux élèves les plus aguerris d'aider les élèves en ayant le plus besoin.

4. Bilan de la séquence (5 min)

Le point final réalisé en fin de séquence permet aux élèves de réfléchir à leurs besoins, d'une part, et il permet à l'enseignant d'envisager une éventuelle remédiation ou un soutien plus ciblé, d'autre part.

Puisque l'échange est collectif mais que chacun est invité à faire le point, on peut poser une question puis imposer un temps où personne n'est interrogé et pendant lequel tous les élèves sont invités à réfléchir à leur réponse. Ensuite, interroger l'élève de son choix, sans nécessairement demander aux volontaires de lever la main.

Voici les questions qui peuvent être posées à quelques élèves lors de cet échange collectif :

- Avec quels pronoms ou quels temps l'élève se sent-il à l'aise ?
- Quels sont les points qu'il faudrait encore retravailler ?
- Quels sont ses points d'appui et les outils qu'il a à disposition pour y parvenir ?
- Quels sont ses besoins ?

Ne pas hésiter à relancer les autres élèves pour qu'ils réagissent : comment peuvent-ils aider ? Sont-ils aussi concernés par la même difficulté ? Etc.

Il est important de rassurer les élèves : la conjugaison est un peu (voire très) difficile au début mais à force de s'entrainer, tout le monde a les capacités pour y arriver.

5. Adaptations possibles

La méthode s'appuie sur un certain nombre de séances, d'une durée minimum précise, réalisées dans certaines conditions qui ne peuvent pas toujours être réunies, notamment si vous êtes à temps partiel ou si vous complétez un collègue. Qui plus est, selon ce que les élèves ont acquis l'année passée, les méthodes avec lesquelles ils ont travaillé, le niveau auquel ils appartiennent (CE1 ou CE2), il sera nécessaire d'adapter cette méthode.

Pour vous aider à y voir plus clair et connaitre vos besoins :

- voyez auprès de vos collègues ce qui a été fait les années précédentes, si c'est possible ;
- munissez-vous de votre emploi du temps pour vérifier que les séances prévues y entrent : elles durent 45 à 55 minutes, pour les plus longues ;
- programmez vos séances, semaine après semaine, afin d'être certain de pouvoir mener la méthode à son terme.

1. Adaptations potentielles pour des CE1

Souvent, l'étude de la langue n'est pas vraiment abordée en CP, ou très peu et superficiellement, au hasard des rencontres. Or, cette méthode repose sur une bonne maitrise des notions de verbe et de sujet ou encore de pronom personnel sujet. Si ces éléments ne sont pas acquis au niveau attendu en fin de CP, les séquences prévues pourraient ne pas suffire à réactiver les connaissances. Il faudra donc y accorder plus de temps.

Cela dit, certains verbes irréguliers peuvent ne pas être étudiés en CE1 sans que cela mette les élèves en difficulté. C'est tout l'avantage de cette méthode. On peut, par exemple, reporter l'étude des verbes « voir », « aller » et « venir » au CE2.

Ceci peut aussi être utile avec des CE1 faibles lecteurs, pour lesquels il peut sembler important, d'abord, de consacrer plus de temps à la lecture qu'à l'étude de la langue (sans l'abandonner pour autant).

Une autre possibilité, quand c'est possible, consiste à réaliser deux séances d'étude de la langue dès le début de l'année ou à débuter l'étude de la langue dès la première semaine. Cela vous offre trois semaines supplémentaires par rapport à la programmation proposée, vous permettant de vous adapter aux besoins des élèves.

2. Adaptations pour une classe de CE2 ayant pratiqué une autre méthode en CE1

En CE2, la première séquence sur le présent est bien plus rapide qu'en CE1. Néanmoins, cela suppose que les élèves ont déjà pratiqué cette méthode. Si ce n'est pas le cas, il sera nécessaire de prendre un peu plus de temps. Voyez si vous pouvez réussir à mettre en œuvre toute la méthode en utilisant la séquence CE1 au lieu de celle dédiée aux CE2. Cela vous fait 6 séances de plus, soit un total de 69 séances sur l'année. Pour y parvenir, vous pouvez débuter l'année avec deux séances dédiées à la grammaire du verbe dès la première semaine.

Vous pouvez commencer la séquence spécifique aux CE1 et accélérer un peu plus tôt, en supprimant la séance d'entrainement pour « je », « tu » et « il » et en regroupant les séances de découverte du « nous » et du « vous » (séances 8 et 9). Cependant, cela ne vous fait gagner que deux séances. Il n'est cependant pas conseillé de réduire le temps accordé aux prérequis.

D'une manière générale, si, à la fin de la phase 2, vous réalisez que vous ne pourrez pas revoir tous les verbes irréguliers en suivant la méthode, il reste envisageable de consulter vos collègues ou de réaliser une observation, ou une évaluation diagnostique, afin de cibler les verbes qui ont prioritairement besoin d'être revus.

3. Adaptations en cas de temps partiel sur une classe

Si vous complétez un collègue, il est fort probable qu'on vous ait attribué l'enseignement de la conjugaison.

Malheureusement, très souvent, il est considéré que cet enseignement ne nécessite pas beaucoup de temps et qu'une petite séance par semaine suffira amplement. Or, ce n'est pas le cas. En vous appuyant sur le paragraphe concernant le temps nécessaire à accorder aux élèves (voir « Spécificités de la méthode », page 10), essayez de faire valoir que vous avez besoin de deux créneaux hebdomadaires. Si vous êtes à 25 % sur la classe, il sera difficile de vous attribuer un autre axe de l'enseignement du français.

Néanmoins, il arrive qu'il ne soit pas possible de fonctionner ainsi. Dans ce cas, pour gagner du temps, vous pouvez :

- proposer de collaborer avec l'enseignant titulaire concernant l'enseignement des prérequis, afin que vous ne les ayez pas exclusivement en charge,
- communiquer avec l'enseignant titulaire afin qu'il puisse aussi participer à la consolidation des apprentissages au moment des lectures ou des productions d'écrit,
- pour les phases de recherche des phases 2 et 3, effectuer la découverte de plusieurs pronoms personnels simultanément en répartissant les recherches entre différents groupes,
- durant les séances de la phase 2, raccourcir les phases d'entrainement sur ardoise, quitte à ne pas voir toutes les terminaisons possibles à ce moment-là,
- durant les phases d'entrainement, utiliser les fiches d'exercice plutôt que de faire copier les élèves.

Contenu des ressources numériques

Plus de 250 PDF à imprimer ou à vidéoprojeter

L'application contient toutes les ressources nécessaires à la mise en œuvre des séquences : cartes mentales, supports des LAM, affiches, étiquettes mots, textes, fiches élèves...

Tous ces documents sont prêts à l'emploi : imprimez (en couleur ou en noir et blanc, en A4 ou en A3), photocopiez, découpez, ou vidéoprojetez.

Tous les documents, individuels et collectifs, utiles à chaque séance sont accessibles d'un simple clic :

• Outils individuels

Retrouvez tous les outils :

- de manipulation : textes, étiquettes mots, étiquettes phrases...
- d'entrainement : toutes les fiches élèves ;
- de mémorisation : les « cartes mentales » et les supports des LAM.

• Outils collectifs à reproduire en grand format ou à vidéoprojeter

Reproduisez en taille réelle, en grand format ou vidéoprojetez les textes, les exemples de verbes conjugués... utiles pour les séances collectives.

• Personnalisez les fiches élèves.

Présentation détaillée des ressources numériques page 315 et suivantes.

14 séquences de conjugaison

Le verbe

1. Prérequis
– Aucun.

2. Objectif
– Découvrir une nouvelle classe grammaticale (nature de mot) : le verbe.

3. Structure de la séquence
– Nombre de séances : 3.
– Durée des séances : 40 à 55 minutes.

4. Déroulement des séances
1. Découvrir le verbe.
2. Différencier le verbe à l'infinitif et le verbe conjugué.
3. Retrouver l'infinitif d'un verbe conjugué.

Séance 1 | Découvrir le verbe

1. Jeu de devinettes : classer des mots (noms communs et verbes)

Durée : 15 minutes
Matériel : la fiche avec des noms et des verbes à illustrer (une par élève)
1-1. Noms et verbes à illustrer

danser | écrire | manger | dormir | réfléchir | parler
crier | tourner | jouer | s'assoir | courir | sauter | boire
lire | bâiller | le stylo | la trousse | une fleur | un arbre
la chaussure | un pantalon | le nuage | le soleil | la lune
un lapin | le chat | un livre | la chaise | une table | la fille
une souris | une robe | un ballon | fabriquer | tomber
marcher

Expliquer la situation qui va suivre.

« Nous allons jouer à un jeu. Je vais donner un papier à chacun. Sur chaque papier, il y a un mot écrit. Vous devrez lire ce mot en cachette puis retourner la feuille et dessiner sur le côté vierge, du mieux que vous pouvez, le mot qui est écrit. Il est interdit d'écrire.

Dans un second temps, je vous montrerai les dessins. Il faudra essayer de deviner le mot qui est dessiné. »

Interroger quelques élèves pour qu'ils reformulent. Insister sur le fait de cacher le mot et de retourner la feuille pour dessiner.

Lorsque les élèves semblent avoir compris, distribuer les fiches avec les noms ou verbes à illustrer écrits au dos.

Les élèves dessinent en autonomie. Préférer les crayons de couleur qui ne traverseront pas le papier. Annoncer le temps accordé : dix minutes. On peut utiliser un chronomètre.

Faire deviner chaque dessin l'un après l'autre (en évitant d'interroger les voisins de ceux qui ont réalisé le dessin).

Afficher au tableau, en deux colonnes, quelques dessins et écrire le mot correspondant en dessous. Préciser qu'une colonne correspond aux mots devinés et l'autre aux mots que les élèves n'ont pas réussi à deviner. S'il y a des intrus (des verbes qui ont été devinés et se retrouveraient dans la colonne « noms »), il vaut mieux les mettre de côté.

Exemple de ce qui peut être affiché au tableau

mots devinés			mots non-devinés		
le chat	le soleil	une souris	danser	sauter	fabriquer
une fleur	une robe	le stylo	dormir	crier	réfléchir
un ballon	un livre	la chaise	tomber	marcher	courir

Les noms sont beaucoup plus faciles à représenter sur une image (dessin, photo) que les verbes, car ceux-ci impliquent souvent un mouvement et une temporalité.

Remarque : On ne pourra peut-être pas afficher tous les dessins, par manque de place au tableau, mais aussi parce que certains élèves commenceront à comprendre qu'il peut y avoir des verbes, même quand ils ne connaissent pas cette classe grammaticale explicitement.

2. Synthèse et trace écrite collective

Durée	10 minutes
Matériel	– les dessins affichés au tableau – deux affiches vierges

Inviter les élèves à trouver un nom à chaque colonne ou les donner soi-même. Les écrire en lettres capitales au-dessus.

En CE2, les élèves devraient être capables d'identifier les noms (en s'appuyant sur la présence du déterminant, notamment) et les verbes sans trop de problèmes. Cependant, en CE1, cette possibilité repose sur le travail qui aura été mené en CP en étude de la langue et sur la capacité des élèves à se le rappeler.

Essayer d'expliquer ce résultat :

« Pourquoi les verbes sont-ils plus difficiles à trouver que les noms ? »

Demander aux élèves comment on pourrait faire deviner les verbes. Suggérer le mime si la proposition n'est pas faite. Faire deviner quelques verbes pour tester l'efficacité de cette idée.

Remarque : On peut proposer le verbe « être » et faire remarquer cette « exception » : certains verbes n'expriment pas une action. Il est important de dire que beaucoup de verbes expriment une action, mais pas tous : les verbes d'état, certes, mais pas uniquement (avoir, vouloir ou pouvoir, par exemple). Cette première définition du verbe est temporaire. Expliciter qu'on découvrira d'autres particularités du verbe, tout au long de l'année.

Faire le point sur ce qui a été appris. Au fur et à mesure, tracer une carte mentale sur chaque affiche vierge.

Exemple de cartes mentales :

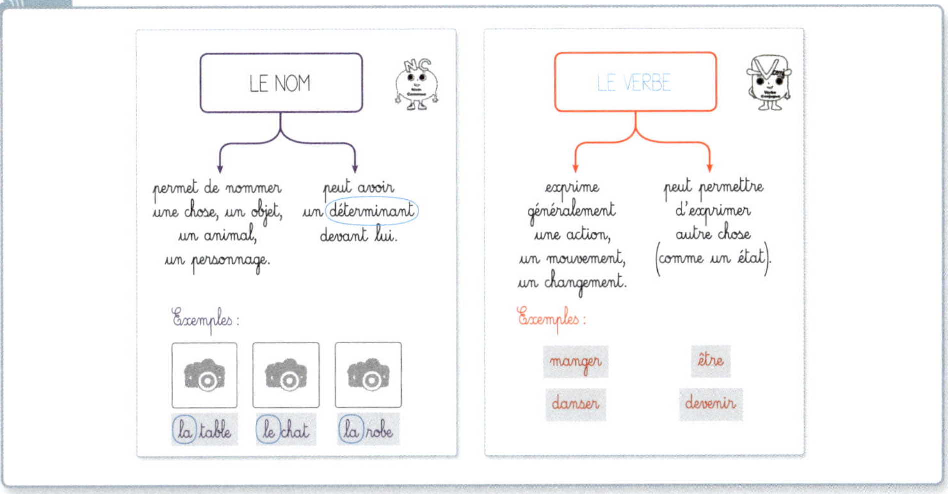

1-1. Carte mentale

Remarque : On peut utiliser les figurines extraites de la méthode « Réussir son entrée en grammaire » si c'est une méthode utilisée par l'école.

Conserver ces cartes mentales en tant que trace écrite collective.

Remarque : On pourra, à partir de cette même collecte, développer une autre séquence sur le nom commun.

3. Exercices d'entrainement

Durée 15 minutes

Matériel
- la trace écrite collective affichée
- les fiches d'exercices individuels (ou les exercices projetés au tableau) 1-1. Exercices individuels niveau 1 et 1-1. Exercices individuels niveau 2, différenciés ou sans aide
- la grille d'observation 1. Grille d'observation

Lire collectivement les consignes et les expliquer. Faire un exemple avec la classe. Demander aux élèves de faire le premier exercice puis le corriger collectivement.

Les élèves réalisent ensuite le deuxième exercice d'entrainement individuellement et le troisième, au niveau 2 (CE2), pour ceux qui en ont le temps.

Séance 2 | Différencier le verbe à l'infinitif et le verbe conjugué

1. Rappel de la séance précédente

Durée	5 minutes
Matériel	les traces écrites collectives au sujet du nom et du verbe affichées

Faire un rappel de la séance précédente à l'aide de la trace écrite collective :

« Qu'avons-nous appris ? »

Certains mots entrent dans la catégorie des noms : ils sont faciles à dessiner parce qu'ils servent souvent à désigner des personnes, des objets, des animaux, etc. D'autres mots sont des verbes : ces mots permettent souvent de désigner une action, mais pas toujours. C'est pour cela qu'on peut parfois les mimer, mais qu'il est difficile de les dessiner : il y a un mouvement, quelque chose qui se déroule dans le temps.

Remarque : Insister sur la présence du mot « souvent » dans la formulation : tous les noms ne désignent pas des personnes ou des objets. De même, tous les verbes n'expriment pas une action. Cependant, l'idée de temporalité est importante pour la suite. On peut introduire les mots « nature du mot » ou « classe grammaticale » à ce moment-là, sans en faire un attendu de fin de séquence.

2. Entrainement sur ardoise

Durée	5 minutes
Matériel	– les traces écrites collectives au sujet du nom et du verbe affichées – une ardoise par élève

Pour vérifier que tous les élèves ont bien compris, proposer un exercice d'entraînement sur ardoise. D'un côté, ils tracent une croix. De l'autre, ils écrivent la lettre « V » pour « verbe ». Ils devront montrer la bonne face selon que le groupe de mots énoncé contient un verbe ou non. Préciser l'infinitif à chaque correction orale dans le cas des verbes (ils sont soulignés ci-dessous).

manger	*pousser*	*nous jouons*
danser	*grandir*	*un jouet*
un saut	*il grandit*	*il jouait*
sauter	*elle travaille*	
la fleur	*le travail*	

3. Collecter des verbes (à l'infinitif et conjugués)

Durée	10 minutes
Organisation	– en groupes de 2 à 4
Matériel	– des livres – des notes repositionnables

Expliquer :

« Chaque groupe reçoit plusieurs livres. Dans ces livres, vous devrez trouver un maximum de verbes que vous noterez sur des notes repositionnables : un verbe par étiquette.

Un peu avant la fin de l'activité, je vous demanderai d'arrêter les recherches pour faire valider par le groupe les choix de chacun des membres et constituer un tas d'étiquettes. »

Au sein de chaque groupe, les élèves se répartissent les livres et cherchent individuellement des verbes.

Remarque : En fonction des habitudes de travail coopératif des élèves, il faudra expliciter ce qui est attendu pour un travail de groupe : faire ensemble, être d'accord l'un avec l'autre, alterner les tâches, etc.

Certains élèves risquent de sélectionner autre chose que des verbes, mais le groupe permet d'éviter ces erreurs. On n'attend pas beaucoup de verbes d'état (voire aucun).

En passant dans les groupes, faire observer la fin des verbes ou la présence de pronoms personnels sujets. Proposer de noter le sujet du verbe quand il s'agit d'un pronom personnel sujet.

Éventuellement, proposer de faire un point intermédiaire sur la collecte, répondre aux questions.

4. Synthèse et trace écrite collective

Durée	10 minutes
Matériel	– les verbes trouvés par les élèves – une affiche vierge

Mettre en commun les verbes trouvés. Au tableau, mettre les verbes à l'infinitif d'un côté, les verbes conjugués de l'autre (avec le PPS associé).

Observer la fin des verbes : verbes en « -er », « -ir » et « -re » d'un côté, verbes conjugués de l'autre (présence d'un sujet, terminaison qui varie selon le sujet et le temps).

Nommer ces deux colonnes.

Remarque : Encore une fois, en CE1, vous serez très dépendants de ce qui a été fait en CP, en étude de la langue. En CE1 comme en CE2, si les élèves ne connaissent pas la différence entre verbes à l'infinitif et verbes conjugués, il faudra prendre plus de temps pour éclairer la notion.

Expliciter, à l'aide d'exemples si nécessaire : un verbe conjugué désigne une action réalisée par quelqu'un (un sujet), à un moment donné (dans le passé, maintenant ou dans le futur). Cette notion de temporalité est très importante pour la suite, autant que celle de sujet. Quand le verbe n'est pas conjugué, il est à l'infinitif.

Remarque : On pourra compléter cette séance par un exercice de recherche de verbes dans le dictionnaire : on les donne soit conjugués, soit à l'infinitif pour constater qu'ils sont écrits à l'infinitif dans les dictionnaires.
On pourra noter l'abréviation « V » (précédemment utilisée à l'étape 2 de la séance).

Faire le point sur ce qui a été appris. Au fur et à mesure, tracer une carte mentale sur l'affiche vierge.

Exemple de carte mentale :

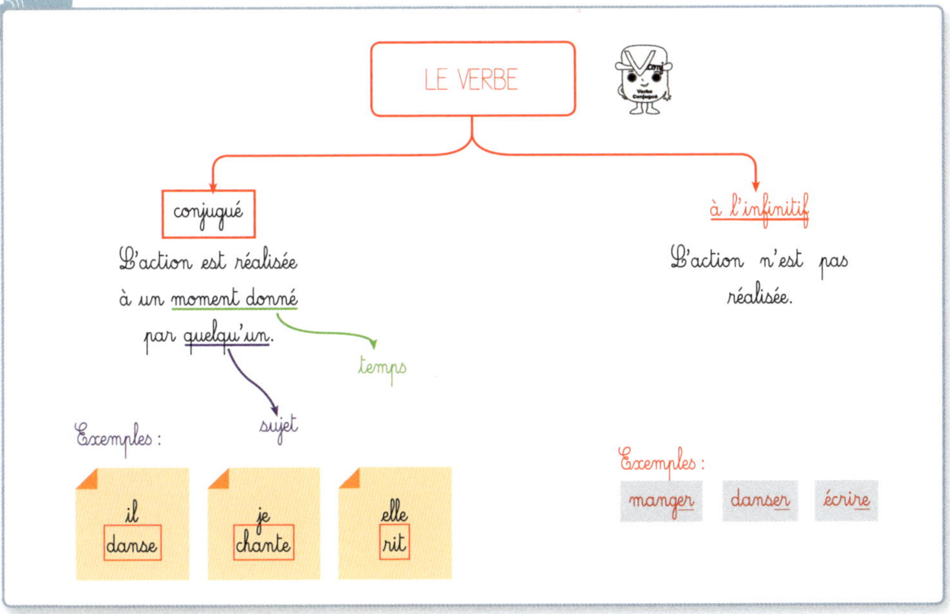

1-2. Carte mentale

Conserver cette carte mentale en tant que trace écrite collective.

5. Exercices d'entrainement

Durée 15 minutes

Matériel
- la trace écrite collective affichée
- les fiches d'exercices individuels (ou les exercices projetés au tableau) 1-2. Exercices individuels niveau 1 et 1-2. Exercices individuels niveau 2, différenciés ou sans aide
- la grille d'observation 1. Grille d'observation

Faire les exercices en suivant la même démarche que celle de la séance précédente.

Séance 3 | Retrouver l'infinitif d'un verbe conjugué

1. Rappel de la séance précédente

Durée	5 minutes
Matériel	les traces écrites collectives précédentes affichées

Faire un rappel de la séance précédente à l'aide de la trace écrite collective :

« Qu'avons-nous appris ? »

Quand un verbe est conjugué, cela signifie que quelqu'un fait l'action, à un moment donné : soit il l'a faite dans le passé, soit il la fait maintenant, soit il la fera dans le futur.

Quand un verbe n'est pas conjugué, il est à l'infinitif.

Remarque : Rappeler qu'un verbe ne désigne pas toujours une action, mais que, pour le moment, on s'intéresse essentiellement à ces verbes-là.

2. Entrainement sur ardoise

Durée	5 minutes
Matériel	– les traces écrites collectives précédentes affichées – une ardoise par élève

Pour vérifier que tous les élèves ont bien compris, proposer un exercice d'entrainement sur ardoise. D'un côté, ils écrivent « inf » pour « infinitif » et de l'autre côté « conj » pour « conjugué ». Ils devront montrer la bonne face selon que le verbe dicté est conjugué ou non. Dans le cas d'un groupe « sujet / verbe », préciser oralement quel mot est le verbe (souligné, ici), à chaque fois.

soupirer	*les enfants jouent*	*il a*
il soupire	*jouer*	*retenir*
vous rêvez	*chercher*	*vous tenez*
rêver	*je cherche*	*nous suivons*
ils faisaient	*écouter*	*je crois*
faire	*continuer*	*croire*
nous faisons	*avoir*	

3. Rassembler des verbes conjugués et leurs infinitifs

Durée	10 minutes
Organisation	en groupes de 2, 3 ou 4
Matériel	les 16 étiquettes avec des verbes conjugués ou à l'infinitif pour chaque groupe d'élèves 1-3. Étiquettes verbes et 1-3. Étiquettes verbes niveau différencié

Expliquer :

« Je vais donner à chaque groupe un petit paquet d'étiquettes. Il faudra réunir ensemble chaque verbe conjugué avec sa forme à l'infinitif. »

Laisser chaque groupe rassembler les paires et accompagner, si besoin, en posant des questions (par exemple : « Pourquoi as-tu rassemblé ces deux étiquettes ? » ou « Entre ces deux étiquettes, que vois-tu d'identique ? »). Inviter les élèves à expliciter les indices qui les ont aidés.

Remarque : Il semble judicieux de composer des groupes d'un niveau relativement homogène. Pour les élèves les plus en difficulté, veiller à ce que les mots soient bien lus et réduire le nombre d'étiquettes.

Mettre en commun quelques paires trouvées par chaque groupe et faire dire comment ces associations ont été trouvées.

Mettre en avant la présence d'un « radical » : c'est la partie qui ne change généralement pas dans le verbe.

Entourer la fin du verbe en rouge et la nommer : c'est la « terminaison ». Préciser qu'il y a une terminaison pour l'infinitif, mais aussi un grand nombre de terminaisons pour les verbes conjugués, dont certaines seront vues cette année.

Au fur et à mesure, compléter la trace écrite collective.

Synthèse animée : pour compléter le bilan, il est possible de présenter à la classe le petit film d'animation « Reconnaitre l'infinitif présent » réalisé par Canopé (Les Fondamentaux) et disponible dans les ressources numériques.

© Canopé

1-3. Animation : Reconnaitre l'infinitif présent

4. Exercices d'entrainement

Durée 15 minutes

Matériel
- la trace écrite collective affichée
- les fiches d'exercices individuels (ou les exercice projetés au tableau) 1-3. Exercices individuels niveau 1 et 1-3. Exercices individuels niveau 2, différenciés ou sans aide
- la grille d'observation 1. Grille d'observation

Faire les exercices en suivant la même démarche que celle des séances précédentes.

5. Bilan et trace écrite

Durée 20 minutes

Matériel
- les traces écrites collectives précédentes affichées
- le cahier de leçon (ou une feuille blanche par élève)

Afficher les traces écrites collectives. Réserver une place sur le tableau pour tracer une carte mentale.

Demander aux élèves de rappeler une nouvelle fois tout ce qu'ils ont appris sur le verbe. Mettre de côté ce qui touche à la définition du nom.

Au fur et à mesure, commencer à tracer une carte mentale puis impliquer progressivement les élèves en leur posant des questions :

« Où est-ce que je mets cette information ? »

« Est-ce que je peux relier cette idée à une autre ? »

« Est-ce que vous pensez que cette idée est plutôt en lien avec ça ou avec ça ? »

« Qu'est-ce que tu mettrais comme titre à cet ensemble d'idées ? »

Etc.

Remarque : Il est tout à fait normal que les élèves soient influencés par les précédentes traces écrites. Leur demander pourquoi ils font telle ou telle proposition aussi souvent que possible.

Exemple de carte mentale :

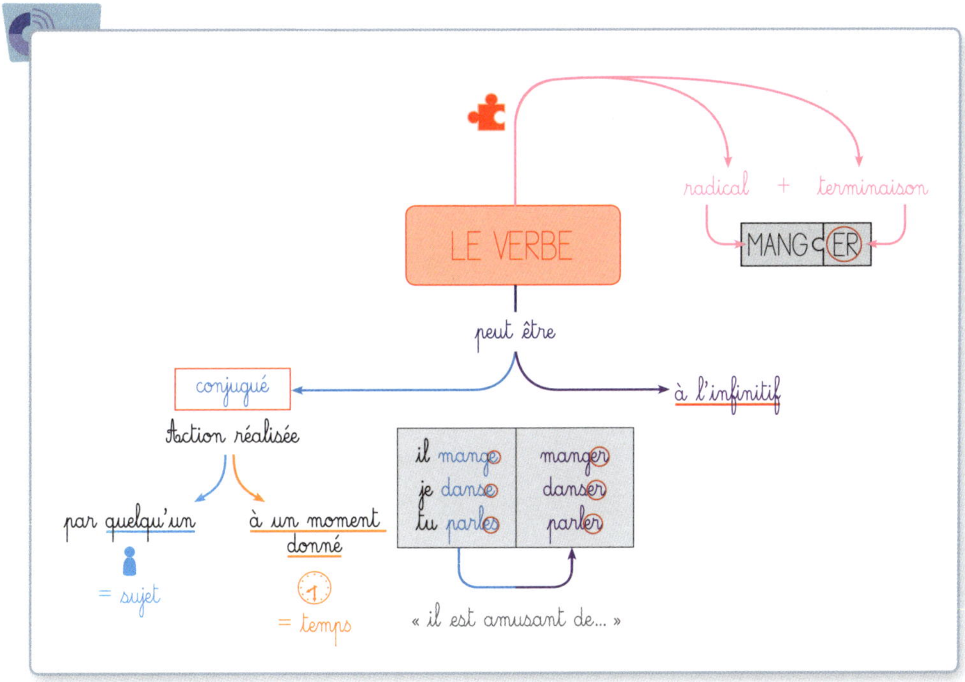

1-3. Carte mentale

Cette trace écrite change en fonction de ce que vous aurez vu en classe, des commentaires et des découvertes qui auront été réalisés. Faire copier la trace écrite par les élèves, dans leur cahier.

Exemples de fiches d'exercices individuels

1

Le verbe
Séance 3 – Exercices – niveau 1

Prénom : ....
Date : ....

1 Écris l'infinitif de chaque verbe conjugué.
★ **Ton but :** t'entraîner à retrouver l'infinitif d'un verbe conjugué.

Faisons ensemble.

Ils mangent. →

À ton tour !

a) Elle joue. →

b) Tu cours. →

c) Je saute. →

d) Nous sortons. →

e) Je vois un chat. →

f) Il vient à l'école. →

2 Dans chaque phrase, encadre le verbe conjugué puis écris son infinitif.
★ **Ton but :** t'entraîner à retrouver le verbe conjugué d'une phrase et son infinitif.

Faisons ensemble.

Hier, mon chat courait après une souris. →

À ton tour !

a) Un jour, je poserai des multiplications. →

b) Plus jeune, mon père aimait beaucoup les mathématiques. →

1

Le verbe
Séance 3 – Exercices – niveau 1, différencié

Prénom : ....
Date : ....

1 Écris l'infinitif de chaque verbe conjugué.
★ **Ton but :** t'entraîner à retrouver l'infinitif d'un verbe conjugué.

Faisons ensemble.

Ils mangent. →

À ton tour !

a) Elle joue. →

b) Tu cours. →

c) Je saute. →

2 Dans chaque phrase, encadre le verbe conjugué puis écris son infinitif.
★ **Ton but :** t'entraîner à retrouver le verbe conjugué d'une phrase et son infinitif.

Faisons ensemble.

Hier, mon chat courait après une souris. →

À ton tour !

a) Je poserai des calculs. →

b) Mon père aimait les mathématiques. →

1

Le verbe
Séance 3 – Exercices – niveau 2

Prénom : ....
Date : ....

1 Écris l'infinitif de chaque verbe conjugué.
★ **Ton but :** t'entraîner à retrouver l'infinitif d'un verbe conjugué.

Faisons ensemble.

Ils mangent. →

À ton tour !

a) Elle pensait. →

b) J'apprends. →

c) Tu chanteras. →

d) Je dors. →

2 Dans chaque phrase, encadre le verbe conjugué puis écris son infinitif.
★ **Ton but :** t'entraîner à retrouver le verbe conjugué d'une phrase et son infinitif.

Faisons ensemble.

Ils mangent des légumes. →

À ton tour !

a) Ce jour-là, tu chantais vraiment très bien. →

b) Dans quelques jours, tu réciteras ta poésie. →

3 Écris une courte phrase et encadre le verbe conjugué en rouge puis écris, en dessous, l'infinitif de ce verbe.
★ **Ton but :** t'entraîner à trouver l'infinitif des verbes conjugués dans une phrase que tu écris.

Faisons ensemble.

Je porte mon sac. → *J'ai conjugué le verbe*

À ton tour !

J'ai conjugué le verbe

1

Le verbe
Séance 3 – Exercices – niveau 2, différencié

Prénom : ....

1 Écris l'infinitif de chaque verbe conjugué.
★ **Ton but :** t'entraîner à retrouver l'infinitif d'un verbe conjugué.

Faisons ensemble.

Ils mangent. →

À ton tour !

a) Elle pensait. →

b) Tu chanteras. →

2 Dans chaque phrase, encadre le verbe conjugué puis écris son infinitif.
★ **Ton but :** t'entraîner à retrouver le verbe conjugué d'une phrase et son infinitif.

Faisons ensemble.

Ils mangent des légumes. →

À ton tour !

a) Tu réciteras ta poésie. →

b) Hier, tu illustrais ce poème. →

3 Écris une courte phrase et encadre le verbe conjugué en rouge puis écris, en dessous, l'infinitif de ce verbe.
★ **Ton but :** t'entraîner à trouver l'infinitif des verbes conjugués dans une phrase que tu écris.

Faisons ensemble.

Je porte mon sac. → *J'ai conjugué le verbe*

À ton tour !

J'ai conjugué le verbe

Le sujet du verbe

1. Prérequis
- Savoir formuler une phrase simple.
- Savoir retrouver un verbe conjugué dans une phrase.

2. Objectif
- Découvrir une fonction : le sujet du verbe.

3. Structure de la séquence
- Nombre de séances : 3.
- Durée des séances : 40 à 55 minutes.

4. Déroulement des séances
1. Découvrir le sujet du verbe.
2. Identifier le sujet du verbe.
3. Identifier le sujet du verbe quand il s'agit d'un groupe nominal enrichi.

Séance 1 | Découvrir le sujet du verbe

1. Compléter une phrase avec un sujet

Durée	5 minutes
Matériel	aucun

Expliquer la situation qui va suivre.

> *« Je vais vous dire la fin d'une phrase. Vous, vous allez devoir me dire le début de la phrase. La fin de ma phrase est "... lisent une histoire". »*

À droite du tableau, écrire « lisent une histoire ». Questionner sur la nature du mot « lisent ». Préciser que le verbe conjugué « lisent » est le mot le plus important du groupe « lisent une histoire ». On peut dire que c'est le « chef du groupe ».

Remarque : On peut utiliser la figurine extraite de la méthode « Réussir son entrée en grammaire » et la placer au-dessus du verbe si c'est une méthode utilisée par l'école, pour créer du lien.

Interroger quelques élèves et noter les débuts de phrase au tableau.

Exemple de ce qui peut être écrit au tableau

Les enfants Les maitresses Les élèves Sophie et Lucie Ils	lisent une histoire.

2. Découvrir le sujet du verbe

Durée	10 minutes
Matériel	aucun

Faire relire les phrases complètes, une à une. Si la lecture est trop hésitante, laisser le temps à l'élève de lire puis relire. À chaque fois, poser la question :

« Qui lit une histoire ? »

Expliquer que le groupe de mots qui répond à la question « Qui lit une histoire ? » remplit la fonction de « sujet ». C'est son rôle.

Écrire « sujet » en haut de la colonne.
Refaire le même exercice avec « ... est sur la table. »
En déduire que le sujet peut être une personne, mais aussi un objet, un animal, etc. Dans ce cas, la question sera parfois « Qu'est-ce qui (+ verbe) ? ».
Autre formulation possible à faire émerger :

« De qui (ou de quoi) je parle ? »
« Qu'est-ce que j'en dis ? »

Dès que possible, faire remarquer que le sujet peut être un seul mot (pronom personnel) ou un groupe de mots (groupe nominal : déterminant + nom), voire un nom propre.

Remarque : En CE1, les élèves ne connaissent probablement pas le nom de la classe grammaticale « pronom personnel », mais ils savent normalement ce que sont un déterminant et un nom. Une séquence sur le pronom personnel sujet est nécessaire : voir page 62.

3. Synthèse et trace écrite collective

Durée	10 minutes
Matériel	une affiche vierge

Faire le point sur ce qui a été appris. Au fur et à mesure, tracer une carte mentale sur l'affiche vierge.

Exemple de carte mentale :

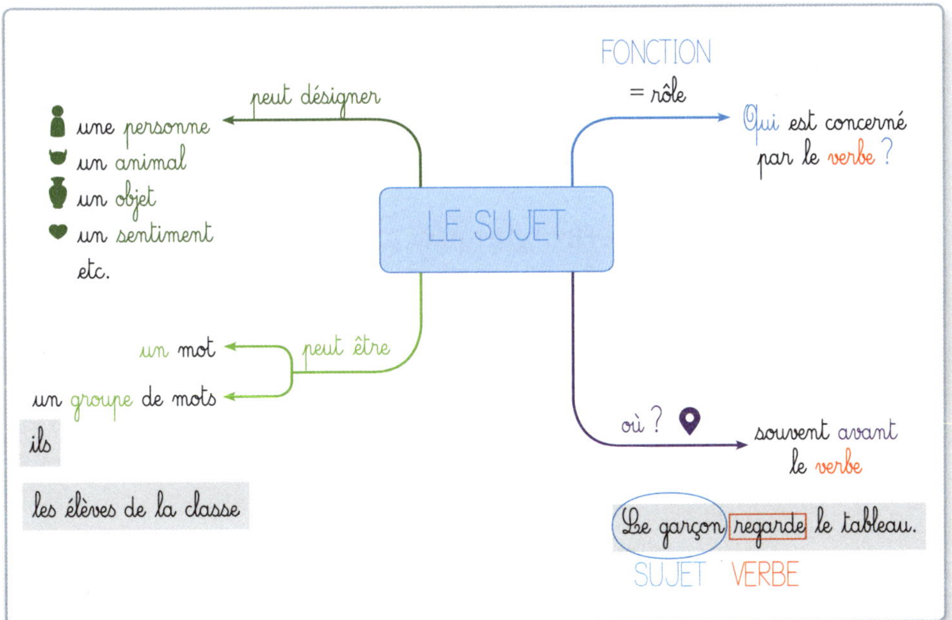

Conserver cette carte mentale en tant que trace écrite collective.

4. Exercice d'entrainement

Durée	15 minutes
Organisation	en binômes
Matériel	– la trace écrite collective affichée (carte mentale) – les étiquettes mots à manipuler collectivement 2-1. Étiquettes mots [Le] [gentil] [chien] [mange] [ses] [croquettes].

Tracer au tableau deux colonnes. Noter « sujet » en haut de la première.
Dire la phrase :

« Le gentil chien mange ses croquettes. »

Regrouper les élèves en binômes. Chaque binôme a une étiquette. Plusieurs binômes peuvent avoir la même étiquette. Laisser à chaque groupe le temps de lire son étiquette.

Préciser le but de l'activité : chaque binôme devra déterminer si son mot fait partie ou non du groupe sujet. Les deux élèves d'un binôme doivent tomber d'accord.

Appeler un des binômes qui a l'étiquette « le » puis lui demander si ce mot fait, selon lui, partie du groupe sujet ou non. Le laisser placer l'étiquette et faire valider par la classe. Procéder ainsi jusqu'à ce que tous les mots aient été placés dans l'ordre de la phrase.

Exemple de ce qui peut être affiché au tableau

SUJET	
[Le] [gentil] [chien]	[mange] [ses] [croquettes].

Faire confirmer en cherchant le verbe puis en posant la question :

« Qui mange ses croquettes ? »

Si nécessaire, faire de même avec les phrases :

« Ils jouent au ballon. »

« La fleur pousse. »

« La belle fleur jaune pousse. » (CE2)

Séance 2 | Identifier le sujet du verbe

1. Rappel de la séance précédente

Durée	5 minutes
Matériel	la trace écrite collective de la séance précédente

Faire un rappel de la séance précédente à l'aide de la trace écrite collective :

« Qu'avons-nous appris ? »

Quand on écrit une phrase, on commence souvent par dire « de quoi ou de qui on parle » : c'est le sujet. Puis on écrit ce qu'on veut en dire grâce au verbe.
Le sujet permet de dire qui fait l'action du verbe (quand c'est une action).
Le sujet peut être un seul mot (pronom personnel ou nom propre) ou un groupe de mots (groupe nominal constitué d'un déterminant et d'un nom, au minimum).

Remarque : Rappeler, au besoin, qu'un verbe ne désigne pas systématiquement une action.

2. Entrainement sur ardoise

Durée	5 minutes
Matériel	– les traces écrites collectives précédentes (y compris celles de la séquence 1) affichées – une ardoise par élève

Pour vérifier que tous les élèves ont bien compris, proposer un exercice d'entrainement sur ardoise. D'un côté, ils écrivent une croix. De l'autre, ils écrivent la lettre « S » pour « sujet ». L'enseignant dit une phrase puis demande si le groupe de mots souligné est le sujet ou non. Les élèves devront montrer la bonne face de leur ardoise selon que le groupe de mots donné est le sujet du verbe ou non.

Exemple :

« Dans la phrase "Je mange à table.", "je" est-il le sujet ? »

Procéder avec les phrases suivantes :

Je mange à table.
Tu manges à table.
Les enfants mangent à table.
Les enfants jouent dans la cour.
Les enfants jouent avec le ballon.
La fleur pousse dans le jardin.
La fleur pousse dans le jardin.
L'arbre pousse dans le jardin.

Proposer la possibilité d'encadrer le sujet par « c'est... qui » pour le reconnaitre puis faire faire quelques exemples (le sujet est souligné) :

La souris se cache dans un trou.
La grande fille blonde fait du basketball.
Tout le monde écoute.

3. Collecter des verbes et leurs sujets

Durée	20 minutes
Organisation	en binômes
Matériel	– des livres (un par élève) – des notes repositionnables – la trace écrite collective affichée (carte mentale)

Expliquer :

« Chaque élève reçoit un livre et deux petites notes. Cherchez dans le livre un verbe conjugué. Écrivez-le sur une note, au crayon à papier. Puis, derrière, notez son sujet. Enfin, collez la note sur la page où vous avez trouvé le verbe.

Quand ce sera fini, vous échangerez votre livre avec votre binôme. L'un de vous deux commence. Il regarde le verbe présent sur la note, vérifie que c'est bien un verbe conjugué, puis cherche dans le livre le sujet de ce verbe. Pour vérifier, il peut retourner la note après avoir donné une réponse.

Si vous n'êtes pas d'accord, sur le verbe ou le sujet, vous devez discuter et corriger ensemble. Je passerai pour vous aider et valider.

Si vous avez le temps, vous pouvez faire cet exercice une deuxième fois avec la deuxième note. »

Les élèves collectent les verbes et notent les sujets correspondants. Au bout de cinq minutes, s'assurer que tout le monde a franchi cette étape afin de passer aux devinettes. Aider les groupes qui en ont besoin.

Remarque : Grâce à la séquence précédente, vous savez quels élèves ont des difficultés à reconnaitre le verbe. De même, grâce à l'étape précédente d'entrainement sur ardoise, vous avez pu repérer les élèves qui pourraient avoir besoin de votre aide. Allez les voir en premier.

Réserver les cinq dernières minutes pour la correction collective de quelques trouvailles. Les élèves formuleront ainsi :

« Dans la phrase "……", (Prénom) a choisi le verbe "……" et j'ai trouvé le sujet "……" parce qu'on peut dire "C'est… qui…". »

Mettre à jour la carte mentale avec l'encadrement « C'est… qui… ».

Exemple de carte mentale :

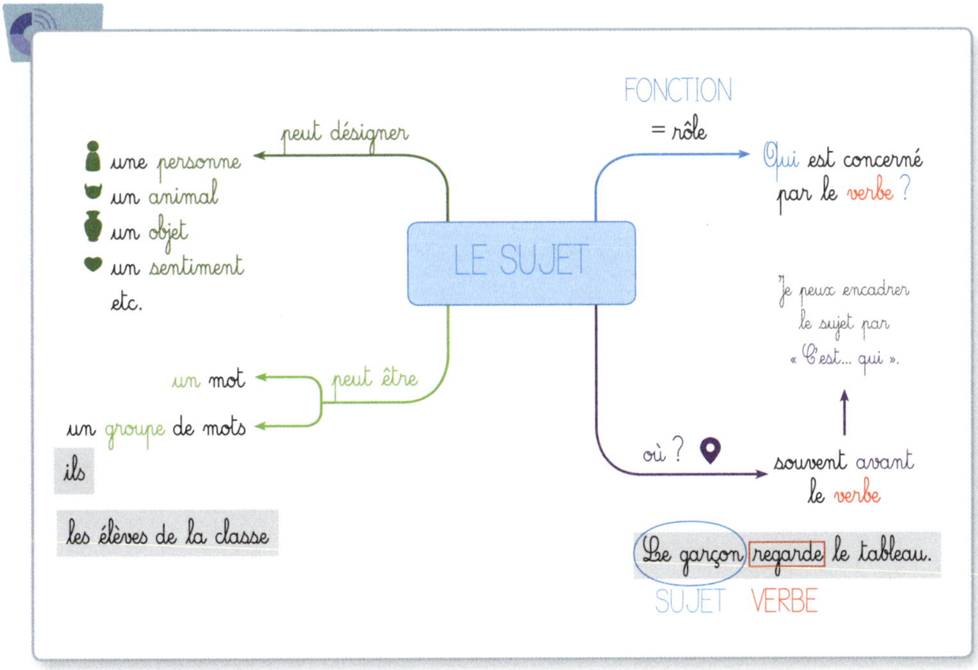

2-2. Carte mentale

Le professeur conservera cette carte mentale en tant que trace écrite collective.

4. Exercices d'entrainement

Durée 15 minutes
Matériel
– la trace écrite collective affichée
– les fiches d'exercices individuels (ou les exercices projetés au tableau) 2-2. Exercices individuels niveau 1 et 2-2. Exercices individuels niveau 2, différenciés ou sans aide
– la grille d'observation 2. Grille d'observation

Faire les exercices en suivant la même démarche que celle de la séquence précédente.

Séance 3 | Identifier le sujet du verbe quand il s'agit d'un groupe nominal enrichi

1. Rappel des séances précédentes

Durée 10 minutes
Matériel une ardoise par élève (ou un cahier d'essai)

Faire rappeler le travail mené lors des séances précédentes et ce qui a été appris :

> Quand on écrit une phrase, on commence par dire « de quoi ou de qui on parle » : c'est le sujet, puis on écrit ce qu'on veut en dire grâce au verbe. Le sujet permet de dire qui fait l'action du verbe, quand le verbe décrit une action.
> Le sujet peut être un seul mot (pronom personnel) ou un groupe de mots (groupe nominal constitué d'un déterminant et d'un nom, au minimum).
> Pour le trouver, on peut encadrer le sujet par « c'est... qui ».

Préciser l'objectif de la séance : s'entrainer sur tout ce qui a été appris durant la séquence en augmentant légèrement la difficulté.

Expliquer :

« Je vais vous dicter des phrases et vous devrez écrire le sujet du verbe sur votre ardoise. Comme c'est un peu long d'écrire, il y aura peu de phrases. »

Dicter les phrases suivantes :

« *Les enfants écoutent.*

Tous les élèves jouent ensemble.

Tous les élèves de la classe font leur exercice. (CE2)

Tous les élèves de la classe d'à côté chantent. (CE2)

La fleur pousse dans le jardin.

La jolie fleur est très grande.

La jolie fleur jaune a besoin d'eau. (CE2)

La jolie fleur jaune et rouge a fané. (CE2) »

2. Synthèse et trace écrite

Durée 15 minutes

Matériel
- la trace écrite collective affichée (carte mentale)
- le cahier de leçon

Demander aux élèves de faire le point sur tout ce qu'ils ont appris durant cette séquence. Ajuster la carte mentale collective au besoin. Faire copier la trace écrite par les élèves.

3. Exercices d'entrainement

Durée 15 minutes

Matériel
- la trace écrite collective affichée
- les fiches d'exercices individuels (ou les exercices projetés au tableau) 2-3. Exercices individuels niveau 1 et 2-3. Exercices individuels niveau 2, différenciés ou sans aide
- la grille d'observation 2. Grille d'observation

Faire les exercices en suivant la même démarche que celle de la séance précédente.

4. Bilan de la séquence

Durée	5 à 10 minutes
Matériel	aucun

Proposer à chaque élève de faire le point sur ses acquisitions.

Synthèse animée : pour compléter le bilan, il est possible de présenter à la classe le petit film d'animation « Reconnaitre le groupe nominal sujet » réalisé par Canopé (Les Fondamentaux) et disponible dans les ressources numériques.

© Canopé

2-3. Animation : Reconnaitre le groupe nominal sujet

Exemples de fiches d'exercices individuels

Le sujet du verbe
Séance 3 – Exercices – niveau 1

Prénom : ....
Date : ....

1 Dans les phrases suivantes, le verbe conjugué est encadré. Surligne en bleu le groupe sujet.

★ **Ton but :** t'entrainer à reconnaitre le sujet d'un verbe conjugué dans une phrase.

Faisons ensemble.

La jolie fleur jaune pousse.

À ton tour !

a) Mon stylo bleu est cassé.
b) Mon voisin de table prête le sien.
c) Sinon, mon crayon à papier suffit.
d) Mon père achètera un nouveau stylo.
e) Ma jolie trousse sera complète.
f) Tous mes beaux stylos se trouveront dedans.

2 Dans les phrases suivantes, encadre en rouge le verbe et surligne en bleu le groupe sujet.

★ **Ton but :** t'entrainer à reconnaitre le verbe conjugué et son sujet dans une phrase.

Faisons ensemble.

Le grand arbre perd ses feuilles.

À ton tour !

a) Ces belles histoires sont passionnantes.
b) Mon histoire préférée parle d'un dragon.
c) Un magicien maléfique capture la bête.
d) Le monstre est enfermé avec une princesse.
e) La courageuse fille affronte le dragon.
f) À la fin, la princesse et la bête s'échappent ensemble.

3 Écris une phrase, encadre en rouge le verbe conjugué et surligne en bleu le groupe sujet.

★ **Ton but :** t'entrainer à reconnaitre le verbe conjugué et le sujet dans une phrase que tu écris.

Faisons ensemble.

À ton tour !

Le sujet du verbe
Séance 3 – Exercices – niveau 1, différencié

Prénom : ....
Date : ....

1 Dans les phrases suivantes, le verbe conjugué est encadré. Surligne en bleu le groupe sujet.

★ **Ton but :** t'entrainer à reconnaitre le sujet d'un verbe conjugué dans une phrase.

Faisons ensemble.

La jolie fleur jaune pousse.

À ton tour !

a) Mon stylo bleu est cassé.
b) Mon voisin de table prête le sien.
c) Sinon, mon crayon à papier suffit.

2 Dans les phrases suivantes, encadre en rouge le verbe et surligne en bleu le groupe sujet.

★ **Ton but :** t'entrainer à reconnaitre le verbe conjugué et son sujet dans une phrase.

Faisons ensemble.

Le grand arbre perd ses feuilles.

À ton tour !

a) Ces belles histoires sont passionnantes.
b) Mon histoire préférée parle d'un dragon.
c) Un magicien maléfique capture la bête.

3 Écris une phrase, encadre en rouge le verbe conjugué et surligne en bleu le groupe sujet.

★ **Ton but :** t'entrainer à reconnaitre le verbe conjugué et le sujet dans une phrase que tu écris.

Faisons ensemble.

À ton tour !

Le sujet du verbe
Séance 3 – Exercices – niveau 2

Prénom : ....
Date : ....

1 Dans les phrases suivantes, le verbe conjugué est encadré. Surligne en bleu le groupe sujet.

★ **Ton but :** t'entrainer à reconnaitre le sujet d'un verbe conjugué dans une phrase.

Faisons ensemble.

La jolie fleur jaune pousse.

À ton tour !

a) Le jeune Tom adorait la lecture.
b) Son gros livre rouge est déchiré.
c) Le petit chien farceur a mordu dedans.
d) Ton frère et toi voulez le réparer.
e) J'ai perdu mon matériel.
f) Mélissa et Antonio pourront m'en prêter.

2 Dans les phrases suivantes, encadre en rouge le verbe et surligne en bleu le groupe sujet.

★ **Ton but :** t'entrainer à reconnaitre le verbe conjugué et son sujet dans une phrase.

Faisons ensemble.

Le grand arbre perd ses feuilles.

À ton tour !

a) Mon petit canari chante.
b) Sophie et Eymen aiment l'écouter.
c) Sa cage reste sur l'étagère.
d) Ma mère ferme toujours la porte.
e) Le petit oiseau jaune peut s'envoler.
f) Mes amis et moi voulons le libérer.

3 Écris une phrase, encadre en rouge le verbe conjugué et surligne en bleu le groupe sujet.

★ **Ton but :** t'entrainer à reconnaitre le verbe conjugué et le sujet dans une phrase que tu écris.

Faisons ensemble.

À ton tour !

Le sujet du verbe
Séance 3 – Exercices – niveau 2, différencié

Prénom : ....
Date : ....

1 Dans les phrases suivantes, le verbe conjugué est encadré. Surligne en bleu le groupe sujet.

★ **Ton but :** t'entrainer à reconnaitre le sujet d'un verbe conjugué dans une phrase.

Faisons ensemble.

La jolie fleur jaune pousse.

À ton tour !

a) Le jeune Tom adorait la lecture.
b) Son gros livre rouge est déchiré.
c) Le petit chien farceur a mordu dedans.

2 Dans les phrases suivantes, encadre en rouge le verbe et surligne en bleu le groupe sujet.

★ **Ton but :** t'entrainer à reconnaitre le verbe conjugué et son sujet dans une phrase.

Faisons ensemble.

Le grand arbre perd ses feuilles.

À ton tour !

a) Mon petit canari chante.
b) Sophie et Eymen aiment l'écouter.
c) Sa cage reste sur l'étagère.

3 Écris une phrase, encadre en rouge le verbe conjugué et surligne en bleu le groupe sujet.

★ **Ton but :** t'entrainer à reconnaitre le verbe conjugué et le sujet dans une phrase que tu écris.

Faisons ensemble.

À ton tour !

Les pronoms personnels sujets

1. Prérequis

- Savoir formuler une phrase simple.
- Savoir retrouver un verbe conjugué dans une phrase.
- Savoir identifier le sujet d'un verbe conjugué.

2. Objectifs

- Découvrir une fonction : le sujet du verbe.

3. Structure de la séquence

- Nombre de séances : 3.
- Durée des séances : 40 à 50 minutes.

4. Déroulement des séances

1. Les troisièmes personnes du singulier et du pluriel (il, elle, ils, elles).
2. Les première et deuxième personnes du singulier (je, tu).
3. La première personne du singulier et du pluriel (je, nous).
4. La deuxième personne du singulier et du pluriel (tu, vous).
5. S'entrainer avec tous les pronoms personnels.

Séance 1 | Les troisièmes personnes du singulier et du pluriel (il, elle, ils, elles)

1. Trouver les pronoms personnels dans des livres

Durée 15 minutes

Matériel en binômes
- le texte 3-1. Texte (ou n'importe quel extrait choisi dans un livre de la classe)

> Les élèves regardent le tableau.
> Ils attendent les consignes de la maitresse.
> Selma a le doigt levé.
> Elle a déjà une question !

- une sélection de livres de littérature jeunesse (un livre pour deux minimum)
- des notes repositionnables

Expliquer l'activité :

« Vous allez travailler ensemble, en binômes. Vous avez un livre et deux petits papiers. Vous allez devoir chercher les mots "il", "elle", "ils" ou "elles". Sur chaque papier, vous noterez celui que vous avez trouvé. Puis, en dessous, vous noterez qui est désigné par ce mot. Laissez la note sur la page où vous avez trouvé le mot pour que nous puissions vérifier ensemble. »

Noter les pronoms personnels concernés au tableau.
Faire un exemple en classe entière grâce au texte proposé dans les ressources numériques.
Les élèves effectuent leur recherche en binômes.
Au bout de cinq à dix minutes de recherche, mettre en commun les trouvailles de chacun dans des colonnes séparées.

Exemple de ce qui peut être écrit au tableau

il ou elle	ils ou elles
elle → la fleur	ils → les élèves de la classe
il → le chien	ils → les animaux
il → Sami	elles → mes cousines
elle → la maitresse	ils → mes feutres

Faire observer que :

- ces pronoms peuvent désigner des personnes, mais aussi des objets, des animaux, etc. (comme des noms) et définir le mot « pronom » (qui remplace le nom) ;
- les pronoms « il » et « elle » sont au singulier ;
- les pronoms « ils » et « elles » sont au pluriel ;
- les pronoms « il » et « ils » remplacent des noms masculins ;
- le pronom « elles » remplace des noms féminins ;
- le pronom « ils » remplace des noms masculins ou un ensemble de noms féminins et masculins.

On peut écrire des lettres et dessiner des petits pictogrammes au tableau pour aider à visualiser ces propriétés. Cela aidera aussi dans la réalisation de la carte mentale.

Exemple de ce qui peut être écrit au tableau

il ou elle	ils ou elles
●	● ●
F elle → la fleur	M ils → les élèves de la classe
M il → le chien	M ils → les animaux
M il → Sami	F elles → mes cousines
F elle → la maitresse	M ils → mes feutres

Ici : ● signifie « singulier » et ●● signifie « pluriel » ; F signifie « féminin » et M signifie « masculin » ; signifie « personne », signifie « animal », signifie « objet ».

Remarque : Théoriquement, il s'agit de rappels du CP et du CE1. Cela étant, ces pronoms, à l'apparence si évidente, ne sont pas toujours explicités à ce point.

2. Synthèse et trace écrite collective

Durée	5 minutes
Matériel	une affiche vierge

Laisser la collecte réalisée au tableau.
Faire reformuler toutes les propriétés de ces quatre pronoms personnels par les élèves, pronom après pronom.
Au fur et à mesure, sur l'affiche vierge, tracer une carte mentale qui servira de trace écrite collective.

Exemple de carte mentale :

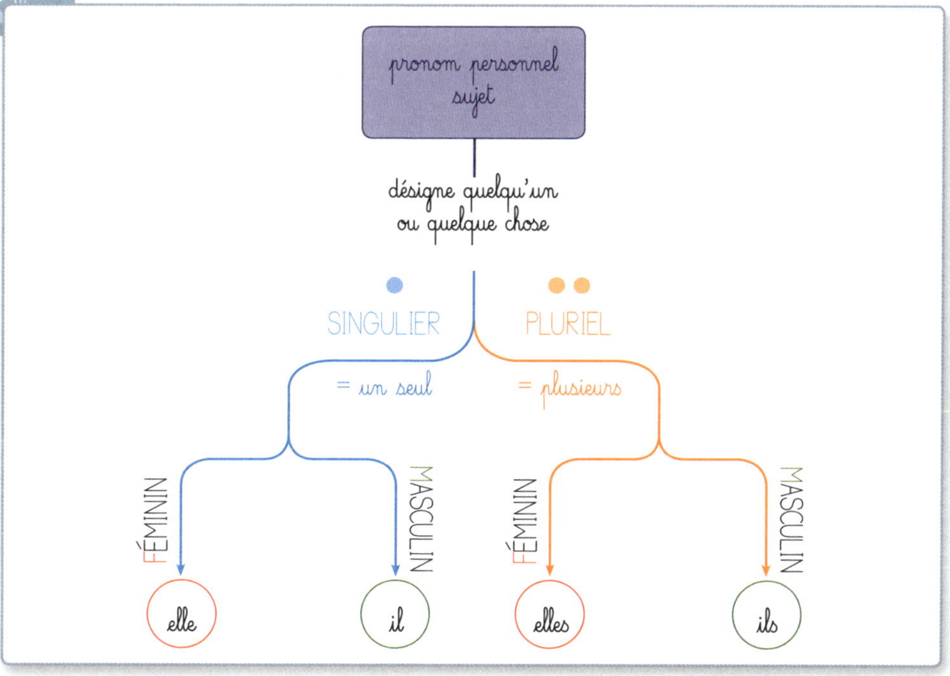

3-1. Carte mentale

3. Entrainement sur l'ardoise

Durée 5 minutes
Matériel une ardoise par élève

Faire écrire « il / elle » sur un côté de l'ardoise et « ils / elles » de l'autre côté. Ils devront montrer le bon pronom en fonction du sujet de la phrase énoncée.

Expliquer :

« Je vais vous dire des phrases ; pour chaque phrase, je vous dirai quels mots constituent le sujet du verbe. Vous devrez le remplacer par "il", "elle", "ils" ou "elles" en me montrant le bon côté de l'ardoise. »

Dire les phrases suivantes :

L'enfant *apprend sa leçon.*
Timéo et Amine *vont se cacher.*
Ma mère *porte des cartons de déménagement.*
Mes frères et sœurs *sont chez mes grands-parents.*
L'artiste *peint un tableau magnifique.*
Le trompettiste et la flutiste *jouent ensemble.*
Les nuages *avancent très vite dans le ciel.*

À chaque fois, faire redire la phrase en entier en effectuant le remplacement du sujet par le pronom personnel correspondant.
Répéter l'exercice autant de fois que nécessaire. Ajouter des phrases si besoin.

4. Exercices d'entrainement

Durée 15 minutes
Matériel
- la trace écrite collective affichée (carte mentale)
- les fiches d'exercices individuels (ou les exercices projetés au tableau) 3-1. Exercices individuels niveau 1 et 3-1. Exercices individuels niveau 2, différenciés ou sans aide
- la grille d'observation 3. Grille d'observation

Faire les exercices en suivant la démarche habituelle.

Séance 2 | Les première et deuxième personnes du singulier (je, tu)

1. Rappel de la séance précédente

Durée 5 minutes
Matériel la trace écrite collective précédente (carte mentale)

Rappeler très brièvement l'objet d'étude de la séquence : observer et comprendre les pronoms personnels sujets.

> Les pronoms personnels peuvent remplacer un groupe nominal. Ils peuvent avoir la fonction « sujet ».
> Le pronom « elle » remplace un groupe nominal singulier et féminin.
> Le pronom « il » remplace un groupe nominal singulier et masculin.
> Le pronom « elles » remplace un groupe nominal pluriel et féminin.
> Le pronom « ils » remplace un groupe nominal pluriel où il y a au moins un nom au masculin.

2. Trouver les pronoms personnels dans des livres

Durée 15 minutes
Organisation en binômes
Matériel
- le texte 3-2. Texte (ou n'importe quel extrait choisi dans un livre de la classe)

> Le garçon dit :
>
> « Je m'appelle Tommy. Tu t'appelles Lilia. »

- une sélection de livres de littérature jeunesse (un livre pour deux, minimum)
- des notes repositionnables

Expliquer l'activité :

« Vous allez travailler ensemble, en binômes. Vous avez un livre et deux papiers. Écrivez "je" sur le premier papier et "tu" sur le deuxième. Vous allez ensuite chercher le pronom "je" dans le livre : recopiez la phrase puis soulignez le pronom "je". Écrivez, en dessous, qui est "je". Faites la même chose avec le deuxième papier, en cherchant "tu", en recopiant la phrase, en soulignant le mot "tu" et en écrivant, en dessous, qui est "tu". »

Noter les pronoms personnels concernés au tableau.

Faire un exemple en classe entière grâce au texte proposé dans les ressources numériques.

Les binômes effectuent leur recherche.

Tracer un tableau avec une colonne « celui qui dit la phrase... » et une colonne « celui à qui est destinée la phrase... », une ligne « ... tout seul » et une ligne « ... et d'autres personnes » :

Exemple de ce qui peut être écrit au tableau

	celui qui dit la phrase...	celui à qui est destinée la phrase...
... tout seul ●	Je m'appelle Tommy. = Tommy	Tu t'appelles Lilia. = Lilia
... et d'autres personnes ●●		

Expliciter le sens de lecture du tableau et l'appellation de ces deux colonnes en reformulant.

Remarque : **Les mots « énonciateur » et « destinataire » peuvent être évoqués sans être pour autant un objectif d'apprentissage.**

Inviter les élèves à venir placer leur papier dans la bonne case, selon que le pronom « je » désigne celui qui dit la phrase ou celui à qui elle est destinée, en explicitant leur choix. Par exemple :

« Dans la phrase "......", "je" est celui qui parle. »

Répéter la démarche avec le pronom « tu ».

Faire observer que :

- les pronoms « je » et « tu » ne désignent qu'une seule personne à chaque fois ;
- le pronom « je » désigne toujours celui qui parle, celui qui dit la phrase, l'émetteur du message ;
- le pronom « tu » désigne toujours celui à qui on parle, celui à qui est destinée la phrase, le destinataire du message.

Remarque : Certains élèves choisiront peut-être le pronom élidé « j' ». Ce sera l'occasion de parler de cette forme. Si elle n'apparait pas ici, on pourra en parler au moment de l'exercice d'entrainement.

3. Synthèse et trace écrite collective

Durée	5 minutes
Matériel	deux affiches vierges

Laisser la collecte réalisée au tableau.

Faire reformuler toutes les propriétés de ces deux pronoms personnels par les élèves, en commençant par le pronom « je ».

Au fur et à mesure, sur une affiche vierge, tracer une carte mentale qui servira de trace écrite collective.

Répéter la démarche avec le pronom « tu » sur une affiche à part.

Exemple de carte mentale :

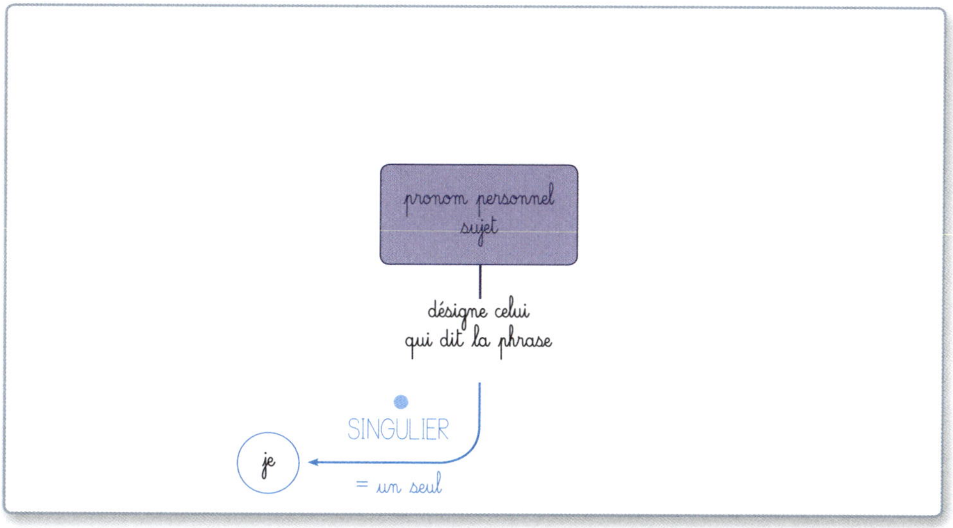

4. Entrainement oral

Durée	5 minutes
Matériel	aucun

Demander à deux élèves de se mettre face à face, à deux grands pas de distance. Expliquer :

« L'un de vous dit une phrase commençant soit par "je", soit par "tu", pour donner une action à réaliser.

Ensuite, je vais poser la question "Qui est désigné par le pronom 'je' ?" ou "Qui est désigné par le pronom 'tu' ?". Tous les élèves de la classe, même les deux élèves qui sont devant, devront pointer du doigt celui qui est concerné.

Si on est tous d'accord, l'élève désigné doit ensuite faire l'action. »

Réaliser un exemple en explicitant les étapes. Tous les élèves de la classe doivent montrer l'élève désigné par le pronom personnel choisi. Ce dernier doit se pointer du doigt lui-même.

Élève : « Tu lèves le pied gauche. » → Professeur : « Qui est désigné par le pronom "tu" ? »

Élève : « Tu te grattes le nez. » → Professeur : « Qui est désigné par le pronom "tu" ? »

Élève : « Je touche mon oreille droite. » → Professeur : « Qui est désigné par le pronom "je" ? »

Élève : « Je me frotte le bras. » → Professeur : « Qui est désigné par le pronom "je" ? »

Réaliser l'exercice.

5. Exercices d'entrainement

Durée	15 minutes
Matériel	– la trace écrite collective affichée (cartes mentales avec « je » et « tu ») – les fiches d'exercices individuels (ou les exercices projetés au tableau) 3-2. Exercices individuels niveau 1 et 3-2. Exercices individuels niveau 2, différenciés ou sans aide – la grille d'observation 3. Grille d'observation

Faire les exercices en suivant la démarche habituelle.

Séance 3 | La première personne du singulier et du pluriel (je, nous)

1. Rappel des séances précédentes

Durée	5 minutes
Matériel	les traces écrites collectives précédentes

Rappeler très brièvement l'objet d'étude de la séquence : observer et comprendre les pronoms personnels sujets, en s'appuyant sur les traces écrites collectives précédentes :

> Les pronoms personnels peuvent remplacer un groupe nominal. Ils peuvent avoir la fonction « sujet ».
> Le pronom « elle » remplace un groupe nominal singulier et féminin.
> Le pronom « il » remplace un groupe nominal singulier et masculin.
> Le pronom « elles » remplace un groupe nominal pluriel et féminin.
> Le pronom « ils » remplace un groupe nominal pluriel où il y a au moins un nom au masculin.
> Le pronom « je » désigne celui qui parle.
> Le pronom « tu » désigne celui à qui le message est destiné, celui à qui on parle.

2. Trouver les pronoms personnels dans des livres

Durée 15 minutes

Organisation en binômes

Matériel
- le texte 3-3. Texte (ou n'importe quel extrait choisi dans un livre de la classe)

  > *Je suis une fille sportive.*
  >
  > *Mes frères et moi jouons au rugby tous les weekends.*
  >
  > *Nous sommes devenus très forts.*

- une sélection de livres de littérature jeunesse (un livre pour deux, minimum)
- des notes repositionnables

Expliquer l'activité :

« Vous allez travailler en binômes. Vous avez un livre et deux papiers. Écrivez "je" sur le premier papier. Vous allez ensuite chercher le pronom "je" dans le livre : recopiez la phrase puis soulignez le pronom "je". Écrivez, en dessous, qui est "je". Faites la même chose avec le deuxième papier, en cherchant "nous", en recopiant la phrase, en soulignant le mot "nous" et en écrivant, en dessous, qui est "nous". »

Noter « je » et « nous » au tableau.
Faire un exemple en classe entière grâce au texte proposé dans les ressources numériques.
Les binômes effectuent leur recherche.

Remarque : **Les élèves sélectionneront probablement des « nous » qui n'ont pas fonction de sujet, mais ce n'est pas très grave. « Nous » désigne les mêmes personnes, qu'il s'agisse du sujet ou d'un complément. On prendra tout de même un moment pour observer qu'il ne s'agit pas de la fonction sujet.**

Tracer un tableau avec une colonne « celui qui dit la phrase… » et une colonne « celui à qui est destinée la phrase… », une ligne « … tout seul » et une ligne « … et d'autres personnes » :

Exemple de ce qui peut être écrit au tableau

	celui qui dit la phrase…	celui à qui est destinée la phrase…
… tout seul ●	Je suis une fille sportive. = une fille sportive	Nous sommes devenus très forts. = la fille et ses frères
… et d'autres personnes ●●		

Expliciter le sens de lecture du tableau et l'appellation des colonnes et des lignes.
Inviter les élèves à venir placer leur papier dans la bonne case, selon que le pronom « nous » désigne celui qui dit la phrase ou celui à qui elle est destinée, et s'il s'agit d'une seule ou de plusieurs personnes, en explicitant leur choix :

« Dans la phrase "......", "nous" désigne celui qui parle et d'autres personnes : ils sont plusieurs. »

Faire observer que :
- le pronom « je » désigne toujours celui qui parle et lui seul ;
- le pronom « nous » désigne toujours celui qui parle et une ou plusieurs autres personnes : « moi + une autre personne » ou « moi + d'autres personnes ».

3. Synthèse et trace écrite collective

Durée	5 minutes
Matériel	la trace écrite collective avec le pronom « je »

Laisser la collecte réalisée au tableau.
Faire reformuler toutes les propriétés du pronom « nous » par les élèves, en faisant le lien avec le pronom « je ».
Compléter la trace écrite collective de la séance précédente.

Exemple de carte mentale :

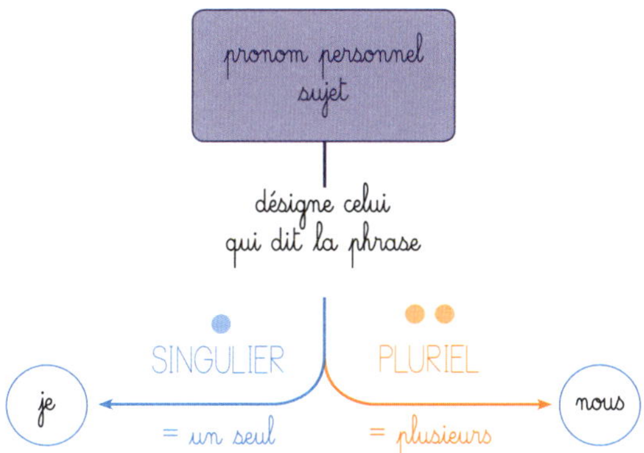

4. Entrainement oral

Durée	5 minutes
Matériel	aucun

Proposer un exercice proche de celui de la séance précédente.
Faire venir un groupe de quatre ou cinq élèves devant le tableau.
Expliquer :

> *« L'un de vous commence. Il dit une phrase commençant soit par "je", soit par "nous", pour donner une action à réaliser.*
> *Si l'élève a dit "je", alors il réalise l'action seul. S'il a dit "nous", c'est tout le groupe qui réalise l'action. Ensuite, c'est au tour d'un autre élève de parler. »*

Réaliser un exemple en explicitant les étapes :

> *« Je lève le doigt. »*
> *« Nous nous grattons l'épaule. »*
> *« Je croise les jambes. »*
> *« Nous tenons debout sur un pied. »*

Réaliser l'exercice.

Remarque : Si on veut gagner du temps et faire jouer tous les élèves, on peut procéder par équipes, tous en même temps. Cela demande toutefois un minimum d'autonomie dans la coopération et la validation par les pairs.

5. Exercices d'entrainement

Durée	15 minutes
Matériel	– la trace écrite collective affichée – les fiches d'exercices individuels (ou les exercices projetés au tableau) 3-3. Exercices individuels niveau 1 et 3-3. Exercices individuels niveau 2, différenciés ou sans aide – la grille d'observation 3. Grille d'observation

Faire les exercices en suivant la démarche habituelle.

Séance 4 | La deuxième personne du singulier et du pluriel (tu, vous)

1. Rappel des séances précédentes

Durée	5 minutes
Matériel	les traces écrites collectives précédentes

Rappeler très brièvement l'objet d'étude de la séquence : observer et comprendre les pronoms personnels sujet.
En s'appuyant sur les traces écrites collectives précédentes :

> Les pronoms personnels peuvent remplacer un groupe nominal. Ils peuvent avoir la fonction « sujet ».
> Le pronom « elle » remplace un groupe nominal singulier et féminin.
> Le pronom « il » remplace un groupe nominal singulier et masculin.
> Le pronom « elles » remplace un groupe nominal pluriel et féminin.
> Le pronom « ils » remplace un groupe nominal pluriel où il y a au moins un nom au masculin.
> Le pronom « je » désigne celui qui parle.
> Le pronom « nous » désigne celui qui parle et au moins une personne en plus.
> Le pronom « tu » désigne celui à qui le message est destiné, celui à qui on parle.

2. Trouver les pronoms personnels dans des livres

Durée	15 minutes
Organisation	en binômes
Matériel	– le texte 3-4. Texte (ou n'importe quel extrait choisi dans un livre de la classe)

> Samuel dit à Amalia :
> « Tu es terrible !
> Tes amis et toi n'arrêtez pas de m'embêter.
> Vous me faites des blagues sans arrêt ! »

– une sélection de livres de littérature jeunesse (un livre pour deux, minimum)
– des notes repositionnables

Il s'agit de la même activité que celle de la séance 1.
Expliquer l'activité :

> *« Vous allez travailler en binômes. Vous avez un livre et deux papiers. Écrivez "tu" sur le premier papier. Vous allez ensuite chercher le pronom "tu" dans le livre : recopiez la phrase puis soulignez le pronom "tu". Écrivez, en dessous, qui est "tu". Faites la même chose avec le deuxième papier, en cherchant "vous", en recopiant la phrase, en soulignant le mot "vous" et en écrivant, en dessous, qui est "vous". »*

Noter « tu » et « vous » au tableau.
Faire un exemple en classe entière grâce au texte proposé dans les ressources numériques.
Les binômes effectuent leur recherche.

Remarque : **Les élèves sélectionneront probablement des « vous » qui n'ont pas fonction de sujet, mais ce n'est pas très grave. « Vous » désigne les mêmes personnes, qu'il s'agisse du sujet ou d'un complément. On prendra tout de même un moment pour observer qu'il ne s'agit pas de la fonction sujet. Les élèves pourront aussi sélectionner des « vous » de vouvoiement. Ces exemples iront dans la case « celui à qui est destinée la phrase..., tout seul ». Prendre un moment pour expliciter ce vouvoiement. Il n'est pas obligatoire que le vouvoiement soit institutionnalisé dans la présente leçon pour autant, surtout si cela risque de fragiliser les élèves.**

Tracer un tableau avec une colonne « celui qui dit la phrase... » et une colonne « celui à qui est destinée la phrase... », une ligne « ... tout seul » et une ligne « ... et d'autres personnes » :

Exemple de ce qui peut être écrit au tableau

	celui qui dit la phrase...	celui à qui est destinée la phrase...
... tout seul ●	Tu es terrible ! = Amalia	Vous me faites des blagues sans arrêt ! = Amalia et ses amis
... et d'autres personnes ● ●		

Rappeler le sens de lecture du tableau et l'appellation des colonnes et des lignes.
Faire un exemple avec les phrases du texte de départ.
Inviter les élèves à venir placer leur papier dans la bonne case. Par exemple :

« Dans la phrase "......", "vous" désigne celui à qui on parle et d'autres personnes : ils sont plusieurs. »

Faire observer que :

- le pronom « tu » désigne toujours celui qui parle et lui seul ;
- le pronom « vous » désigne, le plus souvent, celui à qui on parle et une ou plusieurs autres personnes : « toi + une autre personne » ou « toi + d'autres personnes ».

3. Synthèse et trace écrite collective

Durée	5 minutes
Matériel	la trace écrite collective avec le pronom « tu »

Laisser la collecte réalisée au tableau.
Faire reformuler toutes les propriétés du pronom « vous » par les élèves, en faisant le lien avec le pronom « tu ».
Compléter la trace écrite collective de la séance précédente.

Exemple de carte mentale :

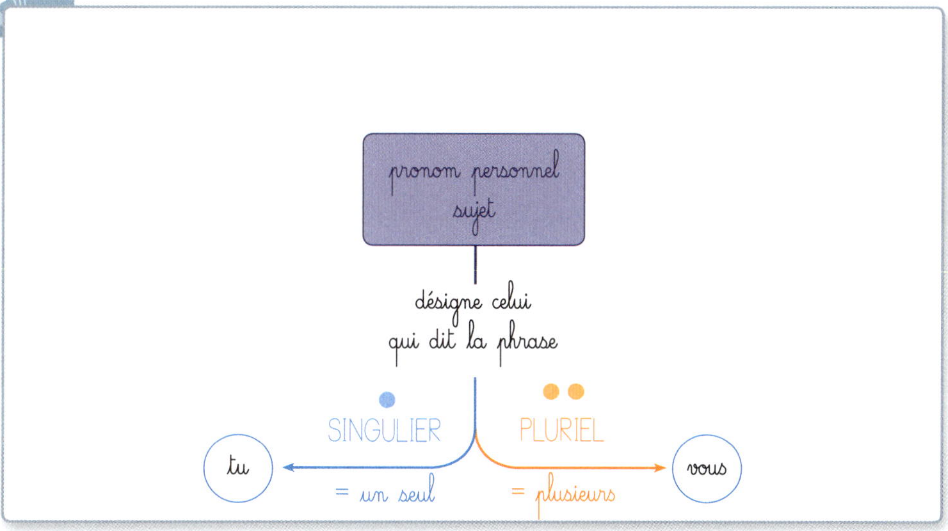

3-4. Carte mentale

4. Entrainement oral

Durée	5 minutes
Matériel	aucun

Proposer un exercice proche de celui de la séance précédente.
Faire venir un groupe de quatre ou cinq élèves devant.
Expliquer :

« Il y a un groupe d'élève devant nous. L'un des élèves de la classe, qui ne fait pas partie de ce groupe dit une phrase commençant soit par "tu" et en pointant l'élève concerné, soit par "vous", pour donner une action à réaliser à tout le groupe.
Si l'élève a dit "tu", alors l'élève désigné réalise l'action seul. S'il a dit "vous", c'est tout le groupe qui réalise l'action. Ensuite, c'est au tour d'un autre élève de parler. »

Réaliser un exemple en explicitant les étapes :

« Tu croises les bras. »
« Vous tournez sur vous-mêmes une fois. »
« Vous regardez le plafond. »
« Tu lèves le bras gauche. »

Réaliser l'exercice.

Remarque : Si on veut gagner du temps et faire jouer tous les élèves, on peut procéder par équipes, tous en même temps. Cela demande toutefois un minimum d'autonomie dans la coopération et la validation par les pairs.

5. Exercices d'entrainement

Durée	15 minutes
Matériel	– la trace écrite collective affichée – les fiches d'exercices individuels (ou les exercices projetés au tableau) 3-4. Exercices individuels niveau 1 et 3-4. Exercices individuels niveau 2, différenciés ou sans aide – la grille d'observation 3. Grille d'observation

Faire les exercices en suivant la démarche habituelle.

Séance 5 | S'entrainer avec tous les pronoms personnels

1. Rappel des séances précédentes

Durée	10 minutes
Matériel	les traces écrites collectives précédentes

Rappeler très brièvement l'objet d'étude de la séquence : observer et comprendre les pronoms personnels sujets.
En s'appuyant sur les traces écrites collectives précédentes :

> Les pronoms personnels peuvent remplacer un groupe nominal. Ils peuvent avoir la fonction « sujet ».
> Le pronom « elle » remplace un groupe nominal singulier et féminin.
> Le pronom « il » remplace un groupe nominal singulier et masculin.
> Le pronom « elles » remplace un groupe nominal pluriel et féminin.
> Le pronom « ils » remplace un groupe nominal pluriel où il y a au moins un nom au masculin.
> Le pronom « je » désigne celui qui parle.
> Le pronom « nous » désigne celui qui parle et au moins une personne en plus.
> Le pronom « tu » désigne celui à qui le message est destiné, celui à qui on parle.
> Le pronom « vous » désigne celui qui parle et au moins une personne en plus.

Préciser l'objectif de la séance : s'entrainer sur tout ce qui a été appris durant la séquence.

2. Synthèse et trace écrite

Durée	15 minutes
Matériel	le cahier de leçon

Demander aux élèves de faire le point sur tout ce qu'ils ont appris durant cette séquence.
Tracer, ensemble, une carte mentale récapitulative. Ensuite, les élèves copient la leur.

Exemple de carte mentale :

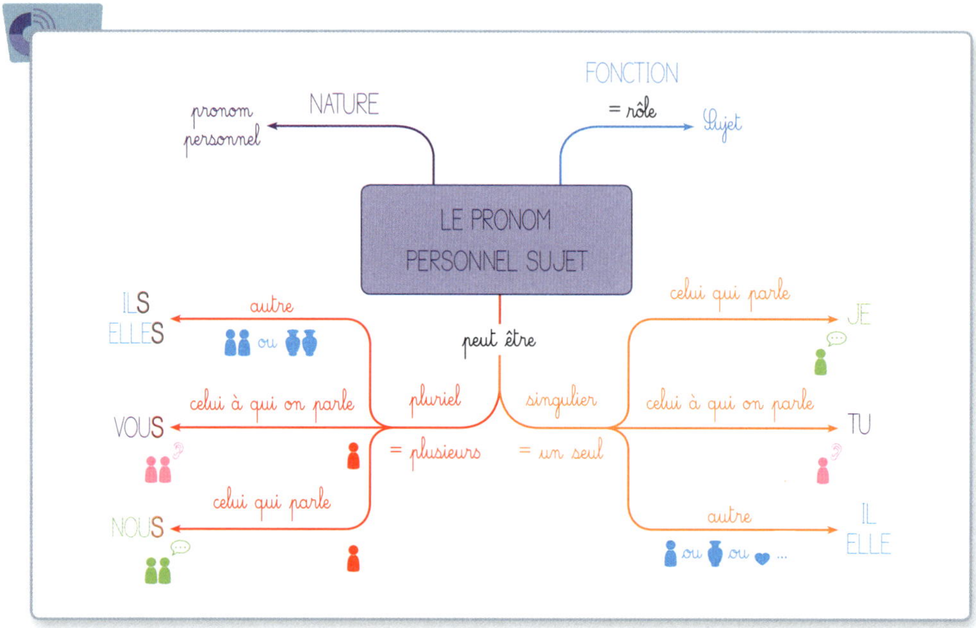

3-5. Carte mentale

Cette carte mentale comporte de très nombreuses informations. Ne conserver que celles qui auront été abordées en classe.

Remarque : Aux élèves ayant déjà bien travaillé avec des cartes mentales, on pourra proposer d'en réaliser une qui regroupe toutes les informations présentes sur les trois traces écrites collectives réalisées.

3. Exercices d'entrainement

Durée	15 minutes
Matériel	– la trace écrite collective affichée (carte mentale) – les fiches d'exercices individuels (ou les exercice projetés au tableau) 3-5. Exercices individuels niveau 1 et 3-5. Exercices individuels niveau 2, différenciés ou sans aide – la grille d'observation 3. Grille d'observation

Faire l'exercice en suivant la démarche habituelle.

4. Bilan de la séquence

Durée	5 à 10 minutes
Matériel	aucun

Proposer à chaque élève de faire le point sur ses acquisitions.

Synthèse animée : pour compléter le bilan, il est possible de présenter à la classe le petit film d'animation « Identifier le pronom personnel sujet » réalisé par Canopé (Les Fondamentaux) et disponible dans les ressources numériques.

© Canopé

3-5. Animation : Identifier le pronom personnel sujet

Exemples de fiches d'exercices individuels

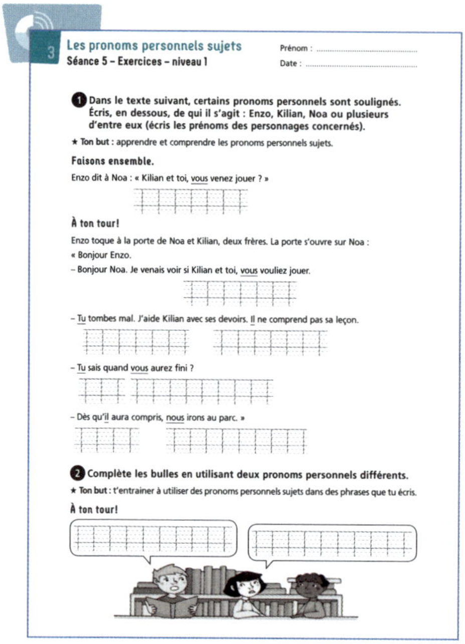

3 **Les pronoms personnels sujets**
Séance 5 – Exercices – niveau 1

Prénom : ....
Date : ....

1 Dans le texte suivant, certains pronoms personnels sont soulignés. Écris, en dessous, de qui il s'agit : Enzo, Kilian, Noa ou plusieurs d'entre eux (écris les prénoms des personnages concernés).

★ **Ton but :** apprendre et comprendre les pronoms personnels sujets.

Faisons ensemble.

Enzo dit à Noa : « Kilian et toi, vous venez jouer ? »

À ton tour !

Enzo toque à la porte de Noa et Kilian, deux frères. La porte s'ouvre sur Noa :
« Bonjour Enzo.
– Bonjour Noa. Je venais voir si Kilian et toi, vous vouliez jouer.
– Tu tombes mal. J'aide Kilian avec ses devoirs. Il ne comprend pas sa leçon.
– Tu sais quand vous aurez fini ?
– Dès qu'il aura compris, nous irons au parc. »

2 Complète les bulles en utilisant deux pronoms personnels différents.

★ **Ton but :** t'entrainer à utiliser des pronoms personnels sujets dans des phrases que tu écris.

À ton tour !

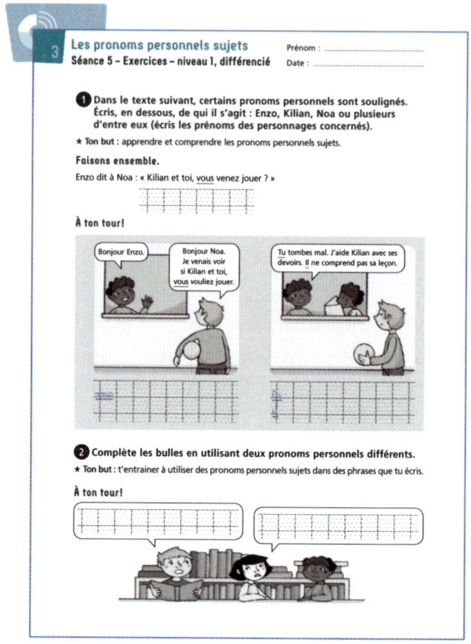

3 **Les pronoms personnels sujets**
Séance 5 – Exercices – niveau 1, différencié

Prénom : ....
Date : ....

1 Dans le texte suivant, certains pronoms personnels sont soulignés. Écris, en dessous, de qui il s'agit : Enzo, Kilian, Noa ou plusieurs d'entre eux (écris les prénoms des personnages concernés).

★ **Ton but :** apprendre et comprendre les pronoms personnels sujets.

Faisons ensemble.

Enzo dit à Noa : « Kilian et toi, vous venez jouer ? »

À ton tour !

2 Complète les bulles en utilisant deux pronoms personnels différents.

★ **Ton but :** t'entrainer à utiliser des pronoms personnels sujets dans des phrases que tu écris.

À ton tour !

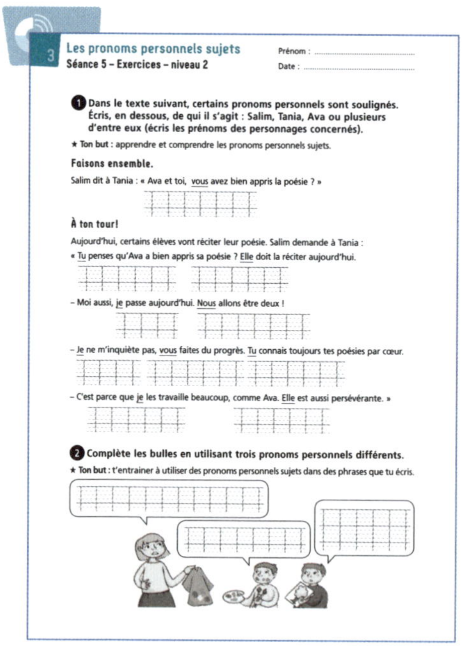

3 **Les pronoms personnels sujets**
Séance 5 – Exercices – niveau 2

Prénom : ....
Date : ....

1 Dans le texte suivant, certains pronoms personnels sont soulignés. Écris, en dessous, de qui il s'agit : Salim, Tania, Ava ou plusieurs d'entre eux (écris les prénoms des personnages concernés).

★ **Ton but :** apprendre et comprendre les pronoms personnels sujets.

Faisons ensemble.

Salim dit à Tania : « Ava et toi, vous avez bien appris la poésie ? »

À ton tour !

Aujourd'hui, certains élèves vont réciter leur poésie. Salim demande à Tania :
« Tu penses qu'Ava a bien appris sa poésie ? Elle doit la réciter aujourd'hui.
– Moi aussi, je passe aujourd'hui. Nous allons être deux !
– Je ne m'inquiète pas, vous faites du progrès. Tu connais toujours tes poésies par cœur.
– C'est parce que je les travaille beaucoup, comme Ava. Elle est aussi persévérante. »

2 Complète les bulles en utilisant trois pronoms personnels différents.

★ **Ton but :** t'entrainer à utiliser des pronoms personnels sujets dans des phrases que tu écris.

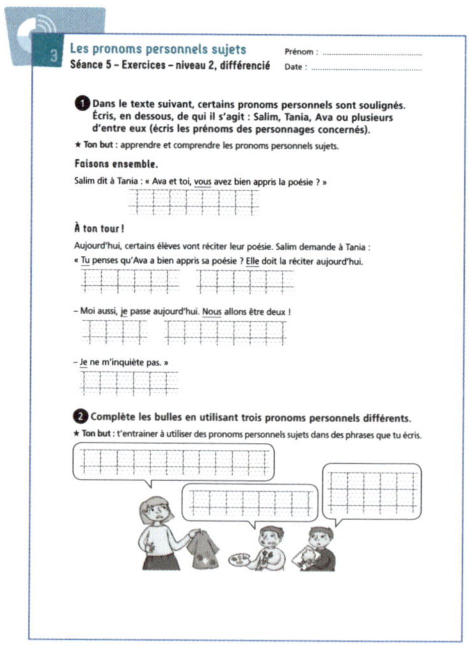

3 **Les pronoms personnels sujets**
Séance 5 – Exercices – niveau 2, différencié

Prénom : ....
Date : ....

1 Dans le texte suivant, certains pronoms personnels sont soulignés. Écris, en dessous, de qui il s'agit : Salim, Tania, Ava ou plusieurs d'entre eux (écris les prénoms des personnages concernés).

★ **Ton but :** apprendre et comprendre les pronoms personnels sujets.

Faisons ensemble.

Salim dit à Tania : « Ava et toi, vous avez bien appris la poésie ? »

À ton tour !

Aujourd'hui, certains élèves vont réciter leur poésie. Salim demande à Tania :
« Tu penses qu'Ava a bien appris sa poésie ? Elle doit la réciter aujourd'hui.
– Moi aussi, je passe aujourd'hui. Nous allons être deux !
– Je ne m'inquiète pas. »

2 Complète les bulles en utilisant trois pronoms personnels différents.

★ **Ton but :** t'entrainer à utiliser des pronoms personnels sujets dans des phrases que tu écris.

Passé, présent, futur

1. Prérequis
- Savoir formuler une phrase simple.
- Savoir retrouver un verbe conjugué dans une phrase.

2. Objectif
- Formaliser la notion de passé, présent et futur.

3. Structure de la séquence
- Nombre de séances : 3.
- Durée des séances : 40 à 50 minutes.

4. Déroulement des séances
1. Repérer les phrases au passé, au présent ou au futur.
2. Reconnaitre le temps grâce aux expressions explicites.
3. Reconnaitre le temps grâce aux verbes conjugués.

Séance 1 | Repérer les phrases au passé, au présent ou au futur

1. Introduction des mots « passé », « présent » et « futur »

Durée	10 minutes
Organisation	en binômes
Matériel	– un texte (à afficher et à distribuer à chaque binôme) 4-1. Texte

Cher journal,

Ce matin, j'ai découvert ma nouvelle école. C'était difficile, car j'aimais beaucoup l'ancienne.

Ma maitresse était si gentille ! Mon nouveau maitre m'a présentée à la classe.

Les élèves m'ont posé plein de questions.

En ce moment, je suis sur mon lit, dans ma nouvelle chambre. Maman et papa sont occupés avec les cartons dans le salon. Lucie dort déjà. Mes copines me manquent.

Demain, j'essayerai de me faire de nouveaux amis. Adam, le délégué, m'aidera sûrement. Je jouerai avec ses copains dans la cour. J'écouterai aussi le maitre en classe.

J'apprendrai plein de choses.

Bonne nuit cher journal,

Louise.

– un tableau de compréhension (à afficher et à distribuer à chaque binôme) 4-1. Tableau de compréhension

Distribuer le texte à chaque binôme et le faire lire en silence. On peut distribuer un texte par élève pour plus de confort.

Relire le texte à voix haute, de manière expressive. Expliciter le vocabulaire si nécessaire.

Présenter le tableau de compréhension et demander aux élèves de l'observer. Faire découvrir son fonctionnement. Remplir la première colonne en classe entière afin de procéder à un exemple :

	Au début Paragraphe 1	Au milieu Paragraphe 2	À la fin Paragraphe 3
Où ?	dans la nouvelle école, dans la nouvelle classe		
Quand ?	ce matin		
Qui ?	Louise le maitre les élèves		
Quoi ?	Louise a découvert sa nouvelle école. Le maitre et les élèves l'ont accueillie.		

Demander aux binômes de compléter le tableau.

Remarque : Afin de permettre à cette séquence d'être plus connectée au travail de compréhension mené en lecture, il est possible de travailler la compréhension avec un tel tableau en amont de cette séance.

Procéder à une correction collective en insistant sur la temporalité. Introduire les mots « passé », « présent » et « futur » autant de fois que possible. Préciser que la séquence débutée aujourd'hui portera sur cette notion.

2. Classer des phrases selon leur temps

Durée 10 minutes
Organisation en groupes de 2, 3 ou 4
Matériel étiquettes phrases (une par groupe) 4-1. Étiquettes phrases

Ce matin, j'ai découvert ma nouvelle école.
C'était difficile, car j'aimais beaucoup l'ancienne.
Ma maitresse était si gentille !
Mon nouveau maitre m'a présentée à la classe.
Les élèves m'ont posé plein de questions.
En ce moment, je suis sur mon lit, dans ma nouvelle chambre.
Maman et papa sont occupés avec les cartons dans le salon.
Lucie dort déjà.
Mes copines me manquent.
Demain, j'essayerai de me faire de nouveaux amis.
Adam, le délégué, m'aidera sûrement.
Je jouerai avec ses copains dans la cour.
J'écouterai aussi le maitre en classe.
J'apprendrai plein de choses.

Définir l'objectif de l'exercice qui va suivre :

« Nous allons maintenant essayer de voir si on peut rattacher les phrases du texte à ces trois temps : le passé, le présent ou le futur. »

Tracer trois colonnes au tableau et écrire « passé », « présent » et « futur » en en-tête. Distribuer une étiquette par groupe. Il n'est pas obligatoire de distribuer toutes les étiquettes. En sélectionner quelques-unes de chaque paragraphe (au passé, au présent ou au futur). Inviter chaque groupe à lire son étiquette et rappeler que les phrases proviennent du texte précédemment lu.
Demander à chaque groupe de réfléchir à quelle colonne correspond leur phrase. Faire venir les groupes au tableau un à un, en faisant justifier le choix.

RÉSULTAT ATTENDU
À ce stade, la plupart des élèves s'appuieront sur le sens : « C'était avant, donc c'est du passé » ou « Ce n'est pas encore arrivé, donc c'est du futur ». Préciser la situation d'énonciation : qui écrit et à quel moment ? C'est par rapport à ce moment, le présent, que se définissent passé et futur.

Essayer de faire définir ce qu'est le passé, le présent et le futur.

3. Entrainement

Durée	20 minutes
Organisation	en binômes
Matériel	par binôme : – une feuille ou bande de papier – un livre

Définir l'objectif de l'exercice qui va suivre :

« Nous allons voir si vous arrivez à trouver le temps d'une phrase que vous choisirez dans un livre. Pour cela, vous allez travailler par deux. Vous allez commencer par prendre votre feuille et un livre. Vous allez choisir une phrase courte du livre et la copier sur votre papier. Ensuite, vous allez réfléchir ensemble pour dire si cette phrase est au passé, au présent ou au futur. »

Distribuer une feuille et un livre par binôme.

Observer, aiguiller ou questionner les élèves sur leurs choix. Éliminer les choix trop difficiles (phrases injonctives, etc.) en expliquant cette démarche.

Procéder à une correction collective en faisant passer les élèves au tableau. Ils placent leurs fiches dans les trois colonnes déjà tracées.

4. Synthèse et trace écrite collective

Durée	15 minutes
Matériel	une affiche vierge

Faire dire aux élèves ce qu'ils ont appris. Tracer, progressivement, un schéma sur l'affiche vierge.

Exemple de trace écrite :

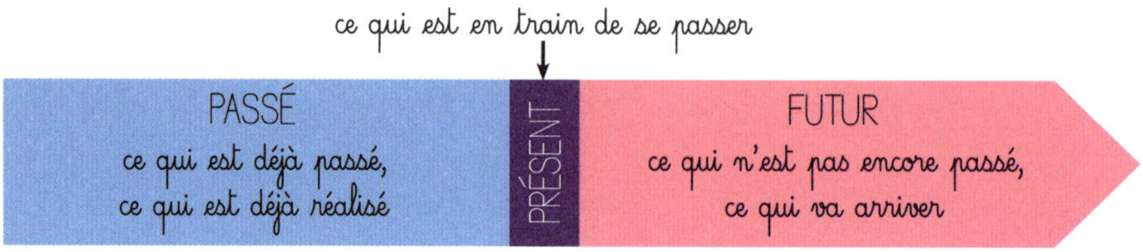

Séance 2 | Reconnaitre le temps grâce aux expressions explicites

1. Rappel de la séance précédente

Durée	5 minutes
Matériel	la trace écrite collective précédente

Rappeler très brièvement l'objet d'étude de la séquence : observer et comprendre comment s'expriment le passé, le présent et le futur à l'écrit.

On est dans le passé quand on parle de choses (évènements ou actions) qui ont déjà eu lieu. Le passé est avant le présent.
On est dans le présent quand on parle des choses qui sont en train de se réaliser.
On est dans le futur quand on parle de ce qui n'existe pas encore, ce qui va avoir lieu, ce qui se passera après.

Conserver la trace écrite à la vue des élèves.

2. Découverte d'indicateurs temporels

Durée	10 minutes
Organisation	en binômes
Matériel	les étiquettes phrases collectives 4-2. Étiquettes phrases

En ce moment, je suis sur mon lit, dans ma nouvelle chambre.

Demain, j'essayerai de me faire de nouveaux amis.

L'année prochaine, mon frère ira au collège.

Maintenant, je fais mon exercice.

Il y a trois jours, tu étais malade.

J'ai appris ma leçon le weekend dernier.

Jadis, les rois vivaient dans des châteaux.

De nos jours, les femmes peuvent aussi devenir footballeuses.

Nous partirons en Espagne pendant les prochaines vacances.

L'hiver dernier, il a beaucoup neigé.

Tu es très sérieux aujourd'hui !

Je retrouverai mes amis au parc plus tard.

Il y a fort longtemps, les hommes vivaient dans des cavernes.

ou quelques étiquettes avec des phrases issues de la sélection réalisée par les élèves à la séance précédente et présentant des indicateurs temporels (maintenant, aujourd'hui, il y a longtemps, etc.).

Distribuer une phrase par binôme et expliquer :

« J'ai choisi quelques phrases que vous aviez trouvées la dernière fois et j'en ai ajouté quelques-unes. Nous allons essayer de les classer à nouveau. »

Tracer les trois colonnes au tableau et laisser les binômes réfléchir quelques minutes.

Effectuer le classement collectivement en demandant à chaque binôme de justifier son choix. Demander quel mot aide à repérer le temps. Le souligner.

Lister ces indicateurs temporels et les ajouter à la trace écrite collective précédente. Enrichir cette liste d'expressions que les élèves connaissent déjà.

Faire remarquer que ces indicateurs sont souvent en début ou en fin de phrase.

Exemple de trace écrite :

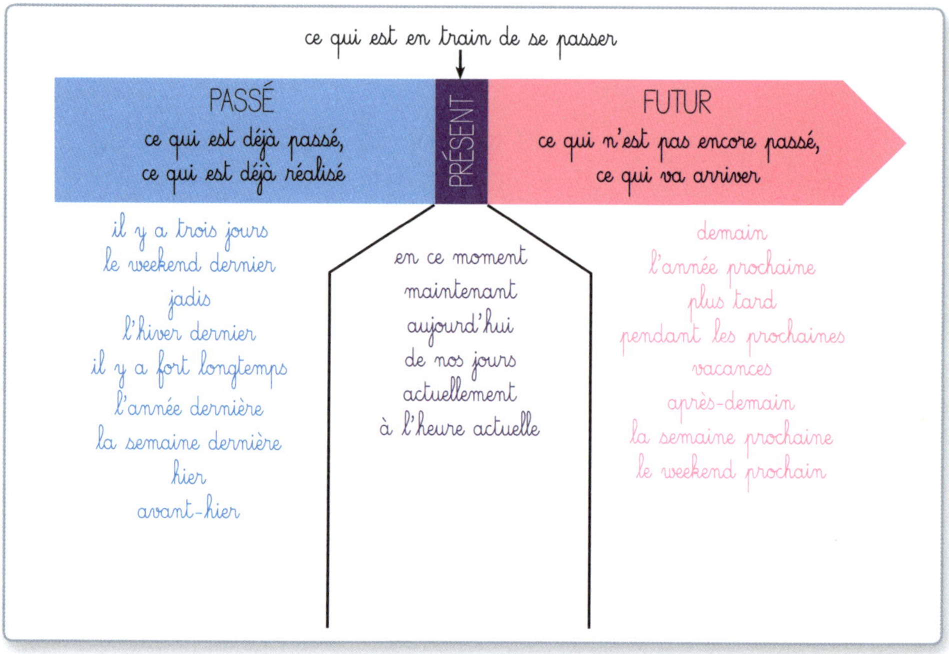

3. Entrainement sur l'ardoise

Durée 5 minutes
Matériel une ardoise par élève

Présenter l'activité :

« Je vais vous dire des phrases. Vous devrez écrire sur votre ardoise si elle est au passé, au présent ou au futur en écrivant "passé", "présent" ou "futur". »

Dire les phrases suivantes :

Maintenant, j'écoute attentivement.
Je suis très concentré aujourd'hui.
Il y a quatre ans, je ne savais pas lire.
Tu seras une grande sportive dans quelques années.
Jadis, les Gaulois vivaient dans de grandes maisons.
Les feuillent tomberont des arbres l'hiver prochain.

À chaque fois, donner la réponse et faire préciser quelle expression a permis de trouver le temps de la phrase.

4. Exercice d'entrainement

Durée 15 minutes
Matériel
- la trace écrite collective précédente affichée
- les fiches d'exercices individuels (ou les exercices projetés au tableau) 4-2. Exercices individuels niveau 1 et 4-2. Exercices individuels niveau 2, différenciés ou sans aide
- la grille d'observation 4. Grille d'observation

Faire les exercices en suivant la démarche habituelle.

5. Synthèse et trace écrite collective

Durée 5 minutes
Matériel
- la trace écrite collective précédente affichée
- deux affiches vierges

Faire reformuler tout ce qui a été découvert au sujet du passé, du présent ou du futur. Compléter la trace écrite collective avec quelques expressions extraites de l'exercice si celles-ci n'étaient pas déjà présentes.

Exemple de trace écrite :

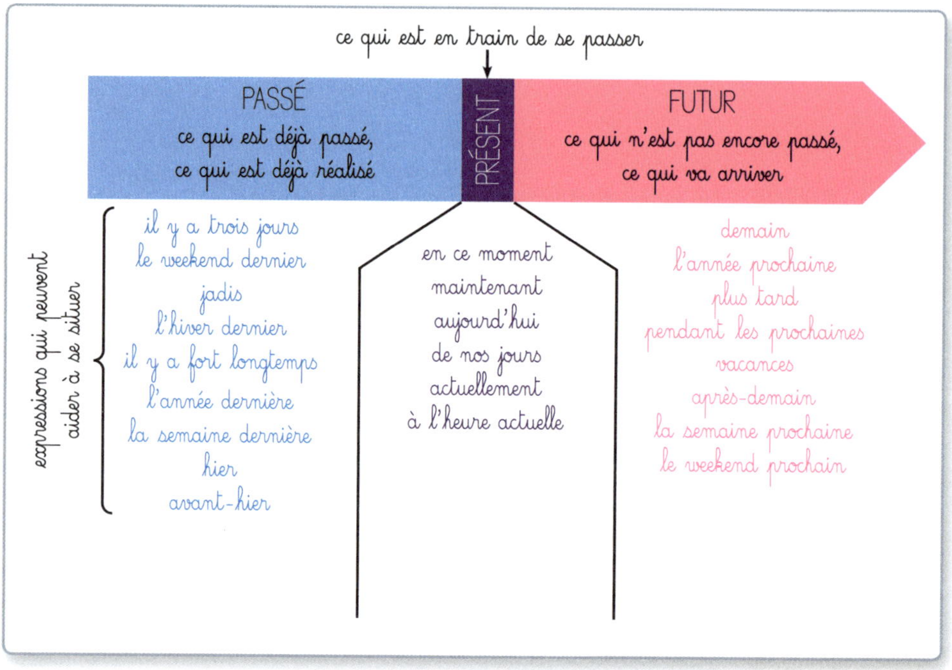

Séance 3 | Reconnaitre le temps grâce aux verbes conjugués

1. Rappel des séances précédentes

Durée	5 minutes
Matériel	la trace écrite collective précédente affichée

Rappeler très brièvement l'objet d'étude de la séquence : observer et comprendre comment s'expriment le passé, le présent et le futur à l'écrit.

Une phrase est au passé quand elle parle de choses (évènements ou actions) qui ont eu déjà eu lieu. Le passé est avant le présent. On peut utiliser des expressions comme « hier », « l'année dernière », « il y a de nombreuses années », « jadis » pour marquer le passé.
Une phrase est au présent quand elle parle de choses qui sont en train de se réaliser. On peut utiliser les mots « aujourd'hui », « maintenant », « en ce moment » pour signifier le présent.
Une phrase est au futur quand elle parle de ce qui n'existe pas encore, ce qui va avoir lieu, ce qui se passera après. On peut utiliser les mots « demain », « plus tard », « l'année prochaine » pour marquer le futur.

Placer la trace écrite en vue des élèves.

2. Faire le lien entre temps et verbe conjugué

Durée 15 minutes

Matériel
- une ardoise par élève
- une étiquette avec un indicateur temporel par élève

4-3. Étiquettes indicateurs temporels

hier	avant-hier	il y a longtemps	l'année dernière
la semaine dernière	l'été dernier	jadis	il y a trois jours
il y a deux semaines	maintenant	en ce moment	
de nos jours	à l'heure actuelle	demain	après-demain
dans quelques jours	dans deux jours		
le weekend prochain	la semaine prochaine		
l'hiver prochain	dans quelques années		

Chaque élève reçoit une étiquette avec un indicateur temporel. Il écrit sur son ardoise une phrase qui commence par cette expression. Passer dans les rangs pour vérifier.
Faire effacer l'indicateur temporel. Faire constater que la phrase est encore compréhensible.
Faire échanger les ardoises entre élèves, mais pas les cartes. Chacun doit deviner le temps de la phrase puis son auteur valide ou non à l'aide de la carte avec l'indicateur temporel.
Conclure collectivement que l'indicateur temporel n'est pas absolument obligatoire pour identifier le temps d'une phrase.

Chercher le mot qui aide à savoir le temps en procédant à quelques exemples, à partir des phrases présentes sur les ardoises (en corrigeant l'orthographe).

Exemples :

J'étais à la maison.

J'écris une phrase.

Il ira au parc.

Changer le temps des phrases en s'aidant éventuellement d'un indicateur temporel pour observer le mot qui change : le verbe conjugué.

Exemples :

« J'étais à la maison. » devient « Demain, je serai à la maison. »

« J'écris une phrase. » devient « Hier, j'écrivais une phrase. »

« Il ira au parc. » devient « Maintenant, je vais au parc. »

Remarque : **Éviter d'utiliser « aujourd'hui » pour initier un changement de temps. Les élèves peuvent parfaitement dire « Aujourd'hui, j'étais à la maison. »**

Nommer explicitement la nature (verbe). Rappeler que le verbe change en fonction de son sujet. Indiquer que sa forme change aussi en fonction du temps.

Rappeler qu'en conjugaison, on cherche à écrire le verbe en fonction du temps et du sujet.

3. Entrainement sur l'ardoise

Durée	5 minutes
Matériel	une ardoise par élève

Expliquer :

« Je vais vous dire des phrases. Vous devrez écrire sur votre ardoise si elle est au passé, au présent ou au futur en écrivant "passé", "présent" ou "futur". »

Dire les phrases suivantes :

Je regarde le tableau.
Tu étais absent hier.
Ils regardaient un tableau.
Lucie ira voir un spectacle de danse.
Le maitre réfléchit.
Les fleurs pousseront.
Nous avons mangé des crêpes. (CE2)

À chaque fois, donner la réponse et faire préciser quel mot a permis de trouver le temps de la phrase (le verbe conjugué). Éviter les phrases au passé composé au CE1.

4. Exercice d'entrainement

Durée 15 minutes
Matériel
– la trace écrite collective précédente affichée
– les fiches d'exercices individuels (ou les exercices projetés au tableau) 4-3. Exercices individuels niveau 1 et 4-3. Exercices individuels niveau 2, différenciés ou sans aide
– la grille d'observation 4. Grille d'observation

Faire les exercices en suivant la démarche habituelle.

5. Synthèse et trace écrite

Durée 10 minutes
Matériel
– le cahier de leçon ou le support pour la trace écrite individuelle proposé dans les ressources numériques
– la trace écrite collective précédente affichée

Faire reformuler tout ce qui a été découvert au sujet du passé, du présent et du futur. Compléter la trace écrite collective avec quelques expressions extraites de l'exercice si celles-ci n'étaient pas déjà présentes.

Exemple de trace écrite :

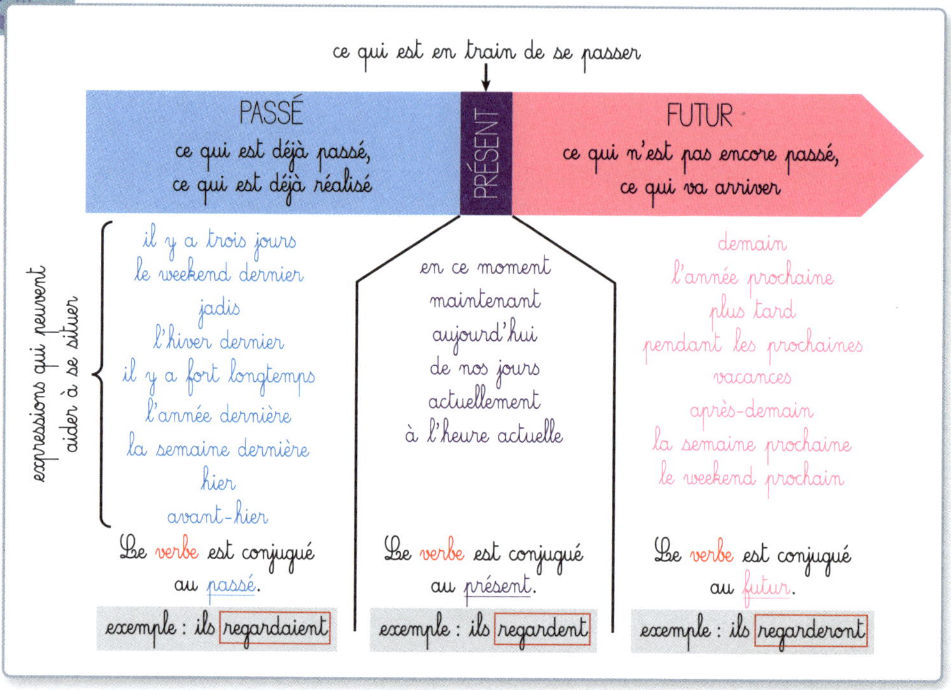

4-3. Trace écrite

Faire compléter par les élèves la trace écrite proposée dans les ressources numériques.

Synthèse animée : pour compléter le bilan, il est possible de présenter à la classe le petit film d'animation « Identifier les variations d'un même verbe : les temps » réalisé par Canopé (Les Fondamentaux) et disponible dans les ressources numériques.

© Canopé

4-3. Animation : Identifier les variations d'un même verbe : les temps

Exemples de fiches d'exercices individuels

Passé, présent, futur
Séance 3 – Exercices – niveau 1

Prénom : ....

Date : ....

1 À la fin de chaque phrase, écris si elle est au passé, au présent ou au futur.

★ **Ton but :** reconnaître le passé, le présent et le futur.

Faisons ensemble.

J'étais chez moi. →

À ton tour !

a) Il y avait beaucoup de bazar dans la chambre de ma sœur. →

b) J'ai trébuché sur un jouet ! →

c) Ma sœur range la chambre. →

d) Elle sera parfaitement propre. →

e) Mes parents nous disputent souvent. →

f) Je ferai des efforts. →

2 Pour chaque phrase, choisis le bon verbe parmi les deux propositions.

★ **Ton but :** reconnaître le passé, le présent et le futur.

Faisons ensemble.

Il y a trois jours, tu .... un arbre.
(as dessiné / dessineras)

À ton tour !

a) Quand j' .... petit, je ne .... pas utiliser un ordinateur.
(étais / serai) (savais / sais)

b) Cette année, j' .... à utiliser le clavier à l'école.
(apprends / apprendrai)

Suite de l'exercice 2

c) Je .... déjà écrire une phrase !
(sais / saurai)

d) Bientôt, je .... taper des textes entiers.
(peux / pourrai)

e) Plus tard, j' .... des images et je .... mes textes.
(ajoute / ajouterai) (décorais / décorerai)

3 Observe cette image. Écris une phrase qui dit ce qui s'est passé avant et une phrase qui dit ce qui se passe en ce moment.

★ **Ton but :** t'entraîner à utiliser les temps à l'écrit : le passé et le présent.

À ton tour !

Réussir en conjugaison CE1-CE2 © Éditions Retz

Passé, présent, futur
Séance 3 – Exercices – niveau 2

Prénom : ....

Date : ....

1 À la fin de chaque phrase, écris si elle est au passé, au présent ou au futur.

★ **Ton but :** reconnaître le passé, le présent et le futur.

Faisons ensemble.

J'étais chez moi. →

À ton tour !

a) J'ai eu très mal au ventre ! →

b) Ma maman m'a emmené chez le docteur. →

c) Je ne prends pas de médicaments. →

d) J'avais juste trop mangé ! →

e) Je bois beaucoup d'eau et mange moins de sucreries. →

f) Je mangerai plus équilibré. →

2 Pour chaque phrase, choisis le bon verbe parmi les trois propositions.

★ **Ton but :** reconnaître le passé, le présent et le futur.

Faisons ensemble.

Il y a trois jours, tu .... un arbre.
(dessines / as dessiné / dessineras)

À ton tour !

a) La neige .... la nuit dernière.
(est tombée / tombe / tombera)

b) Il .... très froid ce matin.
(faisait / fait / fera)

Suite de l'exercice 2

c) Cet après-midi, tu .... des gants et un bonnet pour sortir.
(mettais / mets / mettras)

d) Mais, maintenant, nous .... une fondue.
(avons mangé / mangeons / mangerons)

e) J' .... le fromage depuis toujours !
(aimais / aime / aimerai)

f) La nuit prochaine, nous .... des couvertures plus chaudes.
(prenions / prenons / prendrons)

3 Observe cette image. Écris une phrase qui dit ce qui s'est passé avant, une phrase qui dit ce qui se passe en ce moment et une phrase qui dit ce qui se passera après.

★ **Ton but :** t'entraîner à utiliser les temps à l'écrit : le passé et le présent.

À ton tour !

Réussir en conjugaison CE1-CE2 © Éditions Retz

Le présent (CE1)

1. Prérequis

- Savoir reconnaitre un verbe conjugué et son sujet.
- Savoir trouver l'infinitif d'un verbe conjugué.
- Connaitre les pronoms personnels sujets et savoir pronominaliser un groupe nominal sujet.

2. Objectifs

- Découvrir la conjugaison des verbes au présent (et l'une des difficultés qui y est liée : le choix de la terminaison en fonction de l'infinitif du verbe).
- Découvrir les verbes du premier groupe (terminaison en « -er ») et les distinguer des autres verbes.
- Découvrir les terminaisons du présent.

3. Structure de la séquence

- Nombre de séances : 11.
- Durée des séances : 45 à 50 minutes.

4. Déroulement des séances

1. Découvrir les terminaisons du présent avec « je ».
2. Découvrir les terminaisons du présent avec « tu ».
3. S'entrainer à utiliser les terminaisons du présent avec « je » et « tu ».
4. Découvrir les terminaisons du présent avec « il » ou « elle ».
5. S'entrainer à utiliser les terminaisons du présent avec « je », « tu » et « il » ou « elle ».
6. Découvrir les terminaisons du présent avec « ils » ou « elles ».
7. S'entrainer à utiliser les terminaisons du présent avec « il » ou « elle » et « ils » ou « elles ».
8. Découvrir les terminaisons du présent avec « nous ».
9. Découvrir les terminaisons du présent avec « vous ».
10. S'entrainer à utiliser les terminaisons du présent avec « nous » et « vous ».
11. S'entrainer à utiliser toutes les terminaisons du présent.

À savoir

Le présent est un temps difficile. L'aborder tôt permet de rebrasser les acquis tout au long de l'année. Il présente aussi l'avantage d'avoir une terminaison « simple », constituée uniquement d'un marqueur de personne (un seul marqueur flexionnel). La difficulté réside dans la découverte du mécanisme de conjugaison et dans la reconnaissance de deux groupes : les verbes dont l'infinitif se termine en « -er », d'une part, et les autres (qui se terminent par « -r » ou « -re »), d'autre part. Cette distinction sera importante par la suite (futur ou passé composé, en CE2).

Point de vigilance : les verbes « pouvoir » et « vouloir » (« valoir » n'étant pas au programme) pourront apparaitre, mais seront traités durant la troisième phase de la méthode. Pour cette séquence, ils seront mis de côté.

Séance 1 | Découvrir les terminaisons du présent avec « je »

SÉANCE DE DÉCOUVERTE

1. Compléter une phrase avec un marqueur de temps présent

Durée	15 minutes
Matériel	une ardoise par élève (ou un cahier d'essai)

Présenter l'activité :

« Je vais vous dire le début d'une phrase. Vous devrez écrire la fin de cette phrase, et uniquement la fin. Cette fin n'a pas besoin d'être longue. Vous ne devez pas écrire le début de la phrase que je vais dire.

Nous allons d'abord essayer à l'oral. Si je dis "En ce moment, je...", qui peut me dire ce qu'il voudrait écrire sur son ardoise ? »

Interroger quelques élèves. Exemples de propositions :

En ce moment, je réfléchis.

En ce moment, je parle.

En ce moment, je fais un exercice.

Lorsque les élèves semblent avoir compris, leur demander de passer à l'écrit.

Lister quelques propositions au tableau. Pour chaque proposition :

- demander à l'élève interrogé d'identifier le verbe conjugué, l'écrire tel que l'élève l'aura noté et l'encadrer en rouge ;
- corriger le reste directement en précisant qu'il s'agit, pour cette séance, de se concentrer sur le verbe ;
- demander à chaque élève quel est le temps de sa phrase (le présent). Il n'est pas utile de l'écrire au tableau.

Faire remarquer que tous les verbes sont au présent et en chercher la raison. L'expression « en ce moment » implique le présent. Expliquer qu'aujourd'hui, on cherchera à écrire des verbes conjugués au présent avec le pronom « je ».

Exemple de ce qui peut être noté au tableau

En ce moment, (je)...

je panse à la récréation.

j'aime écrire.

je lève le doigt.

je sui assis sur ma chaise.

je lit une phrase.

Corriger les erreurs de transcription phonétique et d'orthographe des verbes.

Remarque : **À ce niveau, les justifications devraient plus particulièrement s'attarder sur la transcription phonétique : comment s'écrit ce qu'on dit.**

Une fois la correction des erreurs de transcription phonétique et d'orthographe réalisée (on ne corrige pas les terminaisons pour le moment, mais on corrige le « a » en « e » dans « panse »), faire remarquer que l'incertitude réside dans les lettres muettes, en fin de verbe conjugué. Préciser que la conjugaison s'intéresse essentiellement à la fin des verbes conjugués, à la « terminaison ». Inviter les élèves à débattre sur l'écriture de certains verbes au tableau.

2. Rechercher des verbes conjugués au présent dans des ouvrages

Durée	10 minutes
Organisation	en groupes
Matériel	– un extrait sélectionné dans les ouvrages de la classe ou 5-1. Exemple de verbe conjugué – une feuille A4 pour l'exemple collectif – des ouvrages de littérature de jeunesse – des notes repositionnables

Proposer de mener l'enquête selon les modalités décrites en introduction (voir p. 19) : chaque groupe dispose d'une sélection d'ouvrages ainsi que d'un ensemble de notes repositionnables. Les élèves recopieront les ensembles « sujet + verbe » extraits des ouvrages et laisseront le petit papier en place à la bonne page.

Définir une liste de critères de sélection des verbes :

- ils sont conjugués au présent ;
- il y a le pronom personnel « je », avant.

Un exemple est réalisé en classe entière à l'aide d'un extrait.

Dans la phrase « Ce matin, je chante à l'école » :
le sujet est « je » et le verbe « chante » est au présent.

Les élèves mènent l'enquête en groupes à l'aide des ouvrages proposés.

3. Collecter les terminaisons trouvées

Durée	10 minutes
Matériel	des bandes de papiers

Sur le tableau, afficher la dizaine de bandes de papier. Y écrire les ensembles « sujets + verbes » trouvés par les élèves, ainsi que l'infinitif des verbes sélectionnés.

Exemple de ce qui peut être affiché au tableau

je réfléchis	(→ réfléchir)
j'écoute	(→ écouter)
j'écris	(→ écrire)
je regarde	(→ regarder)
je cherche	(→ chercher)

4. Déduire la règle

Durée 10 minutes

Matériel
- les bandes de papiers utilisées
- les ouvrages de littérature de jeunesse utilisés
- les notes repositionnables des élèves

Rappeler le questionnement initial : bien orthographier la terminaison des verbes au présent avec « je ».

Proposer d'entourer les lettres muettes finales des verbes trouvés.

Demander quelles sont les lettres muettes finales possibles et les noter en haut du tableau, pour constituer deux colonnes : « -s » ou « -e ».

Faire venir des élèves au tableau pour ranger les bandes de papier dans la bonne colonne.

Exemple de ce qui peut être noté au tableau

-s		-e	
je réfléchis	(→ réfléchir)	j'écoute	(→ écouter)
j'écris	(→ écrire)	je regarde	(→ regarder)
		je cherche	(→ chercher)

À ce stade, il se peut que des verbes en « -ds » ou en « -x » apparaissent. On peut les mettre de côté en précisant que ceux-ci sont un peu particuliers. Au moment d'établir la règle, on pourra y revenir en précisant qu'ils constituent des cas particuliers qu'on ne demande pas aux élèves de connaitre pour le moment, mais qu'ils apprendront plus tard, en cycle 3 ou au collège. Cela étant, en travaillant « pouvoir » et « prendre », ces terminaisons réapparaitront. On pourra alors s'étendre un peu plus sur ces cas.

Demander aux élèves de s'intéresser à la colonne « -e » et d'essayer de comprendre pourquoi il y a un « -e » et non un « -s » à la fin de ces verbes. Suggérer aux élèves de regarder l'infinitif du verbe.
Le professeur mène les échanges, met à l'épreuve les hypothèses (même justes) des élèves et invite au débat.

Remarque : On observe que l'infinitif des verbes ayant un « -s » final lorsqu'ils sont conjugués avec « je » peut avoir de nombreuses terminaisons : « -ir », « -oir », « -re », etc. Seuls les verbes dont l'infinitif se termine en « -er » prennent un « -e » avec « je ». Au fil des séquences, on observera que le marqueur de la première personne est généralement la lettre « -s » finale. Le marqueur « -e » réapparaitra plus tard dans la scolarité, lors de la découverte du subjonctif qui n'est pas au programme de cycle 2.

En déduire oralement la règle suivante :

Au présent, il existe deux possibilités pour conjuguer un verbe avec « je ».
Les verbes qui se terminent en « -er » à l'infinitif s'écrivent avec un « -e » muet à la fin lorsqu'ils sont conjugués au présent avec « je ».
Les autres verbes conjugués avec « je » s'écrivent avec un « -s » muet à la fin.

5. Réinvestissement

Durée 5 minutes
Organisation en groupes puis collectivement
Matériel
– une ardoise par élève (ou un cahier d'essai)
– une affiche vierge

Proposer de reprendre les verbes écrits au tableau au début de la séance et de les corriger en groupes.
Mettre en commun les corrections et les valider collectivement. Cette fois-ci, on s'intéressera davantage à la méthode mise en œuvre pour réussir à conjuguer :

> Quand je conjugue un verbe au présent avec « je », je cherche l'infinitif du verbe. Si l'infinitif du verbe se termine en « -er », alors j'écris un « -e » muet à la fin du verbe. Si l'infinitif du verbe ne se termine pas en « -er », alors j'écris un « -s » muet à la fin du verbe.

Tracer une carte mentale au tableau ou sur du papier affiche, aidant la formulation de cette méthode.

Exemple de carte mentale :

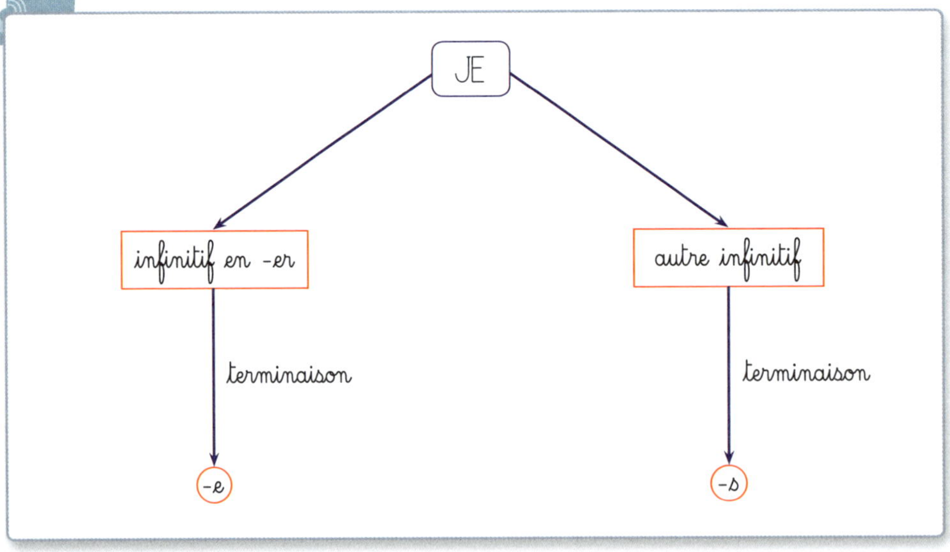

5-1. Carte mentale

Le professeur conservera cette carte mentale en tant que trace écrite collective. Cette trace écrite servira à établir la carte mentale finale de la séquence.

Séance 2 | Découvrir les terminaisons du présent avec « tu »

SÉANCE DE DÉCOUVERTE

1. Compléter une phrase avec un indicateur du présent

Durée	15 minutes
Matériel	une ardoise par élève (ou un cahier d'essai)

Faire rappeler la démarche de la séance précédente. Aider les élèves au besoin puis reformuler intégralement la consigne : écrire la fin d'une phrase que l'enseignant donne.

Remarque : Si nécessaire, reproduire le déroulé de la première séance en interrogeant d'abord les élèves à l'oral.

Après avoir vérifié la bonne compréhension de la consigne, passer à l'écrit avec le début de phrase suivant :

En ce moment, tu...

Les élèves écrivent la fin de la phrase uniquement, sur leur ardoise ou dans leur cahier d'essai.

Lister quelques propositions au tableau.

Faire rappeler que tous les verbes sont au présent à cause de l'expression « en ce moment ». En déduire que, cette fois-ci, on cherchera à écrire des verbes conjugués au présent avec « tu ».

Exemple de ce qui peut être noté au tableau

En ce moment, (tu)...

tu écrit sur l'ardoise.

tu grandis.

tu panse.

tu fait un exercice.

tu fés de la conjugaison.

Corriger les erreurs de transcription phonétique et d'orthographe des verbes (ici : « pense » et « fais »).

Inviter les élèves à débattre sur l'écriture des verbes au tableau.

En réaction à la séance précédente, il se peut que les élèves se concentrent uniquement sur la lettre muette finale, cette fois-ci.

2. Rechercher des verbes conjugués au présent dans des ouvrages

Durée	10 minutes
Organisation	en groupes
Matériel	– un extrait sélectionné dans les ouvrages de la classe ou 5-2. Exemple de verbe conjugué – une feuille A4 pour l'exemple collectif – des notes repositionnables – des ouvrages de littérature de jeunesse

Proposer de reprendre la méthode utilisée à la séance précédente pour mener l'enquête.

Définir une liste de critères de sélection des verbes :
- ils sont conjugués au présent ;
- il y a le pronom personnel « tu », avant.

Un exemple est réalisé en classe entière à l'aide d'un extrait.
Les élèves mènent l'enquête à l'aide des ouvrages proposés en coopérant.

3. Collecter les terminaisons trouvées

Durée 10 minutes
Matériel des bandes de papier

Sur les bandes de papier préparées en amont, écrire les verbes trouvés par les élèves et leur demander d'en retrouver l'infinitif.

Exemple de ce qui peut être affiché au tableau

tu fais	(→ faire)
tu parles	(→ parler)
tu cries	(→ crier)
tu jongles	(→ jongler)
tu cours	(→ courir)

4. Déduire la règle

Durée 5 minutes
Matériel
- les ouvrages de littérature de jeunesse utilisés
- les notes repositionnables des élèves
- les bandes de papier utilisées

Rappeler le questionnement initial : bien orthographier la terminaison des verbes au présent avec « tu ».

Proposer d'entourer les lettres muettes finales des verbes trouvés.

Demander quelles sont les lettres muettes finales possibles et les noter en haut du tableau, pour constituer deux colonnes : « -s » ou « -es ».

Faire venir des élèves au tableau pour ranger les bandes de papier dans la bonne colonne.

Exemple de ce qui peut être noté au tableau

-s	-es
tu fais (→ faire)	tu parles (→ parler)
tu cours (→ courir)	tu cries (→ crier)
	tu jongles (→ jongler)

Demander aux élèves de s'intéresser à la colonne « -es » et d'essayer de comprendre pourquoi il y a un « -es » et non un « -s » à la fin des verbes conjugués au présent avec le pronom « tu ». Suggérer aux élèves de se remémorer la séance précédente puis, si cela ne suffit pas, de regarder l'infinitif des verbes.

En déduire oralement la règle suivante :

> Au présent, les verbes conjugués avec « tu » s'écrivent avec un « -s » muet à la fin, sauf pour les verbes qui se terminent en « -er » à l'infinitif.
> Les verbes qui se terminent en « -er » s'écrivent avec un « -es » muet à la fin lorsqu'ils sont conjugués au présent avec « tu ».

5. Réinvestissement

Durée 5 minutes
Organisation en groupes puis collectivement
Matériel
– une ardoise par élève (ou un cahier d'essai)
– une affiche vierge

Proposer de reprendre les verbes écrits au tableau au début de la séance et de les corriger en groupes.

Mettre en commun les corrections et les valider collectivement.

Tracer une carte mentale provisoire au tableau ou sur une feuille, aidant la formulation de cette méthode :

> Quand je conjugue un verbe au présent avec « tu », je cherche l'infinitif du verbe.
> Si l'infinitif du verbe se termine en « -er », alors j'écris « -es » à la fin du verbe.
> Si l'infinitif du verbe ne se termine pas en « -er », alors j'écris un « -s » muet à la fin du verbe.

Exemple de carte mentale :

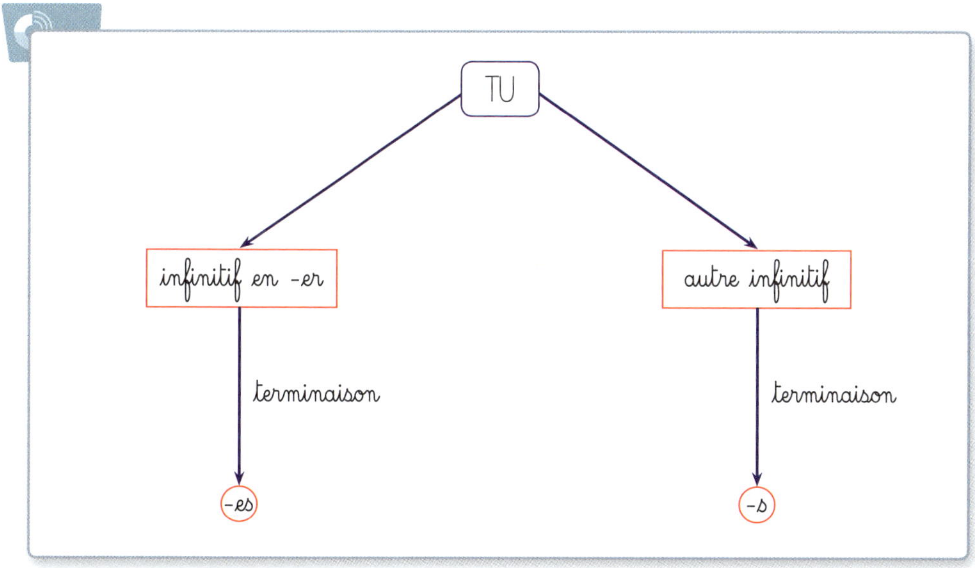

5-2. Carte mentale

Le professeur conservera cette carte mentale en tant que trace écrite collective. Cette trace écrite servira à établir la carte mentale finale de la séquence.

Séance 3 | S'entrainer à utiliser les terminaisons du présent avec « je » et « tu »

SÉANCE D'ENTRAINEMENT

1. Rappel des séances précédentes

Durée	5 minutes
Matériel	les deux traces écrites collectives précédentes

Faire rappeler ce qui a été fait durant les deux séances précédentes et l'objet des recherches.
À l'aide de la trace écrite collective, faire rappeler les règles découvertes précédemment :

> Au présent, les verbes conjugués avec « je » et « tu » s'écrivent avec un « -s » muet à la fin, sauf pour les verbes qui se terminent en « -er » à l'infinitif.
> Les verbes qui se terminent en « -er » s'écrivent avec un « -e » lorsqu'ils sont conjugués avec « je » et « -es » lorsqu'ils sont conjugués avec « tu ».

Introduire l'appellation « verbes du premier groupe » en disant, simplement, que les verbes qui se terminent en « -er » à l'infinitif sont appelés « verbes du premier groupe ».

Remarque : Si les élèves demandent pourquoi on appelle ces verbes « verbes du premier groupe », on pourra leur préciser que c'est parce qu'ils sont très nombreux. C'est d'ailleurs pour cette raison qu'on commence par apprendre ce groupe-là dès le CE1.

Après avoir fait le point sur les découvertes des séances précédentes, préciser que l'on va les mettre en pratique dans un exercice écrit, dans le but de s'entrainer.

2. Entrainement sur ardoise

Durée 10 minutes
Matériel
– les traces écrites collectives affichées
– une ardoise par élève

Dicter chacune des phrases suivantes :

« ***Je lis*** *un roman.*
Tu lis *une bande dessinée.*
Je fais *un exercice.*
Tu fais *un exercice.*
Je mange *des légumes.*
Tu manges *une banane.*
Je cours *vite.*
Je dessine *un arbre.*
Tu dessines *une maison.*
Tu cours *après le ballon.* »

Proposer de reformuler la règle au complet, en essayant cette fois d'insister sur la méthode que l'on suit quand on conjugue :

> Quand je conjugue un verbe au présent avec « je », je cherche l'infinitif du verbe.
> Si l'infinitif du verbe se termine en « -er », alors j'écris un « -e » muet à la fin du verbe.
> Si l'infinitif du verbe ne se termine pas en « -er », alors j'écris un « -s » muet à la fin du verbe.
> Quand je conjugue un verbe au présent avec « tu », je cherche l'infinitif du verbe.
> Si l'infinitif du verbe se termine en « -er », alors j'écris un « -es » muet à la fin du verbe.
> Si l'infinitif du verbe ne se termine pas en « -er », alors j'écris un « -s » muet à la fin du verbe.

Laisser les deux cartes mentales visibles pour l'exercice.

3. Exercice d'entrainement

Durée 20 minutes
Matériel
– les traces écrites collectives affichées
– la fiche de l'exercice individuel (ou l'exercice projeté au tableau) 5-3. Exercice individuel niveau 1, avec ou sans aide
– la grille d'observation 5. Grille d'observation

Faire les exercices en suivant la démarche habituelle.

4. Bilan et trace écrite

Durée 10 minutes
Matériel
– les traces écrites collectives affichées
– une feuille blanche A4 pour chaque élève ou le cahier de leçon

Demander aux élèves de rappeler une nouvelle fois la règle en suivant les traces écrites collectives. Tracer une carte mentale au fur et à mesure.

Les élèves recopient ensuite cette carte mentale sur la page dédiée, en prenant soin de laisser de la place. Cette trace écrite leur servira de leçon lors des prochains exercices.

Exemple de carte mentale :

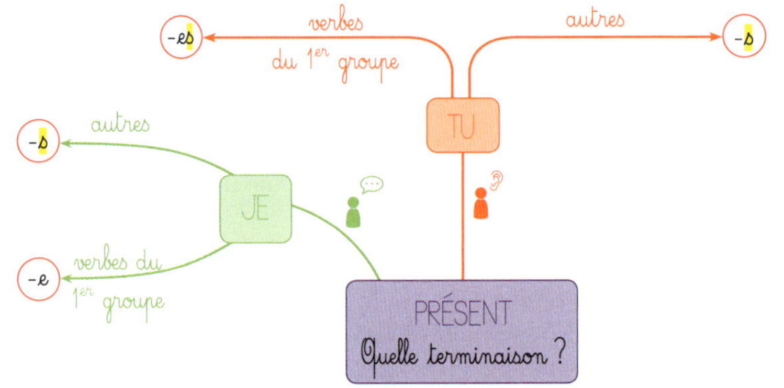

Séance 4 | Découvrir les terminaisons du présent avec « il » ou « elle »

SÉANCE DE DÉCOUVERTE

1. Compléter une phrase avec un indicateur du présent

Durée	15 minutes
Matériel	une ardoise par élève (ou un cahier d'essai)

Annoncer l'objectif de la séance : découvrir la conjugaison des verbes au présent avec un nouveau pronom personnel sujet : « il » ou « elle ». Préciser que la conjugaison sera la même pour les deux.
Rappeler la démarche et la consigne de la première séance.

Remarque : Si nécessaire, reproduire le déroulé de la première séance en interrogeant d'abord les élèves à l'oral.

Après avoir vérifié la bonne compréhension de la consigne, passer à l'écrit avec le début de phrase suivante :

En ce moment, il...

Lister quelques propositions au tableau.
Faire rappeler que tous les verbes sont au présent à cause de l'expression « en ce moment ». Rappeler que, cette fois-ci, on cherchera à écrire des verbes conjugués avec le pronom « il » (ou « elle ») au présent.

Exemple de ce qui peut être noté au tableau

En ce moment, (il)...

il [fais] un dessin.

il [dore] dans sa chambre.

il [lit] un album.

il [récite] un poème.

il [mange] des légumes.

Corriger les erreurs de transcription phonétique et d'orthographe des verbes. Inviter les élèves à débattre sur l'écriture des verbes au tableau.

En réaction aux séances précédentes, il se peut que les élèves placent des « -s » à la fin des verbes, quand bien même ils choisissent plutôt le « -t » spontanément en production d'écrits (comme dans « il fait »).

2. Rechercher des verbes conjugués au présent dans des ouvrages

Durée	10 minutes
Organisation	en groupes
Matériel	– un extrait sélectionné dans les ouvrages de la classe ou 5-4. Exemple de verbe conjugué – une feuille A4 pour l'exemple collectif – des notes repositionnables – des ouvrages de littérature de jeunesse

Proposer de reprendre la méthode utilisée précédemment pour mener l'enquête. Définir une liste de critères de sélection des verbes :

- ils sont conjugués au présent ;
- il y a le pronom personnel « il » ou « elle », ou un groupe nominal sujet pouvant être remplacé par « il » ou « elle », avant.

Remarque : Si la maitrise des pronoms personnels sujets est incertaine pour une part importante des élèves de la classe, il est possible de laisser les groupes nominaux sujets de côté de manière temporaire pour cette phase de recherche. On pourra alors suggérer de regarder du côté des GNS uniquement aux élèves ou groupes qui en seraient capables.

Un exemple est réalisé en classe entière à l'aide de l'extrait des ressources numériques. Les élèves mènent l'enquête à l'aide des ouvrages proposés en coopérant.

3. Collecter les terminaisons trouvées

Durée	10 minutes
Matériel	des bandes de papier

Sur les bandes de papier préparées en amont, écrire les verbes trouvés par les élèves et leur demander l'infinitif.

Exemple de ce qui peut être affiché au tableau

elle siffle (→ siffler)
il fait (→ faire)
elle peut (→ pouvoir)
il chante (→ chanter)
elle dit (→ dire)

4. Déduire la règle

Durée 5 minutes

Matériel
- les ouvrages de littérature de jeunesse utilisés
- les notes repositionnables des élèves
- les bandes de papier utilisées

Rappeler le questionnement initial : bien orthographier la terminaison des verbes au présent avec « il » ou « elle ».

Proposer d'entourer les lettres muettes finales des verbes trouvés.

Demander quelles sont les lettres muettes finales possibles et les noter en haut du tableau, pour constituer deux colonnes : « -t » ou « -e ».

Faire venir des élèves au tableau pour ranger les bandes de papier dans la bonne colonne.

Exemple de ce qui peut être noté au tableau

-t		-e	
il fait	(→ faire)	elle siffle	(→ siffler)
elle peut	(→ pouvoir)	il chante	(→ chanter)
elle dit	(→ dire)		

Demander aux élèves de s'intéresser à la colonne « -e » et d'essayer de comprendre pourquoi il y a un « -e » et non un « -t » à la fin des verbes conjugués au présent avec « il » ou « elle ».

En déduire oralement la règle suivante :

Au présent, les verbes conjugués avec « il » ou « elle » s'écrivent avec un « -t » muet à la fin, sauf pour les verbes qui se terminent en « -er » à l'infinitif. Ce sont les verbes du premier groupe.

Les verbes du premier groupe, qui se terminent en « -er » à l'infinitif, s'écrivent avec un « -e » muet à la fin lorsqu'ils sont conjugués au présent avec « il » ou « elle ».

5. Réinvestissement

Durée	5 minutes
Organisation	en groupes puis collectivement
Matériel	– une ardoise par élève (ou un cahier d'essai) – la trace écrite collective

Proposer de reprendre les verbes écrits au tableau au début de la séance et de les corriger en groupes.

Mettre en commun les corrections et les valider collectivement.

Reformuler la méthode :

Quand je conjugue un verbe au présent avec « il » ou « elle », je cherche l'infinitif du verbe. Si l'infinitif du verbe se termine en « -er », alors j'écris « -e » à la fin du verbe. Si l'infinitif du verbe ne se termine pas en « -er », alors j'écris un « -t » muet à la fin du verbe.

Compléter la carte mentale collective.

Exemple de carte mentale :

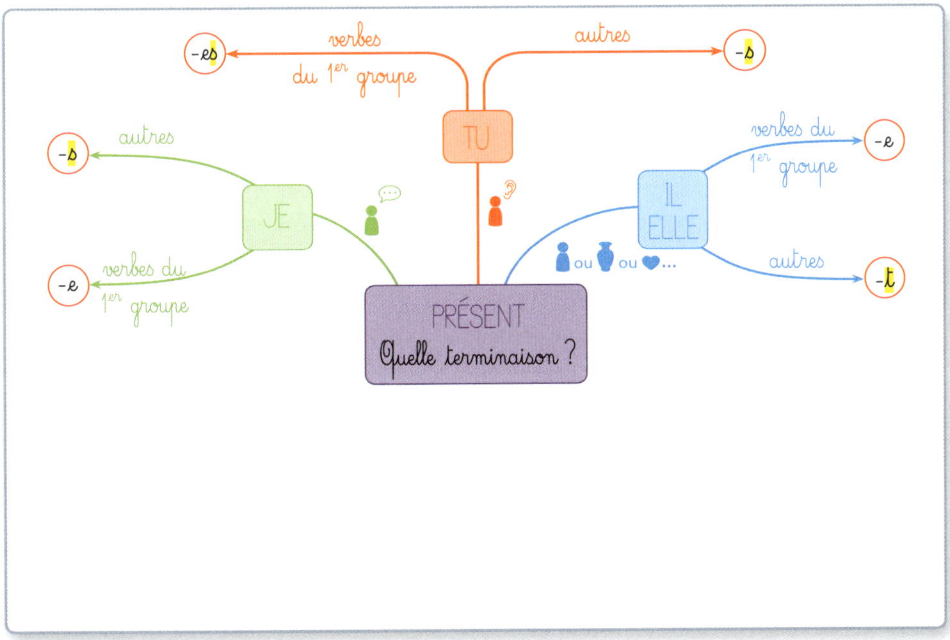

Le professeur conservera cette carte mentale en tant que trace écrite collective.

Séance 5 | S'entrainer à utiliser les terminaisons du présent avec « je », « tu » et « il » ou « elle »

SÉANCE D'ENTRAINEMENT

1. Rappel des séances précédentes

Durée 15 minutes
Matériel la trace écrite collective affichée

Faire rappeler ce qui a été fait durant les deux séances précédentes et l'objet des recherches.
À l'aide de la trace écrite collective, faire rappeler les règles correspondantes :

Au présent, les verbes conjugués avec « je » et « tu » s'écrivent avec un « -s » muet à la fin, sauf pour les verbes qui se terminent en « -er » à l'infinitif, aussi appelés « verbes du premier groupe ». Ils s'écrivent avec un « -t » lorsqu'ils sont conjugués avec « il » ou « elle », sauf pour les verbes du premier groupe.
Pour les verbes du premier groupe : ils s'écrivent avec un « -e » lorsqu'ils sont conjugués avec « je » et « il » (ou « elle ») et « -es » lorsqu'ils sont conjugués avec « tu ».

Rappeler que les verbes qui se terminent en « -er » à l'infinitif sont appelés « verbes du premier groupe ».

2. Entrainement sur ardoise

Durée 10 minutes
Matériel
- la trace écrite collective affichée
- une ardoise par élève

Dicter chacune des phrases suivantes.

« ***Il fait*** *un exercice.*

Il danse *en EPS.*

Je danse *dans ma chambre.*

Tu danses *sur une musique entrainante.*

Tu écris *une histoire.*

J'écris *une lettre.*

Elle écrit *un conte.* »

Proposer de reformuler la règle au complet, en essayant, cette fois, d'insister sur la méthode que l'on suit quand on conjugue :

> Quand je conjugue un verbe au présent avec « je », je cherche l'infinitif du verbe.
> Si l'infinitif du verbe se termine en « -er », alors j'écris un « -e » muet à la fin du verbe.
> Si l'infinitif du verbe ne se termine pas en « -er », alors j'écris un « -s » muet à la fin du verbe.
> Quand je conjugue un verbe au présent avec « tu », je cherche l'infinitif du verbe.
> Si l'infinitif du verbe se termine en « -er », alors j'écris un « -es » muet à la fin du verbe.
> Si l'infinitif du verbe ne se termine pas en « -er », alors j'écris un « -s » muet à la fin du verbe.
> Quand je conjugue un verbe au présent avec « il » ou « elle », je cherche l'infinitif du verbe.
> Si l'infinitif du verbe se termine en « -er », alors j'écris un « -e » muet à la fin du verbe.
> Si l'infinitif du verbe ne se termine pas en « -er », alors j'écris un « -t » muet à la fin du verbe.

Afficher la carte mentale tracée lors de la séance précédente. La laisser visible pour l'exercice.

3. Exercice d'entrainement

Durée	20 minutes
Matériel	– la trace écrite collective affichée – la fiche de l'exercice individuel (ou l'exercice projeté au tableau) 5-5. Exercice individuel niveau 1, avec ou sans aide – la grille d'observation 5. Grille d'observation

Faire les exercices en suivant la démarche habituelle.

4. Bilan et trace écrite

Durée 10 minutes
Matériel – la trace écrite collective affichée
– la trace écrite individuelle de chaque élève

Demander aux élèves de rappeler une nouvelle fois la règle en suivant la carte mentale présentée au tableau.

Les élèves complètent ensuite la carte mentale préalablement tracée avec les pronoms « il » et « elle ».

Exemple carte mentale :

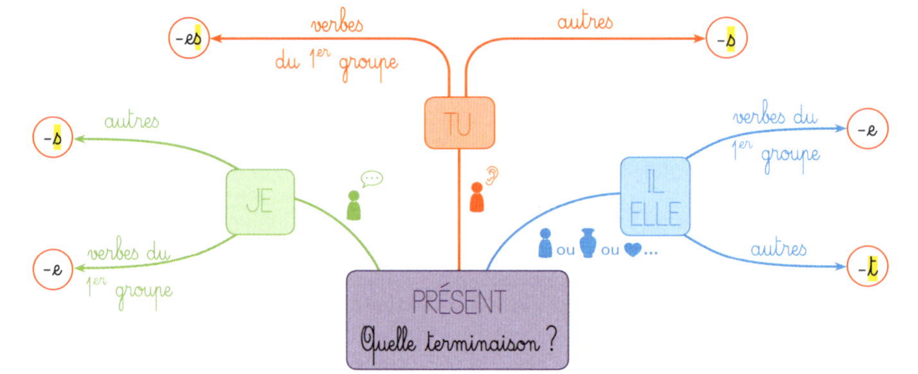

Séance 6 | Découvrir les terminaisons du présent avec « ils » ou « elles »

SÉANCE DE DÉCOUVERTE

1. Compléter une phrase avec un indicateur du présent

Durée	15 minutes
Matériel	une ardoise par élève (ou un cahier d'essai)

Annoncer l'objectif de la séance : découvrir la conjugaison des verbes au présent avec un nouveau pronom personnel sujet : « ils » ou « elles ». Préciser que, comme avec les pronoms « il » et « elle », la conjugaison sera la même pour les deux.

Rappeler la démarche et la consigne de la première séance.

Après avoir vérifié la bonne compréhension de la consigne, passer à l'écrit avec le début de phrase suivant :

En ce moment, ils…

Les élèves écrivent uniquement la fin de la phrase, sur leur ardoise ou dans leur cahier d'essai.

Lister quelques propositions au tableau.

Exemple de ce qui peut être noté au tableau

En ce moment, (ils)…

ils [fons] du travail.

ils [chantent] à la chorale.

ils [cours] sur le terrain de foot.

ils [regarde] un oiseau.

ils [lize] des histoires.

Corriger les erreurs de transcription phonétique et d'orthographe des verbes. Inviter les élèves à débattre sur l'écriture des verbes au tableau.

Il se peut que des élèves pensent que le pluriel implique un « -s » avec les verbes conjugués, comme avec les noms communs.

2. Rechercher des verbes conjugués au présent dans des ouvrages

Durée	10 minutes
Organisation	en groupes
Matériel	– un extrait sélectionné dans les ouvrages de la classe ou 5-6. Exemple de verbe conjugué – une feuille A4 pour l'exemple collectif – des notes repositionnables – des ouvrages de littérature de jeunesse

Proposer de reprendre la méthode utilisée précédemment pour mener l'enquête.
Définir une liste de critères de sélection des verbes :

- ils sont conjugués au présent ;
- il y a le pronom personnel « ils » ou « elles », ou un groupe nominal sujet pouvant être remplacé par « ils » ou « elles », avant.

Un exemple est réalisé en classe entière à l'aide de l'extrait des ressources numériques projeté.
Les élèves mènent l'enquête à l'aide des ouvrages proposés en coopérant.

3. Collecter les terminaisons trouvées

Durée	10 minutes
Matériel	des bandes de papier

Sur les bandes de papier préparées en amont, écrire les verbes trouvés par les élèves et leur demander de retrouver l'infinitif des verbes.

Exemple de ce qui peut être affiché au tableau

ils sortent	(→ sortir)
ils disent	(→ dire)
elles font	(→ faire)
elles proposent	(→ proposer)
ils doivent	(→ devoir)

Avec la troisième personne du pluriel, le risque d'observer des irrégularités de radical augmente. Utiliser l'exemple « ils disent ». Rappeler aux élèves qu'il est essentiel de dire la phrase, de voir si celle-ci a du sens et de retranscrire ce qui est dit. C'est ainsi qu'on trouve « disent » au lieu de « dient ». De même, les deux « s » (« ss ») des verbes du deuxième groupe peuvent s'expliquer par la nécessité de transcrire le son [s] entre deux voyelles.

4. Déduire la règle

Durée 5 minutes

Matériel
- les ouvrages de littérature de jeunesse utilisés
- les notes repositionnables des élèves
- les bandes de papier utilisées

Rappeler le questionnement initial : bien orthographier la terminaison des verbes au présent avec « ils » ou « elles ».

Proposer d'entourer les lettres muettes finales des verbes trouvés.

Demander quelles sont les lettres muettes finales possibles et les noter en haut du tableau, pour constituer deux colonnes : « -nt » ou « -ent ».

Faire venir des élèves au tableau pour ranger les bandes de papier dans la bonne colonne.

Exemple de ce qui peut être noté au tableau

-nt	-ent
elles font (→ faire)	ils sortent (→ sortir)
	elles proposent (→ proposer)
	ils doivent (→ devoir)
	ils disent (→ dire)

Rappeler l'existence des verbes du premier groupe et demander s'ils s'écrivent tous avec la même terminaison lorsqu'ils sont conjugués avec les pronoms « ils » ou « elles ». Observer qu'il n'y a pas que les verbes du premier groupe qui se terminent ainsi.
En déduire oralement la règle suivante :

> Au présent, les verbes conjugués avec « ils » ou « elles » s'écrivent avec « -ent » à la fin si la terminaison suit une consonne.
> Parfois, les verbes conjugués avec « ils » ou « elles » s'écrivent avec « -nt », quand on dit le son [on] à la fin du verbe conjugué, par exemple.

5. Réinvestissement

Durée	5 minutes
Organisation	en groupes puis collectivement
Matériel	– une ardoise par élève (ou un cahier d'essai) – la trace écrite collective affichée

Proposer de reprendre les verbes écrits au tableau au début de la séance et de les corriger en groupes.
Mettre en commun les corrections et les valider collectivement.
Reformuler la méthode :

> Quand je conjugue un verbe au présent avec « ils » ou « elles », j'écoute la fin du verbe. La plupart du temps, on écrit « -ent » à la fin du verbe, mais s'il y a un son comme [on], on écrit « -ont ».

Compléter la carte mentale collective.

Exemple de carte mentale :

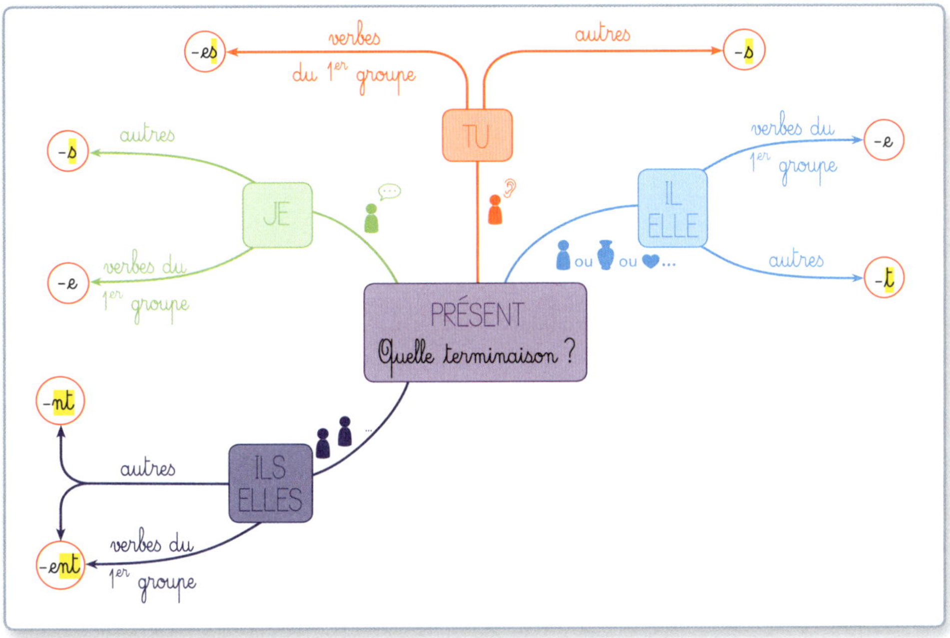

Le professeur conservera cette carte mentale en tant que trace écrite collective.

Séance 7 | S'entrainer à utiliser les terminaisons du présent avec « il » ou « elle » et « ils » ou « elles »

SÉANCE D'ENTRAINEMENT

1. Rappel des séances précédentes

Durée	5 minutes
Matériel	la trace écrite collective affichée

Faire rappeler ce qui a été fait durant les séances précédentes et l'objet des recherches.

Préciser qu'on s'intéressera à « il », « elle », « ils » et « elles ».
Faire rappeler les règles découvertes correspondantes :

> Au présent, les verbes conjugués avec « il » et « elle » s'écrivent avec un « -t » muet à la fin, sauf pour les verbes du premier groupe. Les verbes du premier groupe s'écrivent avec un « -e » lorsqu'ils sont conjugués avec « il » et « elle ».
> Au pluriel, avec « ils » et « elles », les verbes conjugués au présent s'écrivent avec « -nt » ou « -ent ».

Faire rappeler la signification de la formulation « verbes du premier groupe ».

2. Entrainement sur ardoise

Durée 10 minutes
Matériel – la trace écrite collective affichée
– une ardoise par élève

Dicter chacune des phrases suivantes.

« ***Elle mange*** *une paëlla. (singulier à préciser)*

Il peut *courir dans la cour.*

Ils peuvent *écouter une histoire.*

Elle doit *apprendre sa leçon.*

Il doit *mémoriser sa poésie.*

Ils doivent *recopier l'exercice.*

Elles font *un match de football.*

Il fait *un gâteau.* »

Proposer de reformuler la règle au complet, en essayant, cette fois, d'insister sur la méthode que l'on suit quand on conjugue :

> Quand je conjugue un verbe au présent avec « il » ou « elle », je cherche l'infinitif du verbe. Si l'infinitif du verbe se termine en « -er », alors j'écris un « -e » muet à la fin du verbe. Si l'infinitif du verbe ne se termine pas en « -er », alors j'écris un « -t » muet à la fin du verbe.
> Quand je conjugue un verbe du premier groupe au présent avec « ils » ou « elles », j'écris « -ent » à la fin du verbe. Si le verbe n'est pas du premier groupe, j'écoute ce que je dis puis j'écris « -nt » ou « -ent ».

Afficher la carte mentale de la trace écrite collective. La laisser visible pour l'exercice.

3. Exercice d'entrainement

Durée	20 minutes
Matériel	– la trace écrite collective affichée – la fiche de l'exercice individuel (ou l'exercice projeté au tableau) 5-7. Exercice individuel niveau 1, avec ou sans aide – la grille d'observation 5. Grille d'observation

Faire les exercices en suivant la démarche habituelle.

4. Bilan et trace écrite

Durée	10 minutes
Matériel	– la trace écrite collective affichée – la trace écrite individuelle de chaque élève

Demander aux élèves de rappeler une nouvelle fois la règle en suivant la carte mentale présentée au tableau.
Les élèves complètent ensuite la carte mentale préalablement tracée avec les pronoms « ils » et « elles ».

Exemple de carte mentale :

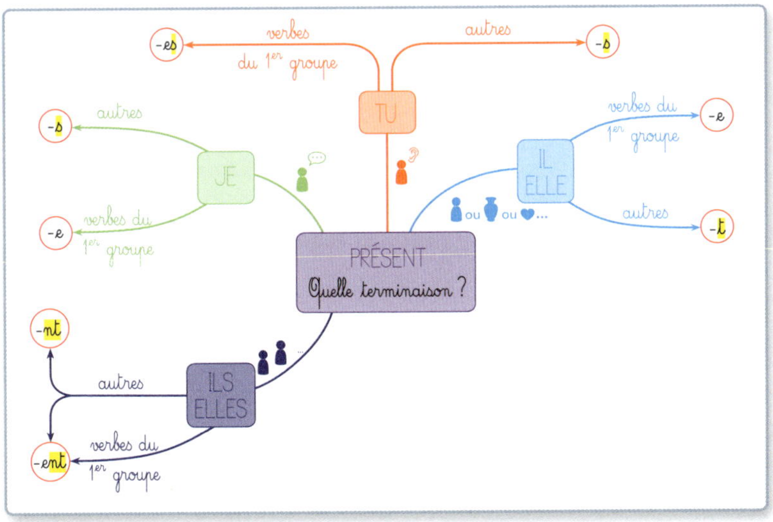

Séance 8 | Découvrir les terminaisons du présent avec « nous »

SÉANCE DE DÉCOUVERTE

1. Compléter une phrase avec un indicateur du présent

Durée	15 minutes
Matériel	une ardoise par élève (ou un cahier d'essai)

Annoncer l'objectif de la séance : découvrir la conjugaison des verbes au présent avec un nouveau pronom personnel sujet, « nous ».

Rappeler la démarche et la consigne de la première séance.

Après avoir vérifié la bonne compréhension de la consigne, passer à l'écrit avec le début de phrase suivant :

En ce moment, nous...

Les élèves écrivent uniquement la fin de la phrase, sur leur ardoise ou dans leur cahier d'essai.

Lister quelques propositions au tableau.

Pour chaque proposition :

- demander à l'élève interrogé d'identifier le verbe conjugué, l'écrire tel que l'élève l'aura noté et l'encadrer en rouge ;
- corriger le reste directement ;
- demander à chaque élève quel est le temps de sa phrase (le présent).

Rappeler que, cette fois-ci, on cherchera à écrire des verbes conjugués au présent avec le pronom « nous ».

Exemple de ce qui peut être noté au tableau

En ce moment, (nous)...

nous écoutont la maitresse.

nous regardons par la fenêtre.

nous rêvont.

Exemple de ce qui peut être noté au tableau (suite)

En ce moment, (nous)...

nous dormon

nous travaillont

Corriger les erreurs de transcription phonétique et d'orthographe des verbes.
Inviter les élèves à débattre sur l'écriture des verbes au tableau.

En réaction aux séances précédentes, il se peut que réapparaisse la terminaison « -ont » déjà vue avec la troisième personne du pluriel. Il se peut aussi que certains élèves écrivent la terminaison « -ons » en pensant que « nous » est un pronom personnel au pluriel et que le verbe s'accorde donc au pluriel, avec la lettre finale « -s », comme un nom ou un adjectif. Il est important d'être attentif aux justifications apportées par les élèves, même lorsque l'écriture choisie est la bonne.

2. Rechercher des verbes conjugués au présent dans des ouvrages

Durée	10 minutes
Organisation	en groupes
Matériel	– un extrait sélectionné dans les ouvrages de la classe ou 5-8. Exemple de verbe conjugué – une feuille A4 pour l'exemple collectif – des notes repositionnables – des ouvrages de littérature de jeunesse

Proposer de reprendre la méthode habituelle pour mener l'enquête.
Définir une liste de critères de sélection des verbes :

- ils sont conjugués au présent ;
- il y a le pronom personnel « nous », ou un groupe nominal sujet pouvant être remplacé par « nous », avant.

Un exemple est réalisé en classe entière à l'aide de l'extrait des ressources numériques projeté.
Les élèves mènent l'enquête à l'aide des ouvrages proposés en coopérant.

Remarque : Avec le pronom « nous » (et « vous »), il y a de fortes chances qu'il y ait des erreurs du type « Je vous regarde », car « vous » (et « nous ») peuvent être pronoms personnels sujets ou compléments d'objet.

3. Collecter les terminaisons trouvées

Durée	10 minutes
Matériel	des bandes de papier

Sur les bandes de papier préparées en amont, écrire les verbes trouvés par les élèves et leur infinitif.

Exemple de ce qui peut être affiché au tableau

nous entrons (→ entrer)

nous jouons (→ jouer)

nous espérons (→ espérer)

nous disons (→ dire)

nous portons (→ porter)

4. Déduire la règle

Durée	5 minutes
Matériel	– les ouvrages de littérature de jeunesse utilisés – les notes repositionnables des élèves – les bandes de papier utilisées

Rappeler le questionnement initial : bien orthographier la terminaison des verbes au présent avec « nous ».
Proposer d'entourer les terminaisons des verbes trouvés.
Demander quelles sont les terminaisons possibles et les noter en haut du tableau : « -ons ».

Remarque : Avec les pronoms personnels « nous » et « vous », on confirme qu'une terminaison ne se résume pas toujours à une lettre muette : une partie s'entend.

Faire remarquer qu'avec le pronom « nous », on n'a pas besoin d'identifier le groupe du verbe.
En déduire oralement la règle suivante :

Au présent, les verbes conjugués avec « nous » s'écrivent avec « -ons » à la fin.

5. Réinvestissement

Durée	5 minutes
Organisation	en groupes puis collectivement
Matériel	– une ardoise par élève (ou un cahier d'essai) – la trace écrite collective affichée

Proposer de reprendre les verbes écrits au tableau au début de la séance et de les corriger en groupes.
Mettre en commun les corrections et les valider collectivement.
Reformuler la méthode :

Quand je conjugue un verbe au présent avec « nous », j'écris toujours « -ons » à la fin du verbe.

Compléter la carte mentale collective.

Exemple de carte mentale :

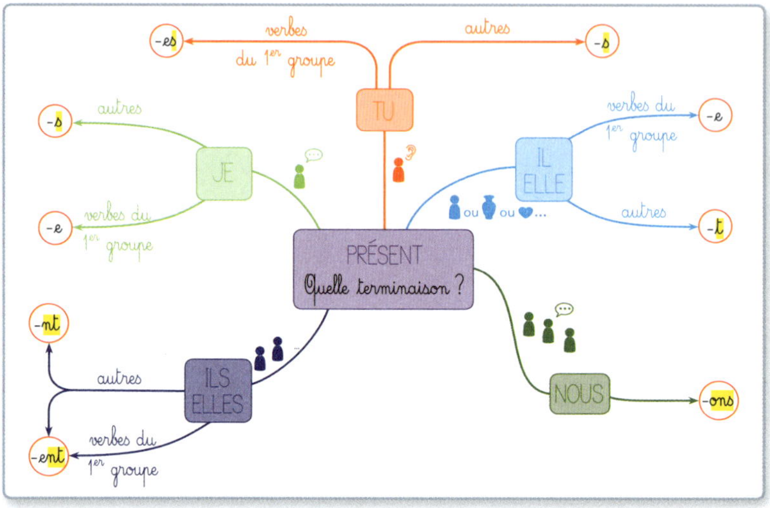

Le professeur conservera cette carte mentale en tant que trace écrite collective.

Séance 9 | Découvrir les terminaisons du présent avec « vous »

SÉANCE DE DÉCOUVERTE

1. Compléter une phrase avec un indicateur du présent

Durée	15 minutes
Matériel	une ardoise par élève (ou un cahier d'essai)

Annoncer l'objectif de la séance : découvrir la conjugaison des verbes au présent avec un nouveau pronom personnel sujet, « vous ».

Rappeler la démarche et la consigne de la première séance.

Après avoir vérifié la bonne compréhension de la consigne, passer à l'écrit avec le début de phrase suivant :

En ce moment, vous…

Lister quelques propositions au tableau.

Exemple de ce qui peut être noté au tableau

En ce moment, (vous)...

vous [écrivé] la date.

vous [traces] un carré.

vous [boivez] de l'eau.

vous [renifler].

vous [chuchotais].

Corriger les erreurs de transcription phonétique et d'orthographe des verbes. Inviter les élèves à débattre sur l'écriture des verbes au tableau.

2. Rechercher des verbes conjugués au présent dans des ouvrages

Durée	10 minutes
Organisation	en groupes
Matériel	– un extrait sélectionné dans les ouvrages de la classe ou 5-9. Exemple de verbe conjugué – une feuille A4 pour l'exemple collectif – des notes repositionnables – des ouvrages de littérature de jeunesse

Proposer de reprendre la méthode habituelle pour mener l'enquête.
Définir une liste de critères de sélection des verbes :

– ils sont conjugués au présent ;

– il y a le pronom personnel « vous », ou un groupe nominal sujet pouvant être remplacé par « vous », avant.

Un exemple est réalisé en classe entière à l'aide de l'extrait des ressources numériques projeté.
Les élèves mènent l'enquête à l'aide des ouvrages proposés en coopérant.

3. Collecter les terminaisons trouvées

Durée 10 minutes
Matériel des bandes de papier

Sur les bandes de papier préparées en amont, écrire les verbes trouvés par les élèves et leur infinitif.

Exemple de ce qui peut être affiché au tableau

vous savez (→ savoir)	vous vivez (→ vivre)
vous lancez (→ lancer)	vous entendez (→ entendre)
vous soupirez (→ soupirer)	

4. Déduire la règle

Durée 5 minutes
Matériel
- les ouvrages de littérature de jeunesse utilisés
- les notes repositionnables des élèves
- les bandes de papier utilisées

Rappeler le questionnement initial : bien orthographier la terminaison des verbes au présent avec « vous ».
Proposer d'entourer les terminaisons finales des verbes trouvés.
Demander quelles sont les terminaisons possibles et les noter en haut du tableau : « -ez ».
Faire remarquer qu'avec le pronom « vous », comme avec le pronom « nous », on n'a pas besoin d'identifier le groupe du verbe.
En déduire oralement la règle suivante :

> Au présent, les verbes conjugués avec « vous » s'écrivent avec « -ez » à la fin.

5. Réinvestissement

Durée	5 minutes
Organisation	en groupes puis collectivement
Matériel	– une ardoise par élève (ou un cahier d'essai) – la trace écrite collective affichée

Proposer de reprendre les verbes écrits au tableau au début de la séance et de les corriger en groupes.

Mettre en commun les corrections et les valider collectivement.

Reformuler la méthode :

> Quand je conjugue un verbe au présent avec « vous », j'écris toujours « -ez » à la fin du verbe.

Compléter la carte mentale collective :

Exemple de carte mentale :

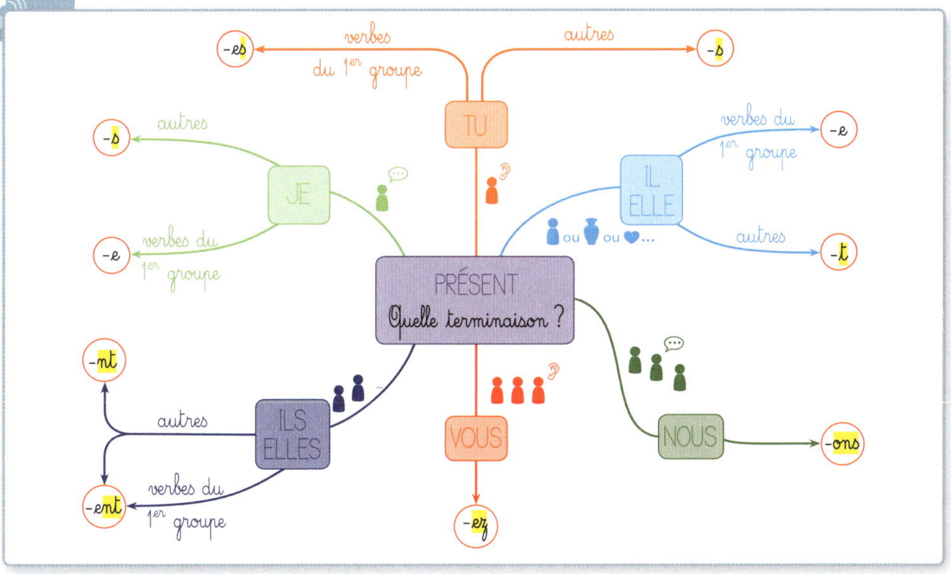

5-9. Carte mentale

Le professeur conservera cette carte mentale en tant que trace écrite collective.

Séance 10 | S'entrainer à utiliser les terminaisons du présent avec « nous » et « vous »

SÉANCE D'ENTRAINEMENT

1. Rappel des séances précédentes

Durée	5 minutes
Matériel	la trace écrite collective affichée

Faire rappeler ce qui a été fait durant les séances précédentes et l'objet des recherches.
Préciser qu'on s'intéressera à « nous » et « vous ».
Faire rappeler les règles découvertes correspondantes :

Au présent, les verbes conjugués avec « nous » s'écrivent avec « -ons » à la fin et avec « -ez » s'ils sont conjugués avec « vous ».

2. Entrainement sur ardoise

Durée	10 minutes
Matériel	– la trace écrite collective affichée – une ardoise par élève

Dicter chacune des phrases suivantes.

« ***Vous donnez*** *un crayon à chaque élève.*

Nous donnons *des livres.*

Nous passons *devant l'école.*

Vous passez *par là.*

Ma sœur et moi aimons *les framboises.*

Mes amis et moi jouons *dans la cour.*

Le voisin et toi jouez *à la balle.*

Ton père, ta mère et toi restez *à la maison pendant les vacances.* »

Remarque : On en profitera pour faire un rappel sur les groupes nominaux sujets qui peuvent être remplacés par les pronoms personnels sujets « nous » et « vous ».

Proposer de reformuler la règle au complet, en essayant, cette fois, d'insister sur la méthode que l'on suit quand on conjugue :

> Quand je conjugue un verbe au présent avec « nous », j'écris « -ons » à la fin du verbe.
> Quand je conjugue un verbe au présent avec « vous », j'écris « -ez » à la fin du verbe.

Retracer ou afficher la carte mentale de la trace écrite collective. La laisser visible pour l'exercice.

3. Exercice d'entrainement

Durée 20 minutes

Matériel
- la trace écrite collective affichée
- la fiche de l'exercice individuel (ou l'exercice projeté au tableau) 5-10. Exercice individuel niveau 1, avec ou sans aide
- la grille d'observation 5. Grille d'observation

Faire les exercices en suivant la démarche habituelle.

4. Bilan et trace écrite

Durée 10 minutes

Matériel
- la trace écrite collective affichée
- la trace écrite individuelle de chaque élève

Demander aux élèves de rappeler une nouvelle fois la règle en suivant la carte mentale présentée au tableau.

Les élèves complètent ensuite la carte mentale des séances précédentes (voir carte mentale de la séance 9).

Séance 11 | S'entrainer à utiliser toutes les terminaisons du présent

SÉANCE BILAN

1. Rappel des séances précédentes

Durée 5 minutes
Matériel la trace écrite collective affichée

Faire rappeler le travail mené lors des séances précédentes et ce qui a été appris, succinctement.
Préciser l'objectif de la séance : s'entrainer sur tout ce qui a été appris durant la séquence.

2. Entrainement sur ardoise

Durée 10 minutes
Matériel
– la trace écrite collective affichée
– une ardoise par élève

Dicter les phrases suivantes.

« ***Je pense*** *souvent à mon chien, même en classe !*

Je vais *à l'école quatre jours par semaine.*

Tu restes *à l'école ce midi.*

Elle mange *à la cantine.*

Il connait *sa leçon sur le bout des doigts.*

Mon frère semble *fatigué, ce matin.*

Mon cousin fête *son anniversaire.*

Son ami et moi allons *à la fête.*

Nous apportons *des cadeaux.*

Vous mangez *du gâteau à la fraise.*

Tes parents et toi venez *à la fête de l'école.*

Vous regardez *le spectacle.*

Mon meilleur ami danse *sur scène.*

Tous les parents applaudissent. »

3. Synthèse et trace écrite

Durée 15 minutes
Matériel
- le cahier de leçon
- les supports de la leçon à manipuler 5-11. Support LAM

Demander aux élèves de faire le point sur tout ce qu'ils ont appris durant cette séquence.
Faire coller la trace écrite sous forme de leçon à manipuler. Elle servira de support pour la réalisation des exercices suivants.

4. Exercices d'entrainement

Durée 15 minutes
Matériel
- l'affichage précédemment réalisé
- une fiche d'exercices bilan où les exercices ont déjà été ciblés individuellement 5-11. Exercices bilan niveau 1, avec ou sans aide
- la grille d'observation 5. Grille d'observation

Faire les exercices en suivant la démarche habituelle.

5. Bilan de la séquence

Durée 5 à 10 minutes
Matériel aucun

Proposer à chaque élève de faire le point sur ses acquisitions.

Synthèse animée : pour compléter le bilan, il est possible de présenter à la classe le petit film d'animation « Le présent des verbes en -er » disponible dans les ressources numériques.

© Canopé

5-11. Animation : Le présent des verbes en -er

Exercices bilan, niveau 1

5 **Le présent**
Séance 11 – Exercices bilan – niveau 1

Prénom : ………………………
Date : ………………………

1 Conjugue les verbes entre parenthèses au présent.
★ **Ton but :** t'entrainer à conjuguer des verbes au présent avec « je », « il » ou « elle ».

a) Je … (croire) que j'ai oublié quelque chose mais je n' … (arriver) pas à savoir ce que c'est.

b) Je … (réfléchir) mais je ne … (trouver) pas.

c) Ma sœur … (rire)

d) Elle se … (moquer) de moi.

e) Enfin, elle se … (décider) et elle me … (dire) que je n'ai pas mon cartable.

2 Conjugue les verbes entre parenthèses au présent.
★ **Ton but :** t'entrainer à conjuguer des verbes au présent avec « je », « tu », « il » ou « elle ».

a) Je n' … (aimer) pas quand tu me … (dire) que je … (ressembler) à mon cousin.

b) Tu … (penser) que tu me … (faire) plaisir mais je t' … (expliquer) que non.

c) Il m' … (embête) tout le temps et il … (faire) beaucoup de blagues.

3 Conjugue les verbes entre parenthèses au présent.
★ **Ton but :** t'entrainer à conjuguer des verbes au présent avec « il », « elle », « ils » ou « elles ».

a) Mes trois chats se … (balader) dans l'herbe. Ils … (chasser) surement.

b) Le chat gris … (parcourir) le jardin pendant que le chat blanc … (fouille) dans les buissons.

c) Soudain, une souris … (surgir) sous le nez du chat tigré.

d) Il … (bondir) mais il n' … (arriver) pas à attraper sa proie.

e) La souris s' … (enfuir)

4 Conjugue les verbes entre parenthèses au présent.
★ **Ton but :** t'entrainer à conjuguer des verbes au présent avec « nous » et « vous ».

a) Ma voisine et moi … (aller) au parc. Sur le chemin, nous … (rencontrer) des amis.

b) Ton frère et toi … (jouer) déjà là-bas.

c) Mes amis et moi … (filer) sur le chemin pour vous rejoindre.

d) Vous … (lancer) la balle dans notre direction quand nous … (arriver) et nous l' … (attraper). Nous … (rentrer) après nous être bien amusés.

Réussir en conjugaison CE1-CE2 © Éditions Retz

5 **Le présent**
Séance 11 – Exercices bilan – niveau 1, avec aide

Prénom : ………………………
Date : ………………………

1 Conjugue les verbes entre parenthèses au présent.
★ **Ton but :** t'entrainer à conjuguer des verbes au présent avec « je », « il » ou « elle ».

a) Je croi… (croire) que j'ai oublié quelque chose mais je n'arriv… (arriver) pas à savoir ce que c'est.

b) Je réfléchi… (réfléchir) mais je ne trouv… (trouver) pas.

c) Ma sœur ri… (rire)

d) Elle se moqu… (moquer) de moi.

e) Enfin, elle se décid… (décider) et elle me di… (dire) que je n'ai pas mon cartable.

2 Conjugue les verbes entre parenthèses au présent.
★ **Ton but :** t'entrainer à conjuguer des verbes au présent avec « je », « tu », « il » ou « elle ».

a) Je n'aim… (aimer) pas quand tu me di… (dire) que je ressembl… (ressembler) à mon cousin.

b) Tu pens… (penser) que tu me fai… (faire) plaisir mais je t'expliqu… (expliquer) que non.

c) Il m'embêt… (embêter) tout le temps et il fai… (faire) beaucoup de bêtises.

3 Conjugue les verbes entre parenthèses au présent.
★ **Ton but :** t'entrainer à conjuguer des verbes au présent avec « il », « elle », « ils » ou « elles ».

a) Mes trois chats se balad… (balader) dans l'herbe. Ils chass… (chasser) surement.

b) Le chat gris parcour… (parcourir) le jardin pendant que le chat blanc fouill… (fouiller) dans les buissons.

c) Soudain, une souris surgi… (surgir) sous le nez du chat tigré.

d) Il bondi… (bondir) mais il n'arriv… (arriver) pas à attraper sa proie.

e) La souris s'enfui… (enfuir)

4 Conjugue les verbes entre parenthèses au présent.
★ **Ton but :** t'entrainer à conjuguer des verbes au présent avec « nous » et « vous ».

a) Ma voisine et moi all… (aller) au parc. Sur le chemin, nous rencontr… (rencontrer) des amis.

b) Ton frère et toi jou… (jouer) déjà là-bas.

c) Mes amis et moi fil… (filer) sur le chemin pour vous rejoindre.

d) Vous lanc… (lancer) la balle dans notre direction quand nous arriv… (arriver) et nous l'attrap… (attraper). Nous rentr… (rentrer) après nous être bien amusés.

Réussir en conjugaison CE1-CE2 © Éditions Retz

Le présent (CE2)

1. Prérequis

– Savoir reconnaitre un verbe conjugué et son sujet.

– Savoir trouver l'infinitif d'un verbe conjugué.

– Connaitre les pronoms personnels sujets et savoir pronominaliser un groupe nominal sujet.

2. Objectifs

– Découvrir la conjugaison des verbes au présent (et l'une de ses difficultés : le choix de la terminaison en fonction de l'infinitif du verbe).

– Découvrir les verbes du premier groupe (terminaison en « -er ») et les distinguer des autres verbes.

– Découvrir les terminaisons du présent.

3. Structure de la séquence

– Nombre de séances : 5.

– Durée des séances : 45 à 50 minutes.

4. Déroulement des séances

1. Découvrir les terminaisons du présent avec « je » et « tu ».
2. Découvrir les terminaisons du présent avec « il » ou « elle » et « ils » ou « elles ».
3. S'entrainer à utiliser les terminaisons du présent avec « je », « tu », « il » ou « elle » et « ils » ou « elles ».
4. Découvrir les terminaisons du présent avec « nous » et « vous ».
5. S'entrainer à utiliser toutes les terminaisons du présent.

Séance 1 | Découvrir les terminaisons du présent avec « je » et « tu »

SÉANCE DE DÉCOUVERTE

1. Compléter une phrase avec un marqueur de temps présent

Durée	15 minutes
Matériel	une ardoise par élève (ou un cahier d'essai)

Expliquer la situation qui va suivre.

« Je vais vous dire le début d'une phrase. Vous devrez écrire la fin de cette phrase, et uniquement la fin. Cette fin n'a pas besoin d'être longue.

Nous allons d'abord essayer à l'oral, donc vous n'avez pas besoin d'écrire pour le moment. Si je dis "En ce moment, je...", qui peut me dire ce qu'il voudrait écrire sur son ardoise ? »

Interroger quelques élèves.

Lorsque les élèves semblent avoir compris, leur demander de passer à l'écrit.

Lister quelques propositions au tableau. Pour chaque proposition :

- demander à l'élève interrogé d'identifier le verbe conjugué, l'écrire tel que l'élève l'aura noté et l'encadrer en rouge ;
- corriger le reste directement en précisant qu'il s'agit, pour cette séance, de se concentrer sur le verbe ;
- demander à chaque élève quel est le temps de sa phrase (le présent). Il n'est pas utile de l'écrire au tableau.

Faire remarquer que tous les verbes sont au présent et en chercher la raison. L'expression « en ce moment » implique le présent. En déduire qu'aujourd'hui, on cherchera à écrire des verbes conjugués au présent avec le pronom « je ».

Exemple de ce qui peut être noté au tableau

En ce moment, (je)...

je [panse] à la récréation.

je [lève] le doigt.

je [lit] une phrase.

Inviter les élèves à débattre sur l'écriture de certains verbes au tableau.

Une fois la correction des erreurs de transcription phonétique et d'orthographe réalisée (dans notre exemple : on ne corrige pas les terminaisons pour le moment, mais on corrige le « a » en « e » dans « pense »), rappeler qu'en conjugaison, l'incertitude réside dans les lettres muettes, en fin de verbe conjugué. Réintroduire le mot « terminaison » à ce moment.

Répéter le même déroulement avec le pronom personnel « tu » et le début de phrase « En ce moment, tu... ».

2. Rechercher des verbes conjugués au présent dans des ouvrages

Durée	10 minutes
Organisation	en groupes
Matériel	– un extrait sélectionné dans les ouvrages de la classe ou 5b-1. Exemple de verbe conjugué – une feuille A4 pour l'exemple collectif – des notes repositionnables – des ouvrages de littérature de jeunesse

Proposer de mener l'enquête selon les modalités décrites en introduction (voir p. 00).

Définir une liste de critères de sélection des verbes :

- ils sont conjugués au présent ;
- il y a le pronom personnel « je » ou « tu », avant.

Un exemple est réalisé en classe entière à l'aide d'un extrait.

Dans la phrase : « En ce moment, j'écris et tu dessines » :
un premier sujet est « j' » et le verbe « écris » est au présent ;
un deuxième sujet est « tu » et le verbe « dessines » est au présent.

Les élèves mènent l'enquête à l'aide des ouvrages proposés en coopérant. Deux possibilités s'offrent à vous. Pour la première, chaque groupe doit soit chercher le pronom « je », soit le pronom « tu ». Pour la seconde, chaque groupe cherche les deux pronoms.

3. Collecter les terminaisons trouvées

Durée	10 minutes
Matériel	des bandes de papier

Sur le tableau, afficher une dizaine de bandes de papier préparées en amont. Y écrire les ensembles « sujets + verbes » trouvés par les élèves ainsi que l'infinitif des verbes trouvés.

Exemple de ce qui peut être noté au tableau

JE		TU	
je réfléchis	(→ réfléchir)	tu fais	(→ faire)
j'écoute	(→ écouter)	tu parles	(→ parler)
j'écris	(→ écrire)	tu cries	(→ crier)
je regarde	(→ regarder)	tu jongles	(→ jongler)
je cherche	(→ chercher)	tu cours	(→ courir)

Classer, directement, les bandes correspondant au pronom « je » et les bandes correspondant au pronom « tu ». Séparer le tableau en deux.

4. Déduire la règle

Durée	10 minutes
Matériel	– les ouvrages de littérature de jeunesse utilisés – les notes repositionnables des élèves – les bandes de papier utilisées

Rappeler le questionnement initial. Commencer avec le pronom personnel « je ».
Proposer d'entourer les lettres muettes finales des verbes trouvés.
Demander quelles sont les lettres muettes finales possibles et les noter en haut du tableau, pour constituer deux colonnes : « -s » ou « -e ».
Faire venir des élèves au tableau pour ranger les bandes de papier dans la bonne colonne.

Exemple de ce qui peut être noté au tableau

-s		-e	
je réfléchis	(→ réfléchir)	j'écoute	(→ écouter)
j'écris	(→ écrire)	je regarde	(→ regarder)
		je cherche	(→ chercher)

À ce stade, il se peut que des verbes en « -ds » ou en « -x » apparaissent. On peut les mettre de côté en précisant que ceux-ci sont un peu particuliers. Au moment d'établir la règle, on pourra y revenir en précisant qu'ils constituent d'autres exceptions qu'on ne demande pas aux élèves de connaitre pour le moment, mais qu'ils apprendront plus tard, au cycle 3 ou au collège. Cela étant, s'ils ont déjà travaillé « pouvoir » en CE1, la terminaison en « -x » est déjà connue et le lien gagnera à être fait. Pour « prendre », cela sera vu dans une séquence de la phase 3. On s'attardera un peu plus sur ces exceptions lorsqu'on en viendra à ces séquences.

Demander aux élèves de s'intéresser à la colonne « -e » et d'essayer de comprendre pourquoi il y a un « -e » et non un « -s » à la fin de ces verbes. Suggérer aux élèves de regarder l'infinitif du verbe.
Le professeur mène les échanges, met à l'épreuve les hypothèses (même justes) des élèves et invite au débat.

Remarque : On observe que l'infinitif des verbes ayant un « -s » final lorsqu'ils sont conjugués avec « je » ou « tu » peut avoir de nombreuses terminaisons : « -ir », « -oir », « -ire », etc. Seuls les verbes dont l'infinitif se termine en « -er » prennent un « -e » avec « je » (ou « -es » avec « tu »), d'où leur statut d'exception. Au fil des séquences, on observera que le marqueur de la première et la deuxième personne est généralement la lettre « -s » finale.

En déduire oralement la règle suivante :

> Au présent, les verbes conjugués avec « je » s'écrivent avec un « -s » muet à la fin, sauf pour les verbes qui se terminent en « -er » à l'infinitif.

Les verbes qui se terminent en « -er » s'écrivent avec un « -e » muet à la fin lorsqu'ils sont conjugués au présent avec « je ».

Reproduire la même démarche avec le pronom personnel « tu » pour en déduire la règle suivante :

Au présent, les verbes conjugués avec « tu » s'écrivent avec un « -s » muet à la fin, sauf pour les verbes qui se terminent en « -er » à l'infinitif.
Les verbes qui se terminent en « -er » s'écrivent avec un « -es » muet à la fin lorsqu'ils sont conjugués au présent avec « tu ».

5. Réinvestissement

Durée	5 minutes
Organisation	en groupes puis collectivement
Matériel	– une ardoise par élève (ou un cahier d'essai) – une affiche vierge

Proposer de reprendre les verbes écrits au tableau au début de la séance et de les corriger en groupes.
Mettre en commun les corrections et les valider collectivement. Cette fois-ci, on s'intéressera davantage à la méthode mise en œuvre pour réussir à conjuguer :

Quand je conjugue un verbe au présent avec « je », je cherche l'infinitif du verbe. Si l'infinitif du verbe se termine en « -er », alors j'écris un « -e » muet à la fin du verbe. Si l'infinitif du verbe ne se termine pas en « -er », alors j'écris un « -s » muet à la fin du verbe.
Quand je conjugue un verbe au présent avec « tu », je cherche l'infinitif du verbe. Si l'infinitif du verbe se termine en « -er », alors j'écris « -es » à la fin du verbe. Si l'infinitif du verbe ne se termine pas en « -er », alors j'écris un « -s » muet à la fin du verbe.

Tracer une carte mentale au tableau ou sur du papier affiche, aidant la formulation de cette méthode.

Exemple de carte mentale :

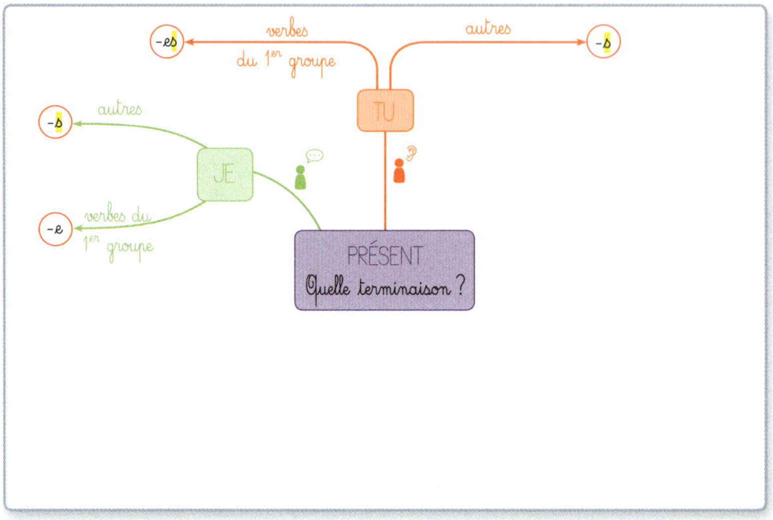

Rappeler que les verbes qui se terminent en « -er » à l'infinitif sont appelés « verbes du premier groupe ».
Conserver cette carte mentale en tant que trace écrite collective.

Séance 2 | Découvrir les terminaisons du présent avec « il » ou « elle » et « ils » ou « elles »

SÉANCE DE DÉCOUVERTE

1. Compléter une phrase avec un indicateur du présent

Durée	15 minutes
Matériel	une ardoise par élève (ou un cahier d'essai)

Annoncer l'objectif de la séance : découvrir la conjugaison des verbes au présent avec de nouveaux pronoms personnels sujets : « il » ou « elle » et « ils » ou « elles ». Préciser que la conjugaison sera la même pour « il » et « elle » d'une part, et « ils » et « elles » d'autre part.
Rappeler la démarche et la consigne de la première séance.

Remarque : Si nécessaire, reproduire le déroulé de la première séance en interrogeant d'abord les élèves à l'oral.

Après avoir vérifié la bonne compréhension de la consigne, passer à l'écrit avec le début de phrase suivant :

En ce moment, il...

Lister quelques propositions au tableau.
Faire rappeler que tous les verbes sont au présent à cause de l'expression « en ce moment ». Rappeler que, cette fois-ci, on cherchera à écrire des verbes conjugués avec le pronom « il » (ou « elle ») au présent.

Exemple de ce qui peut être noté au tableau

En ce moment, (il)...

il [*fais*] *un dessin.*

il [*dore*] *dans sa chambre.*

il [*récite*] *un poème.*

Inviter les élèves à débattre sur l'écriture des verbes au tableau.
Corriger les erreurs de transcription phonétique et d'orthographe des verbes.
Répéter le même déroulement avec le pronom personnel « ils » et le début de phrase « En ce moment, ils... ».

2. Rechercher des verbes conjugués au présent dans des ouvrages

Durée	10 minutes
Organisation	en groupes
Matériel	– un extrait sélectionné dans les ouvrages de la classe ou 5b-2. Exemple de verbe conjugué – une feuille A4 pour l'exemple collectif – des notes repositionnables – des ouvrages de littérature de jeunesse

Proposer de mener l'enquête selon les modalités décrites en introduction.

Définir une liste de critères de sélection des verbes :
- ils sont conjugués au présent ;
- il y a le pronom personnel « il » ou « elle », ou un groupe nominal sujet pouvant être remplacé par « il », « elle », « ils » ou « elles », avant.

Remarque : Si la maitrise de la pronominalisation des groupes nominaux sujets est incertaine pour une part trop importante des élèves de la classe, il est possible de laisser les groupes nominaux sujets de côté de manière temporaire, pour cette phase de recherche. On pourra alors suggérer de regarder du côté des GNS uniquement aux élèves ou groupes qui en seraient capables.

Un exemple est réalisé en classe entière à l'aide de l'extrait des ressources numériques projeté.
Les élèves mènent l'enquête à l'aide des ouvrages proposés en coopérant. Deux possibilités s'offrent à vous. Pour la première, chaque groupe doit soit chercher le pronom « il », soit le pronom « ils ». Pour la seconde, chaque groupe cherche les deux pronoms.

3. Collecter les terminaisons trouvées

Durée	10 minutes
Matériel	des bandes de papier

Sur les bandes de papier préparées en amont, écrire les verbes trouvés par les élèves ainsi que l'infinitif des verbes sélectionnés.

Exemple de ce qui peut être noté au tableau

IL ou ELLE		ILS ou ELLES	
elle siffle	(→ siffler)	ils sortent	(→ sortir)
il fait	(→ faire)	ils disent	(→ dire)
elle peut	(→ pouvoir)	elles font	(→ faire)
il chante	(→ chanter)	elles proposent	(→ proposer)
elle dit	(→ dire)	ils doivent	(→ devoir)

Avec la troisième personne du pluriel, le risque d'observer des irrégularités de radical augmente. Utiliser l'exemple « Ils disent ». Rappeler aux élèves qu'il est essentiel de dire la phrase, de voir si celle-ci a du sens et de retranscrire ce qui est dit. C'est ainsi qu'on trouve « disent » au lieu de « dient ». De même, les deux « s » (« ss ») des verbes du deuxième groupe peuvent s'expliquer par la nécessité de transcrire le son [s] entre deux voyelles.

Classer, directement, les bandes correspondant au pronom « il » ou « elle » et les bandes correspondant au pronom « ils » ou « elles ». Séparer le tableau en deux.

4. Déduire la règle

Durée 10 minutes
Matériel
- les ouvrages de littérature de jeunesse utilisés
- les notes repositionnables des élèves
- les bandes de papier utilisées

Rappeler le questionnement initial. Commencer avec le pronom personnel « il ».
Proposer d'entourer les lettres muettes finales des verbes trouvés.
Demander quelles sont les lettres muettes finales possibles et les noter en haut du tableau, pour constituer deux colonnes : « -t » ou « -e ».
Faire venir des élèves au tableau pour ranger les bandes de papier dans la bonne colonne.

Exemple de ce qui peut être noté au tableau

-t		-e	
il fait	(→ faire)	elle siffle	(→ siffler)
elle peut	(→ pouvoir)	il chante	(→ chanter)
elle dit	(→ dire)		

Demander aux élèves de s'intéresser à la colonne « -e » et d'essayer de comprendre pourquoi il y a un « -e » et non un « -t » à la fin des verbes conjugués au présent avec le pronom « il » ou « elle ».

En déduire oralement la règle suivante :

> Au présent, les verbes conjugués avec « il » ou « elle » s'écrivent avec un « -t » muet à la fin, sauf pour les verbes qui se terminent en « -er » à l'infinitif. Ce sont les verbes du premier groupe.
> Les verbes du premier groupe, qui se terminent en « -er » à l'infinitif, s'écrivent avec un « -e » muet à la fin lorsqu'ils sont conjugués au présent avec « il » ou « elle ».

Reproduire la même démarche avec le pronom personnel « ils » pour en déduire la règle :

> Au présent, les verbes conjugués avec « ils » ou « elles » s'écrivent avec « -ent » à la fin si la terminaison suit une consonne.
> Parfois, il n'y a que « -nt », par exemple quand on dit le son [on] à la fin du verbe conjugué.

5. Réinvestissement

Durée	5 minutes
Organisation	en groupes puis collectivement
Matériel	– une ardoise par élève (ou un cahier d'essai) – la trace écrite collective affichée

Proposer de reprendre les verbes écrits au tableau au début de la séance et de les corriger en groupes.
Mettre en commun les corrections et les valider collectivement.
Reformuler la méthode :

> Quand je conjugue un verbe au présent avec « il » ou « elle », je cherche l'infinitif du verbe. Si l'infinitif du verbe se termine en « -er », alors j'écris « -e » à la fin du verbe. Si l'infinitif du verbe ne se termine pas en « -er », alors j'écris un « -t » muet à la fin du verbe.
> Quand je conjugue un verbe au présent avec « ils » ou « elles », j'écoute la fin du verbe. La plupart du temps, on écrit « -ent » à la fin du verbe, mais s'il y a un son comme [on], on écrit « -ont ».

Tracer une carte mentale au tableau ou sur une affiche vierge, aidant la formulation de cette méthode.

Exemple de carte mentale :

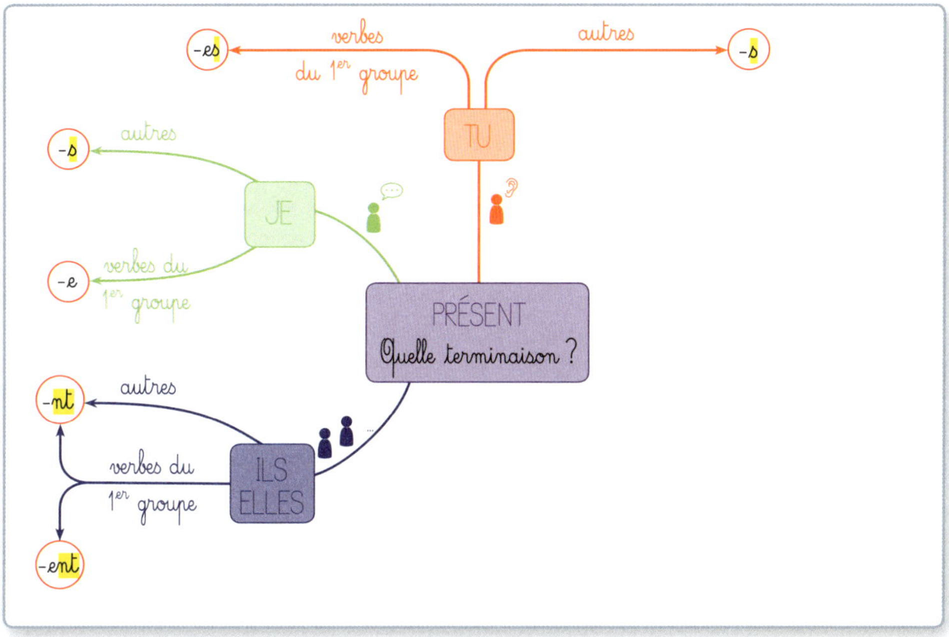

Rappeler la signification de l'appellation « premier groupe » au besoin. Conserver cette carte mentale en tant que trace écrite collective.

Séance 3 | S'entrainer à utiliser les terminaisons du présent avec « je », « tu », « il » ou « elle » et « ils » ou « elles »

SÉANCE D'ENTRAINEMENT

1. Rappel des séances précédentes

Durée	5 minutes
Matériel	la trace écrite collective affichée

Faire rappeler ce qui a été fait durant les deux séances précédentes et l'objet des recherches.

À l'aide de la trace écrite collective, faire rappeler les règles découvertes précédemment :

> Au présent, les verbes conjugués avec « je » et « tu » s'écrivent avec un « -s » muet à la fin, sauf pour les verbes qui se terminent en « -er » à l'infinitif, aussi appelés « verbes du premier groupe ».
> Les verbes conjugués avec « il » ou « elle » s'écrivent avec un « -t », sauf pour les verbes du premier groupe.
> Les verbes du premier groupe s'écrivent avec un « -e » lorsqu'ils sont conjugués avec « je » et « il » (ou « elle ») et « -es » lorsqu'ils sont conjugués avec « tu ».
> Au pluriel, avec « ils » et « elles », les verbes conjugués au présent s'écrivent avec « -nt » ou « -ent ».

Rappeler l'appellation « verbes du premier groupe » au besoin.
Après avoir fait le point sur les découvertes des séances précédentes, préciser que l'on va les mettre en pratique dans un exercice écrit, dans le but de s'entrainer.

2. Entrainement sur ardoise

Durée 10 minutes
Matériel – la trace écrite collective affichée
– une ardoise par élève

Dicter chacune des phrases suivantes :

« ***Je mange*** *un biscuit.*

Elle mange *une paëlla.*

Elles mangent *un petit-déjeuner tous les matins.*

Tu manges *à la cantine.*

Je dois *lire ce livre.*

Tu dois *faire cet exercice.*

Elle doit *apprendre sa leçon.*

Il doit *mémoriser sa poésie.*

Ils doivent *recopier l'exercice.*

Elles font *un match de football.*

Il fait *un gâteau.*

Je fais *un dessin.*

Tu fais *un calligramme.* »

Proposer de reformuler la règle au complet, en essayant, cette fois, d'insister sur la méthode que l'on suit quand on conjugue :

> Quand je conjugue un verbe au présent avec « je », je cherche l'infinitif du verbe.
> Si l'infinitif du verbe se termine en « -er », alors j'écris un « -e » muet à la fin du verbe. Si l'infinitif du verbe ne se termine pas en « -er », alors j'écris un « -s » muet à la fin du verbe.

Quand je conjugue un verbe au présent avec « tu », je cherche l'infinitif du verbe.
Si l'infinitif du verbe se termine en « -er », alors j'écris un « -es » muet à la fin du verbe. Si l'infinitif du verbe ne se termine pas en « -er », alors j'écris un « -s » muet à la fin du verbe.
Quand je conjugue un verbe au présent avec « il » ou « elle », je cherche l'infinitif du verbe. Si l'infinitif du verbe se termine en « -er », alors j'écris un « -e » muet à la fin du verbe. Si l'infinitif du verbe ne se termine pas en « -er », alors j'écris un « -t » muet à la fin du verbe.
Quand je conjugue un verbe du premier groupe au présent avec « ils » ou « elles », j'écris « -ent » à la fin du verbe. Si le verbe n'est pas du premier groupe, j'écoute ce que je dis puis j'écris « -nt » ou « -ent ».

Laisser affichée la carte mentale pour l'exercice.

3. Exercice d'entrainement

Durée 20 minutes
Matériel
– la trace écrite collective affichée
– la fiche de l'exercice individuel (ou l'exercice projeté au tableau) 5b-3. Exercice individuel niveau 2, avec ou sans aide
– la grille d'observation 5b. Grille d'observation

Faire les exercices en suivant la démarche habituelle.

4. Bilan et trace écrite

Durée 10 minutes
Matériel
– la trace écrite collective affichée
– une feuille blanche A4 pour chaque élève ou le cahier de leçon

Demander aux élèves de rappeler une nouvelle fois la règle en suivant la carte mentale collective au tableau.
Les élèves recopient ensuite cette carte mentale sur la page dédiée, en prenant soin de laisser de la place pour les pronoms « nous » et « vous ». Cette trace écrite leur servira de leçon lors des prochains exercices.

Exemple de carte mentale :

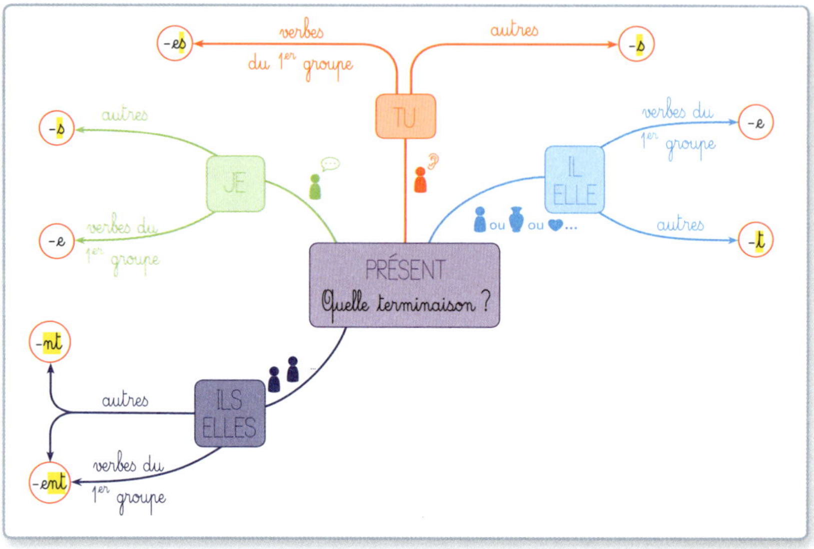

Séance 4 | Découvrir les terminaisons du présent avec « nous » et « vous »

SÉANCE DE DÉCOUVERTE

1. Compléter une phrase avec un indicateur du présent

Durée	15 minutes
Matériel	une ardoise par élève (ou un cahier d'essai)

Annoncer l'objectif de la séance : découvrir la conjugaison des verbes au présent avec deux nouveaux pronoms personnels sujets : « nous » et « vous ».

Rappeler la démarche et la consigne de la première séance.

Après avoir vérifié la bonne compréhension de la consigne, passer à l'écrit avec le début de phrase suivant :

En ce moment, nous...

Les élèves écrivent uniquement la fin de la phrase, sur leur ardoise ou dans leur cahier d'essai.

Lister quelques propositions au tableau.

Pour chaque proposition :

- demander à l'élève interrogé d'identifier le verbe conjugué, l'écrire tel que l'élève l'aura noté et l'encadrer en rouge ;
- corriger le reste directement ;
- demander à chaque élève quel est le temps de sa phrase (le présent).

Rappeler que, cette fois-ci, on cherchera à écrire des verbes conjugués au présent avec le pronom « nous ».

Exemple de ce qui peut être noté au tableau

En ce moment, (nous)...

nous écoutont la maitresse.

nous regardons par la fenêtre.

nous travaillont.

Inviter les élèves à débattre sur l'écriture des verbes au tableau.

Corriger les erreurs de transcription phonétique et d'orthographe des verbes.

Répéter le même déroulement avec le pronom personnel « vous » et le début de phrase « En ce moment, vous... ».

2. Rechercher des verbes conjugués au présent dans des ouvrages

Durée	10 minutes
Organisation	en groupes
Matériel	– un extrait sélectionné dans les ouvrages de la classe ou 5b-4. Exemple de verbe conjugué – une feuille A4 pour l'exemple collectif – des notes repositionnables – des ouvrages de littérature de jeunesse

Proposer de reprendre la méthode habituelle pour mener l'enquête.

Définir une liste de critères de sélection des verbes :

- ils sont conjugués au présent ;
- il y a le pronom personnel « nous » ou « vous », ou un groupe nominal sujet pouvant être remplacé par « nous » ou « vous », avant.

Un exemple est réalisé en classe entière à l'aide de l'extrait des ressources numériques projeté.
Les élèves mènent l'enquête à l'aide des ouvrages proposés en coopérant. Deux possibilités s'offrent à vous. Pour la première, chaque groupe doit soit chercher le pronom « nous », soit le pronom « vous ». Pour la seconde, chaque groupe cherche les deux pronoms.

Avec le pronom « nous » (et « vous »), il y a de fortes chances qu'il y ait des erreurs du type « Je vous regarde », car « vous » (et « nous ») peuvent être pronoms personnels sujets ou compléments d'objet.

3. Collecter les terminaisons trouvées

Durée : 10 minutes
Matériel : des bandes de papier

Sur les bandes de papier préparées en amont, écrire les verbes trouvés par les élèves ainsi que l'infinitif des verbes sélectionnés.

Exemple de ce qui peut être noté au tableau

NOUS	VOUS
nous entrons (→ entrer)	vous savez (→ savoir)
nous jouons (→ jouer)	vous lancez (→ lancer)
nous espérons (→ espérer)	vous soupirez (→ soupirer)
nous disons (→ dire)	vous vivez (→ vivre)
nous portons (→ porter)	vous entendez (→ entendre)

Classer, directement, les bandes correspondant au pronom « nous » et les bandes correspondant au pronom « vous ». Séparer le tableau en deux.

4. Déduire la règle

Durée 5 minutes
Matériel
- les ouvrages de littérature de jeunesse utilisés
- les notes repositionnables des élèves
- les bandes de papier utilisées

Rappeler le questionnement initial. Commencer avec le pronom personnel « nous ».
Proposer d'entourer les terminaisons des verbes trouvés.
Demander quelles sont les terminaisons possibles et les noter en haut du tableau : « -ons ».

Remarque : Avec les pronoms personnels « nous » et « vous », on confirme qu'une terminaison ne se résume pas toujours à une lettre muette : une partie s'entend.

Faire remarquer qu'avec le pronom « nous », on n'a pas besoin d'identifier le groupe du verbe.
En déduire oralement la règle suivante :

> Au présent, les verbes conjugués avec « nous » s'écrivent avec « -ons » à la fin.

Reproduire la même démarche avec le pronom personnel « vous » pour en déduire la règle :

> Au présent, les verbes conjugués avec « vous » s'écrivent avec « -ez » à la fin.

5. Réinvestissement

Durée 5 minutes
Organisation en groupes puis collectivement
Matériel
- une ardoise par élève (ou un cahier d'essai)
- la trace écrite collective affichée

Proposer de reprendre les verbes écrits au tableau au début de la séance et de les corriger en groupe.
Mettre en commun les corrections et les valider collectivement.

6. Bilan et trace écrite

Durée	5 minutes
Matériel	– la trace écrite collective affichée – la trace écrite individuelle de chaque élève

Demander aux élèves de rappeler une nouvelle fois la règle en suivant la carte mentale collective au tableau.
Compléter la trace écrite collective.

Exemple de carte mentale :

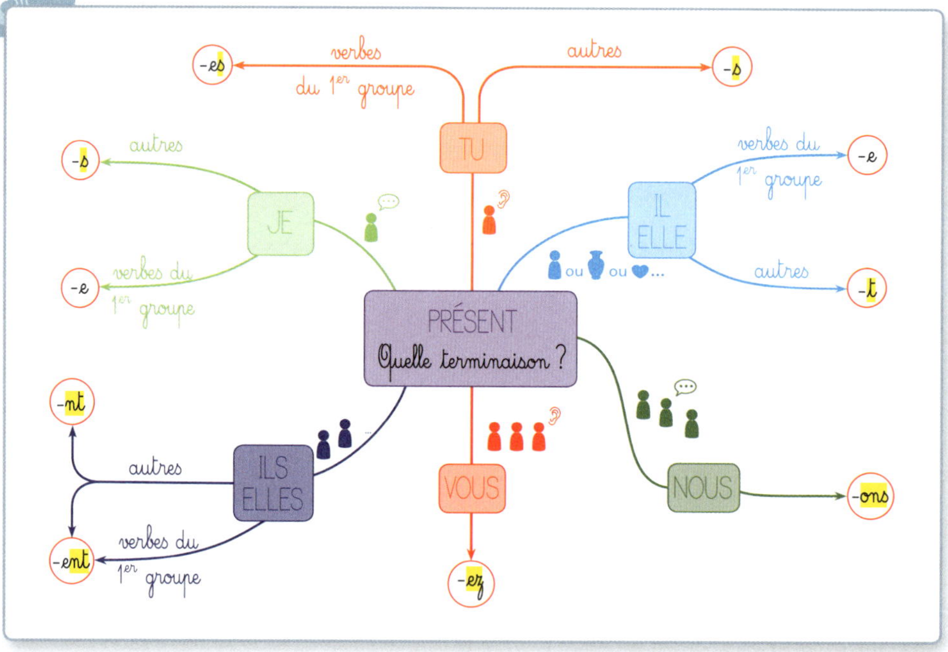

5b-4. Carte mentale

Les élèves complètent leur carte mentale individuelle.

Séance 5 | S'entrainer à utiliser toutes les terminaisons du présent

SÉANCE BILAN

1. Rappel des séances précédentes

Durée 5 minutes
Matériel la trace écrite collective affichée

Faire rappeler le travail mené lors des séances précédentes et ce qui a été appris, succinctement.
Préciser l'objectif de la séance : s'entrainer sur tout ce qui a été appris durant la séquence.

2. Entrainement sur ardoise

Durée 10 minutes
Matériel
– la trace écrite collective affichée
– une ardoise par élève

Dicter les phrases suivantes.

« ***Je pense*** *souvent à mon chien, même en classe !*

Je vais *à l'école quatre jours par semaine.*

Tu restes *à l'école ce midi.*

Elle mange *à la cantine.*

Il connait *sa leçon sur le bout des doigts.*

Mon frère semble *fatigué, ce matin.*

Mon cousin fête *son anniversaire.*

Son ami et moi allons *à la fête.*

Nous apportons *des cadeaux.*

Vous mangez *du gâteau à la fraise.*

Tes parents et toi venez *à la fête de l'école.*

Vous regardez *le spectacle.*

Mon meilleur ami danse *sur scène.*

Tous les parents applaudissent. »

3. Synthèse et trace écrite

Durée	15 minutes
Matériel	– le cahier de leçon – les supports de la leçon à manipuler 5b-5. Support LAM

Demander aux élèves de faire le point sur tout ce qu'ils ont appris durant cette séquence.
Faire coller la trace écrite sous forme de leçon à manipuler. Elle servira de support pour la réalisation des exercices suivants.

4. Exercices d'entrainement

Durée	15 minutes
Matériel	– la trace écrite collective affichée – une fiche d'exercices bilan où les exercices ont déjà été ciblés individuellement 5b-5. Exercices bilan niveau 2, avec ou sans aide – la grille d'observation 5b. Grille d'observation

Faire les exercices en suivant la démarche habituelle.

5. Bilan de la séquence

Durée	5 à 10 minutes
Matériel	aucun

Proposer à chaque élève de faire le point sur ses acquisitions.

Synthèse animée : pour compléter le bilan, il est possible de présenter à la classe les petits films d'animation « Le présent des verbes en -er » et « Le présent des verbes en -ir, -oir, -re » réalisés par Canopé (Les Fondamentaux) et disponibles dans les ressources numériques.

© Canopé

5b-5. Animation : Le présent des verbes en -er

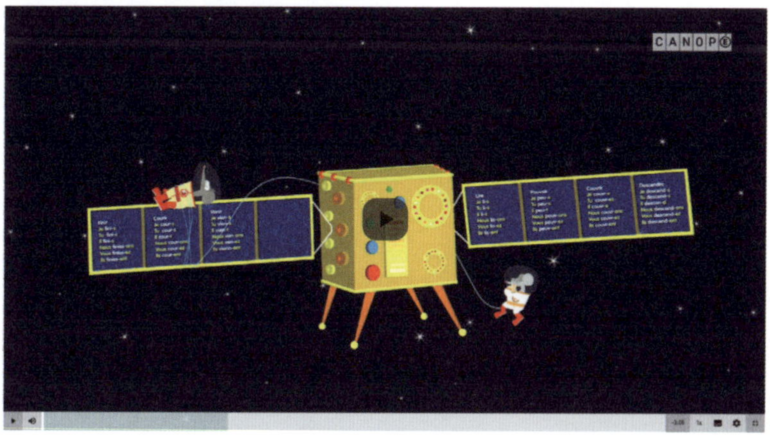

© Canopé

5b-5. Animation : Le présent des verbes en -ir, -oir, -re

Exercices bilan, niveau 2

5bis

Le présent

Séance 5 – Exercices bilan – niveau 2

Prénom : ....
Date : ....

1 Conjugue les verbes entre parenthèses au présent.

★ **Ton but** : t'entrainer à conjuguer des verbes au présent avec « je », « il » ou « elle ».

a) Je .... (rouler) deux boules de neige sur le sol. Elles .... (grossir) à vue d'œil !

b) Je les .... (superpose) pour former un bonhomme de neige.

c) Je .... (réunir) deux branches, cinq cailloux et une carotte.

d) La carotte .... (sert) de nez. Chaque branche .... (former) un bras.

e) Avec le reste, je .... (placer) deux yeux et trois boutons.

2 Conjugue les verbes entre parenthèses au présent.

★ **Ton but** : t'entrainer à conjuguer des verbes au présent avec « je », « tu », « il » ou « elle ».

a) Papa ne .... (rentrer) pas ce soir. Maman nous .... (proposer) de commander une pizza.

b) J'............ (adorer) les pizzas et toi aussi.

c) Tu .... (dire) un grand « oui » à Maman et tu .... (bondir) de joie.

d) Tu .... (oser) même dire que Papa devrait s'absenter plus souvent !

e) Je .... (penser) que nous serons contents de le revoir demain.

3 Conjugue les verbes entre parenthèses au présent.

★ **Ton but** : t'entrainer à conjuguer des verbes au présent avec « il », « elle », « ils » ou « elles ».

a) Le chanteur se .... (trouver) sur scène. Il .... (porter) une veste et un pantalon noir.

b) Ses chaussures .... (briller).

c) Il .... (lever) les bras et .... (taper) des mains en rythme.

d) Quand l'artiste .... (commencer) à chanter, tout le monde .... (danser).

4 Conjugue les verbes entre parenthèses au présent.

★ **Ton but** : t'entrainer à conjuguer des verbes au présent avec « nous » et « vous ».

a) Nous .... (organiser) un piquenique. Lucinda, Esma, Akram et toi .... (pouvoir) venir.

b) Nous vous .... (inviter). Vous vous .... (occuper) des boissons.

c) Nous .... (apporter) des sandwichs et une grosse salade.

d) Akram et toi .... (vouloir) peut-être des fraises ? Vous .... (adorer) ça.

Réussir en conjugaison CE1-CE2 © Éditions Retz

5bis

Le présent

Séance 5 – Exercices bilan – niveau 2, avec aide

Prénom : ....
Date : ....

1 Conjugue les verbes entre parenthèses au présent.

★ **Ton but** : t'entrainer à conjuguer des verbes au présent avec « je », « il » ou « elle ».

a) Je *roul*...... (rouler) deux boules de neige sur le sol. Elles *grossi*...... (grossir) à vue d'œil !

c) Je les *superpos*...... (superposer) pour former un bonhomme de neige.

d) Je *réuni*...... (réunir) deux branches, cinq cailloux et une carotte.

e) La carotte *ser*...... (sert) de nez. Chaque branche *form*...... (former) un bras.

f) Avec le reste, je *plac*...... (placer) deux yeux et trois boutons.

2 Conjugue les verbes entre parenthèses au présent.

★ **Ton but** : t'entrainer à conjuguer des verbes au présent avec « je », « tu », « il » ou « elle ».

a) Papa ne *rentr*...... (rentrer) pas ce soir. Maman nous *propos*...... (proposer) de commander une pizza.

b) J'*ador*...... (adorer) les pizzas et toi aussi.

c) Tu *di*...... (dire) un grand « oui » à Maman et tu *bondi*...... (bondir) de joie.

d) Tu *os*...... (oser) même dire que Papa devrait s'absenter plus souvent !

e) Je *pens*...... (penser) que nous serons contents de le revoir demain.

3 Conjugue les verbes entre parenthèses au présent.

★ **Ton but** : t'entrainer à conjuguer des verbes au présent avec « il », « elle », « ils » ou « elles ».

a) Le chanteur se *trouv*...... (trouver) sur scène. Il *port*...... (porter) une veste et un pantalon noir.

b) Ses chaussures *brill*...... (briller).

c) Il *lev*...... (lever) les bras et *tap*...... (taper) des mains en rythme.

d) Quand l'artiste *commenc*...... (commencer) à chanter, tout le monde *entam*...... (entamer) une danse.

4 Conjugue les verbes entre parenthèses au présent.

★ **Ton but** : t'entrainer à conjuguer des verbes au présent avec « nous » et « vous ».

a) Nous *organis*...... (organiser) un piquenique. Lucinda, Esma, Akram et toi *pouv*...... (pouvoir) venir.

b) Nous vous *invit*...... (inviter). Vous vous *occup*...... (occuper) des boissons.

c) Nous *apport*...... (apporter) des sandwichs et une grosse salade.

d) Akram et toi *voul*...... (vouloir) peut-être des fraises ? Vous *ador*...... (adorer) ça.

Réussir en conjugaison CE1-CE2 © Éditions Retz

L'imparfait (CE1 et CE2)

1. Prérequis

– Savoir reconnaitre un verbe conjugué et son sujet.

– Connaitre les pronoms personnels sujets et savoir pronominaliser un groupe nominal sujet.

2. Objectifs

– Découvrir la conjugaison des verbes à l'imparfait.

– Découvrir les terminaisons de l'imparfait.

3. Structure de la séquence

– Nombre de séances : 5.

– Durée des séances : 45 à 50 minutes.

4. Déroulement des séances

1. Découvrir les terminaisons de l'imparfait avec « je » et « tu ».
2. Découvrir les terminaisons de l'imparfait avec « il » ou « elle » et « ils » ou « elles ».
3. S'entrainer à utiliser les terminaisons de l'imparfait avec « je », « tu », « il » ou « elle » et « ils » ou « elles ».
4. Découvrir les terminaisons de l'imparfait avec « nous » et « vous ».
5. S'entrainer à utiliser toutes les terminaisons de l'imparfait.

À savoir

L'imparfait ne se soucie pas de l'infinitif du verbe et constitue, en ce sens, un temps plus aisé que le présent, d'autant que la plupart des verbes dits « irréguliers » sont parfaitement réguliers à l'imparfait. Cependant, il permet d'introduire une nouveauté. En effet, la terminaison de l'imparfait est construite à partir de deux morphèmes flexionnels : un marqueur de temps (« -ai- » ou « -i- ») et un marqueur de personne (« -s », « -t », « -ons », etc.). Les marqueurs de personne étant les mêmes que ceux du présent pour les verbes dont l'infinitif se termine en « -r » et « -re », les élèves auront finalement très peu de nouveautés à apprendre par cœur !

Petits points de vigilance : les verbes dont l'infinitif se termine en « -ger » ou « -cer » nécessitent une attention particulière au singulier et à la troisième personne du pluriel. On écrit « Ils mangeaient » ou « J'avançais ». De même, les verbes dont l'infinitif se termine par « -ier » doublent la lettre i avec « nous » et « vous » : « nous criions ». L'application de la règle doit être rigoureuse. En CE1, il vaut mieux envisager de laisser ces verbes-là de côté (ils ne sont que quatre dans les cent verbes les plus fréquents[1]).

Séance 1 | Découvrir les terminaisons de l'imparfait avec « je » et « tu »

SÉANCE DE DÉCOUVERTE

1. Compléter une phrase avec un indicateur du passé

Durée	15 minutes
Matériel	une ardoise par élève (ou un cahier d'essai)

Présenter l'activité :

« Je vais vous dire le début d'une phrase. Vous devrez écrire la fin de cette phrase, et uniquement la fin. Cette fin n'a pas besoin d'être longue.

Nous allons d'abord essayer à l'oral, donc vous n'avez pas besoin d'écrire pour le moment. Si je dis "Tous les matins de l'année dernière, je…", qui peut me dire ce qu'il voudrait écrire sur son ardoise ? »

1. Éduscol, *Liste de fréquence lexicale* : https://eduscol.education.fr/cid50486/liste-frequence-lexicale.html (consulté le 04/01/2020).

Interroger quelques élèves. Exemples de réponses :

Tous les matins de l'année dernière, je dormais.

Tous les matins de l'année dernière, je lisais un livre.

Lorsque les élèves semblent avoir compris, leur demander de passer à l'écrit.

Lister quelques propositions au tableau. Pour chaque proposition :

- demander à l'élève interrogé d'identifier le verbe conjugué, l'écrire tel que l'élève l'aura noté et l'encadrer en rouge ;
- corriger le reste directement en précisant qu'il s'agit, pour cette séance, de se concentrer sur le verbe ;
- demander à chaque élève quel est le temps de sa phrase (le passé ou l'imparfait si les élèves reconnaissent ce temps, en CE2). Il n'est pas utile de l'écrire au tableau.

Faire remarquer que tous les verbes sont au passé (voire à l'imparfait si le mot a été évoqué) et en chercher la raison. L'expression « l'année dernière » implique le passé. Expliquer que l'imparfait est un temps du passé qui peut servir à décrire une habitude passée (« tous les matins »). En déduire qu'aujourd'hui, on cherchera à écrire des verbes conjugués à l'imparfait avec le pronom « je ».

Exemple de ce qui peut être noté au tableau

Tous les matins de l'année dernière, (je)...

je [prenais] un petit-déjeuner.

je me [levé] tôt.

je [boivait] du lait.

Inviter les élèves à débattre sur l'écriture de certains verbes au tableau.

Une fois la correction des erreurs de transcription phonétique et d'orthographe réalisée (pour « buvait », dans notre exemple ; on ne corrige pas les terminaisons pour le moment), rappeler qu'en conjugaison, l'incertitude réside dans les lettres muettes, en fin de verbe conjugué. Rappeler le mot « terminaison » à ce moment.

Répéter le même déroulement avec le pronom personnel « tu » et le début de phrase « Tous les matins de l'année dernière, tu... ».

2. Rechercher des verbes conjugués à l'imparfait dans des ouvrages

Durée	10 minutes
Organisation	en groupes
Matériel	– un extrait sélectionné dans les ouvrages de la classe ou 6-1. Exemple de verbe conjugué – une feuille A4 pour l'exemple collectif – des notes repositionnables – des ouvrages de littérature de jeunesse

Proposer de mener l'enquête selon les modalités décrites en introduction.
Définir une liste de critères de sélection des verbes :

- ils sont conjugués à l'imparfait ;
- il y a le pronom personnel « je » ou « tu », avant.

Un exemple est réalisé en classe entière à l'aide d'un extrait.

Dans la phrase « Hier, tu ne pensais pas à l'école » :
le sujet est « tu » et le verbe « pensais » est à l'imparfait.

Les élèves mènent l'enquête à l'aide des ouvrages proposés en coopérant. Deux possibilités s'offrent à vous. Pour la première, chaque groupe doit soit chercher le pronom « je », soit le pronom « tu ». Pour la seconde, chaque groupe cherche les deux pronoms.

3. Collecter les terminaisons trouvées

Durée	10 minutes
Matériel	des bandes de papier

Sur le tableau, afficher une dizaine de bandes de papier préparées en amont. Y écrire les ensembles « sujets + verbes » trouvés par les élèves ainsi que l'infinitif des verbes sélectionnés.

Exemple de ce qui peut être noté au tableau

JE	TU
je pensais (→ penser)	tu savais (→ savoir)
j'arrêtais (→ arrêter)	tu connaissais (→ connaitre)
je finissais (→ finir)	tu montais (→ monter)
j'écrivais (→ écrire)	tu jouais (→ jouer)
je sentais (→ sentir)	tu souriais (→ sourire)

Classer, directement, les bandes correspondant au pronom « je » et les bandes correspondant au pronom « tu ». Séparer le tableau en deux.

4. Déduire la règle

Durée 10 minutes
Matériel
- les ouvrages de littérature de jeunesse utilisés
- les notes repositionnables des élèves
- les bandes de papier utilisées

Rappeler le questionnement initial : bien orthographier la terminaison des verbes au présent avec « je » et « tu ».
Commencer avec le pronom personnel « je ».
Proposer d'entourer les lettres muettes finales des verbes trouvés. Les élèves proposeront d'entourer le « -s » final.
Proposer d'aller plus loin et d'observer la fin de tous ces verbes conjugués : quelles sont les lettres communes ? Noter en haut du tableau : « -ais ». Rappeler le mot « terminaison ».
Procéder de même avec le pronom personnel « tu ».

Faire remarquer qu'à l'imparfait, on n'a pas besoin d'identifier le groupe du verbe et que la terminaison est la même avec le pronom « je » et le pronom « tu ». Observer que cette terminaison se construit avec les lettres « -ai- » auxquelles on ajoute le « -s » final qu'on avait déjà trouvé au présent. Ce « -s » est la marque de la personne (il marque l'accord avec le sujet).
En déduire oralement la règle suivante :

À l'imparfait, les verbes conjugués avec « je » et « tu » s'écrivent avec la terminaison « -ais ».

Remarque : Pour les verbes du deuxième groupe, les deux « s » (« ss ») apparaissent systématiquement. Ils ont peut-être déjà pu être observés au présent. Rappeler que l'on écrit ce que l'on dit et ce que l'on entend. On ne peut pas dire « je finiais » ou « je finais », mais on dit « je finissais ». Il faut donc transcrire le son [s] entre deux voyelles (le « i » et le « a » de la terminaison). Pour cela, on écrit deux « s ».

5. Réinvestissement

Durée	5 minutes
Organisation	en groupes puis collectivement
Matériel	– une ardoise par élève (ou un cahier d'essai) – une affiche vierge

Proposer de reprendre les verbes écrits au tableau au début de la séance et de les corriger en groupes.
Mettre en commun les corrections et les valider collectivement. Cette fois-ci, on s'intéressera davantage à la méthode mise en œuvre pour réussir à conjuguer :

Quand je conjugue un verbe à l'imparfait avec « je » et « tu », j'écris la terminaison « -ais » à la fin. Je dois toujours faire attention à bien écrire ce que j'entends.

Tracer une carte mentale au tableau ou sur du papier affiche, aidant la formulation de cette méthode.

Exemple de carte mentale :

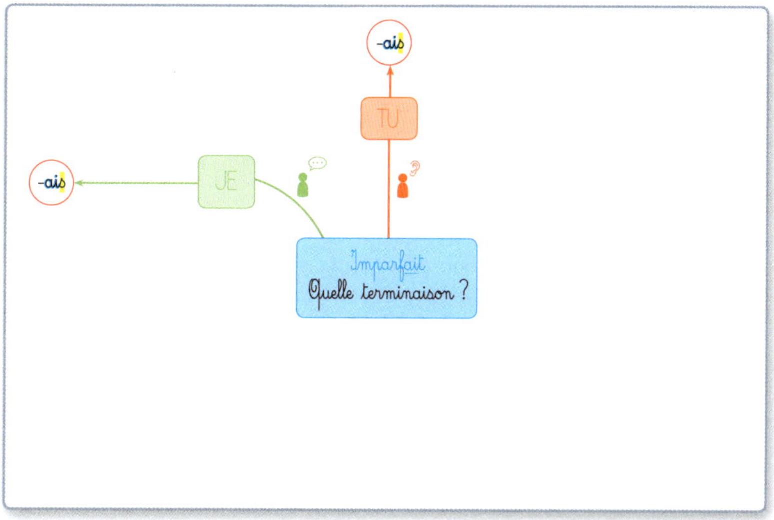

Conserver cette carte mentale en tant que trace écrite collective.

Séance 2 | Découvrir les terminaisons de l'imparfait avec « il » ou « elle » et « ils » ou « elles »

SÉANCE DE DÉCOUVERTE

1. Compléter une phrase avec un indicateur du passé

Durée	15 minutes
Matériel	une ardoise par élève (ou un cahier d'essai)

Annoncer l'objectif de la séance : découvrir la conjugaison des verbes à l'imparfait avec de nouveaux pronoms personnels sujets : « il » ou « elle » et « ils » ou « elles ». Rappeler que la conjugaison sera la même pour « il » et « elle » d'une part, et « ils » et « elles » d'autre part.

Rappeler la démarche et la consigne de la première séance.

Remarque : Si nécessaire, reproduire le déroulé de la première séance en interrogeant d'abord les élèves à l'oral.

Après avoir vérifié la bonne compréhension de la consigne, passer à l'écrit avec le début de phrase suivant :

Tous les matins de l'année dernière, il...

Lister quelques propositions au tableau.
Faire rappeler que tous les verbes sont à l'imparfait à cause de l'expression « tous les matins de l'année dernière ». Rappeler que, cette fois-ci, on cherchera d'abord à écrire des verbes conjugués avec le pronom « il » ou « elle » à l'imparfait.

Exemple de ce qui peut être noté au tableau

Tous les matins de l'année dernière, (il)...
il [lizait] un journal.
il [ouvrai] un paquet de gâteaux.
il [écoutais] la radio.

Corriger les erreurs de transcription phonétique et d'orthographe des verbes.
Inviter les élèves à débattre sur l'écriture des verbes au tableau.
Répéter le même déroulement avec le pronom personnel « ils » et le début de phrase « Tous les matins de l'année dernière, ils... ».

2. Rechercher des verbes conjugués à l'imparfait dans des ouvrages

Durée 10 minutes
Organisation en groupes
Matériel
- un extrait sélectionné dans les ouvrages de la classe ou 6-2. Exemple de verbe conjugué
- une feuille A4 pour l'exemple collectif
- des notes repositionnables
- des ouvrages de littérature de jeunesse

Proposer de mener l'enquête selon les modalités décrites en introduction.

Définir une liste de critères de sélection des verbes :

- ils sont conjugués à l'imparfait ;
- il y a le pronom personnel « il » ou « elle », ou un groupe nominal sujet pouvant être remplacé par « il », « elle », « ils » ou « elles », avant.

Remarque : Si la maitrise de la pronominalisation des groupes nominaux sujets est incertaine pour une part importante des élèves de la classe, il est possible de laisser les groupes nominaux sujets de côté de manière temporaire, pour cette phase de recherche. On pourra alors suggérer de regarder du côté des GNS uniquement aux élèves ou groupes qui en seraient capables.

Un exemple est réalisé en classe entière à l'aide de l'extrait des ressources numériques projeté.

Les élèves mènent l'enquête à l'aide des ouvrages proposés en coopérant. Deux possibilités s'offrent à vous. Pour la première, chaque groupe doit soit chercher le pronom « il » ou « elle », soit le pronom « ils » ou « elles ». Pour la seconde, chaque groupe cherche les deux pronoms.

3. Collecter les terminaisons trouvées

Durée	10 minutes
Matériel	des bandes de papier

Sur les bandes de papier préparées en amont, écrire les verbes trouvés par les élèves et leur demander l'infinitif.

Exemple de ce qui peut être noté au tableau

IL ou ELLE		ILS ou ELLES	
il attendait	(→ attendre)	ils devaient	(→ devoir)
il mangeait	(→ manger)	ils croyaient	(→ croire)
elle jetait	(→ jeter)	elles suivaient	(→ suivre)
il pouvait	(→ pouvoir)	ils finissaient	(→ finir)
elle retenait	(→ retenir)	elles appelaient	(→ appeler)

Classer, directement, les bandes correspondant au pronom « il » ou « elle » et les bandes correspondant au pronom « ils » ou « elles ». Séparer le tableau en deux.

4. Déduire la règle

Durée	5 minutes
Matériel	– les ouvrages de littérature de jeunesse utilisés – les notes repositionnables des élèves – les bandes de papier utilisées

Rappeler le questionnement initial : bien orthographier la terminaison des verbes au présent avec « il », « elle », « ils » ou « elles ».
Proposer d'entourer les lettres muettes finales des verbes trouvés (« -t » et « -ent »).
Demander quelles sont les terminaisons et les noter en haut du tableau, pour l'un et l'autre des pronoms personnels sujets : « -ait » et « -aient ». Faire remarquer que les lettres « -t » et « -ent » sont les mêmes qu'au présent. La construction des terminaisons de l'imparfait reste la même : « ai + t » ou « ai + ent ».

Remarque : Pourquoi « -ent » en lettres finales muettes et non « -nt » ? Tout simplement parce que les lettres « ai » + « nt » donneraient le son [ɛ̃] (ain) : la lettre « e » permet d'éviter le contact entre ces deux ensembles de lettres pour obtenir le son attendu.

Au-dessus de chaque colonne, noter la terminaison correspondante.
En déduire oralement la règle suivante :

> À l'imparfait, les verbes conjugués avec « il » et « elle » s'écrivent avec la terminaison « -ait ».
> À l'imparfait, les verbes conjugués avec « ils » et « elles » s'écrivent avec la terminaison « -aient ».

5. Réinvestissement

Durée	5 minutes
Organisation	en groupes puis collectivement
Matériel	– une ardoise par élève (ou un cahier d'essai) – la trace écrite collective affichée

Proposer de reprendre les verbes écrits au tableau au début de la séance et de les corriger en groupes.

Mettre en commun les corrections et les valider collectivement. Cette fois-ci, on s'intéressera davantage à la méthode mise en œuvre pour réussir à conjuguer :

> Je dois toujours faire attention à bien écrire ce que j'entends.
> Quand je conjugue un verbe à l'imparfait avec « il » ou « elle », j'écris la terminaison « -ait » à la fin.
> Quand je conjugue un verbe à l'imparfait avec « ils » ou « elles », j'écris la terminaison « -aient » à la fin.

Tracer une carte mentale au tableau ou sur du papier affiche, aidant la formulation de cette méthode.

Exemple de carte mentale :

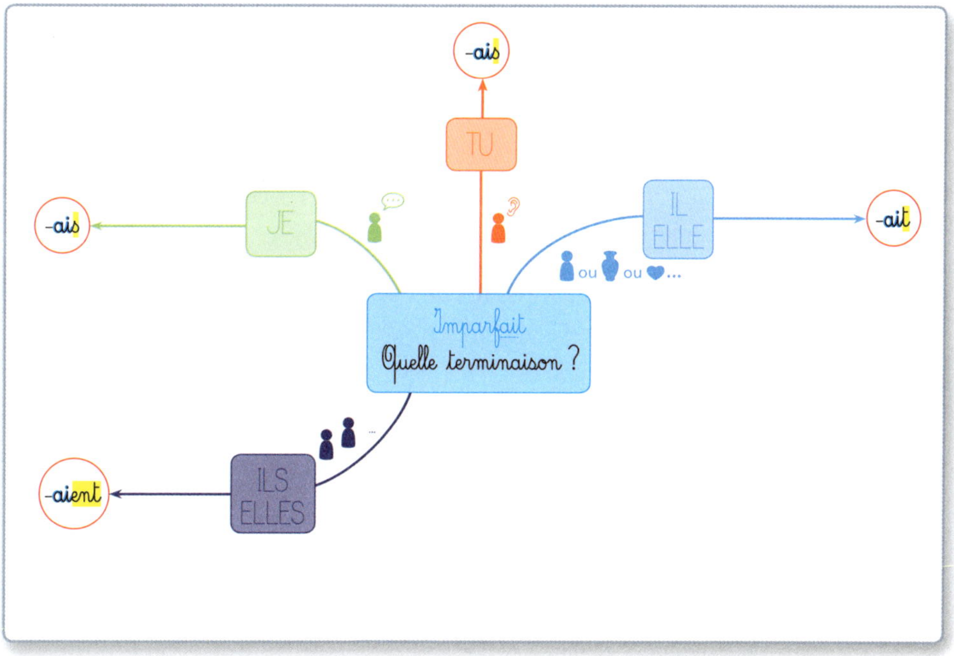

Conserver cette carte mentale en tant que trace écrite collective.

Séance 3 | S'entrainer à utiliser les terminaisons de l'imparfait avec « je », « tu », « il » ou « elle » et « ils » ou « elles »

SÉANCE D'ENTRAINEMENT

1. Rappel des séances précédentes

Durée	5 minutes
Matériel	la trace écrite collective affichée

Faire rappeler ce qui a été fait durant les deux séances précédentes et l'objet des recherches.

À l'aide de la trace écrite collective, faire rappeler les règles découvertes précédemment :

> À l'imparfait, les verbes conjugués avec « je » et « tu » s'écrivent avec la terminaison « -ais ».
> À l'imparfait, les verbes conjugués avec « il » et « elle » s'écrivent avec la terminaison « -ait ».
> À l'imparfait, les verbes conjugués avec « ils » et « elles » s'écrivent avec la terminaison « -aient ».

Après avoir fait le point sur les découvertes des séances précédentes, préciser que l'on va les mettre en pratique dans un exercice écrit, dans le but de s'entrainer.

2. Entrainement sur ardoise

Durée	10 minutes
Matériel	– la trace écrite collective affichée – une ardoise par élève

Dicter chacune des phrases suivantes :

*J'**entrais** en classe de CP.*

*Elle **entrait** dans l'école.*
(au singulier)

*Ils **entraient** dans le gymnase.*
(au pluriel)

*Tu **mettais** des carottes dans ton assiette.*

***Je mettais** ce livre à sa place.*

***Tu réussissais** à apprendre une poésie seul.*

***Elle réussissait** à sauter très haut.* (au singulier)

***Il bâtissait** une maison.* (au singulier)

***Ils bâtissaient** une pyramide.* (au pluriel)

***Elles faisaient** un spectacle.* (au pluriel)

***Il faisait** une tarte.* (au singulier)

***Je faisais** un tracé.*

***Tu faisais** une chorégraphie.* »

Remarque : Avec la troisième personne du pluriel, lorsque le verbe débute par une voyelle (voire un « h »), la liaison permet d'identifier que le sujet est au pluriel et non au singulier comme dans « Ils entraient ». On peut le faire remarquer aux élèves.

Proposer de reformuler la règle au complet, en essayant, cette fois, d'insister sur la méthode que l'on suit quand on conjugue :

> Je dois toujours faire attention à bien écrire ce que j'entends.
> Quand je conjugue un verbe à l'imparfait avec « je » et « tu », j'écris la terminaison « -ais » à la fin.
> Quand je conjugue un verbe à l'imparfait avec « il » ou « elle », j'écris la terminaison « -ait » à la fin.
> Quand je conjugue un verbe à l'imparfait avec « ils » ou « elles », j'écris la terminaison « -aient » à la fin.

Laisser la carte mentale visible pour l'exercice.

3. Exercice d'entrainement

Durée 20 minutes

Matériel
- la trace écrite collective affichée
- les fiches de l'exercice individuel (ou l'exercice projeté au tableau) 6-3. Exercice individuel niveau 1 et 6-3. Exercice individuel niveau 2, avec ou sans aide
- la grille d'observation 6. Grille d'observation

Faire les exercices en suivant la démarche habituelle.

4. Bilan et trace écrite

Durée 10 minutes

Matériel
- la trace écrite collective affichée
- une feuille blanche A4 pour chaque élève ou le cahier de leçon

Demander aux élèves de rappeler une nouvelle fois la règle en suivant la carte mentale collective au tableau.

Les élèves recopient ensuite cette carte mentale sur la page dédiée, en prenant soin de laisser de la place. Cette trace écrite leur servira de leçon lors des prochains exercices.

Exemple de carte mentale :

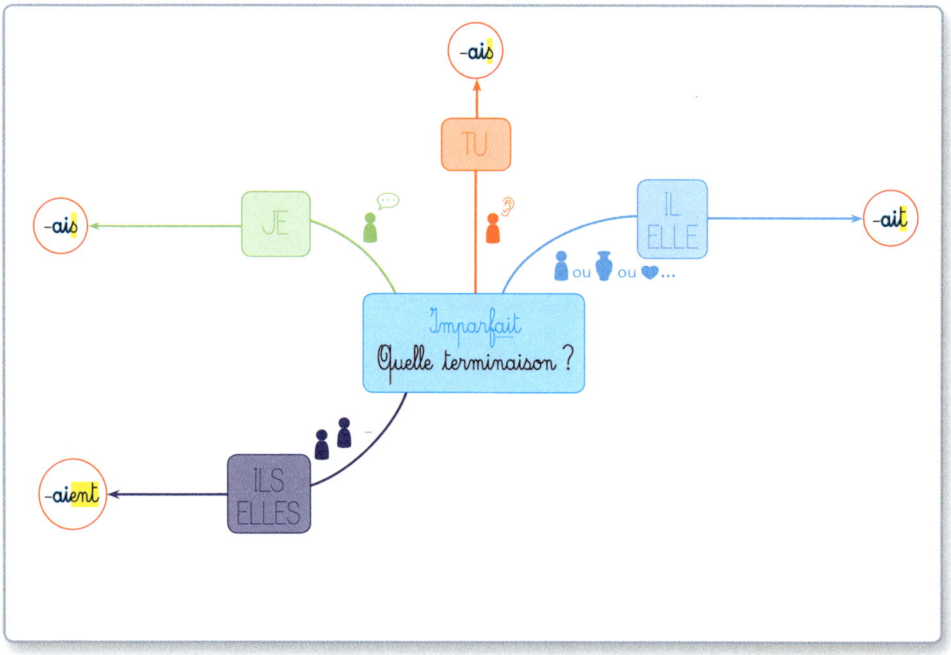

Séance 4 | Découvrir les terminaisons de l'imparfait avec « nous » et « vous »

SÉANCE DE DÉCOUVERTE

1. Compléter une phrase avec un indicateur du passé

Durée	15 minutes
Matériel	une ardoise par élève (ou un cahier d'essai)

Annoncer l'objectif de la séance : découvrir la conjugaison des verbes à l'imparfait avec deux nouveaux pronoms personnels sujets : « nous » et « vous ».

Rappeler la démarche et la consigne de la première séance.

Après avoir vérifié la bonne compréhension de la consigne, passer à l'écrit avec le début de phrase suivant :

Tous les matins de l'année dernière, nous…

Les élèves écrivent la fin de la phrase uniquement, sur leur ardoise ou dans leur cahier d'essai.

Lister quelques propositions au tableau.

Pour chaque proposition :

- demander à l'élève interrogé d'identifier le verbe conjugué, l'écrire tel que l'élève l'aura noté et l'encadrer en rouge ;
- corriger le reste directement ;
- demander à chaque élève quel est le temps de sa phrase (l'imparfait).

Rappeler que, cette fois-ci, on cherchera à écrire des verbes conjugués à l'imparfait avec le pronom « nous ».

Exemple de ce qui peut être noté au tableau

Tous les matins de l'année dernière, (nous)…

nous [écoutions] une chanson.

nous [apeliont] notre mère.

nous [apprenions] une nouvelle chose.

Corriger les erreurs de transcription phonétique et d'orthographe des verbes.
Inviter les élèves à débattre sur l'écriture des verbes au tableau.
Répéter le même déroulement avec le pronom personnel « vous » et le début de phrase « Tous les matins de l'année dernière, vous… ».

2. Rechercher des verbes conjugués à l'imparfait dans des ouvrages

Durée	10 minutes
Organisation	en groupes
Matériel	– un extrait sélectionné dans les ouvrages de la classe ou 6-4. Exemple de verbe conjugué – une feuille A4 pour l'exemple collectif – des notes repositionnables – des ouvrages de littérature de jeunesse

Proposer de reprendre la méthode habituelle pour mener l'enquête.
Définir une liste de critères de sélection des verbes :

- ils sont conjugués à l'imparfait ;
- il y a le pronom personnel « nous » ou « vous », ou un groupe nominal sujet pouvant être remplacé par « nous » ou « vous », avant.

Un exemple est réalisé en classe entière à l'aide de l'extrait des ressources numériques projeté.
Les élèves mènent l'enquête à l'aide des ouvrages proposés en coopérant. Deux possibilités s'offrent à vous. Pour la première, chaque groupe doit soit chercher le pronom « nous », soit le pronom « vous ». Pour la seconde, chaque groupe cherche les deux pronoms.

Avec les pronoms « nous » et « vous », il y a de fortes chances qu'il y ait des erreurs de confusion entre le présent et l'imparfait. On peut aider les élèves à faire le tri en oralisant les deux conjugaisons du verbe concerné. Par exemple, demander aux élèves laquelle des deux conjugaisons suivantes est au passé : « nous pensons » ou « nous pensions » ? Demander ensuite si c'est bien celle-ci qui est écrite (dans le livre jeunesse éventuel).

3. Collecter les terminaisons trouvées

Durée	10 minutes
Matériel	des bandes de papier

Sur les bandes de papier préparées en amont, écrire les verbes trouvés par les élèves et leur demander l'infinitif.

Exemple de ce qui peut être noté au tableau

NOUS	VOUS
nous saisissions (→ saisir)	vous montiez (→ monter)
nous portions (→ porter)	vous punissiez (→ punir)
nous remplissions (→ remplir)	vous sentiez (→ sentir)
nous rendions (→ rendre)	vous bondissiez (→ bondir)
nous continuions (→ continuer)	vous expliquiez (→ expliquer)

Classer, directement, les bandes correspondant au pronom « nous » et les bandes correspondant au pronom « vous ». Séparer le tableau en deux.

4. Déduire la règle

Durée	5 minutes
Matériel	– les ouvrages de littérature de jeunesse utilisés – les notes repositionnables des élèves – les bandes de papier utilisées

Rappeler le questionnement initial : bien orthographier la terminaison des verbes au présent avec « nous » et « vous ».

Proposer d'entourer les terminaisons des verbes trouvés (« -ions » et « -iez »).
Demander quelles sont les terminaisons possibles et les noter en haut du tableau, pour l'un et l'autre des pronoms personnels sujets : « -ions » et « -iez ». Faire remarquer que les lettres « -ons » et « -ez » sont les mêmes qu'au présent. La construction de la terminaison de l'imparfait pour ces deux pronoms est « i + ons » ou « i + ez ».

Remarque : Pourquoi trouve-t-on seulement la lettre « i » au lieu des lettres « ai » habituelles ? On ne saurait lire (ni écrire) « nous finissaions » ou « vous montaiez ». On n'a donc gardé que le « i » du digramme « ai ».

Au-dessus de chaque colonne, noter la terminaison correspondante.
En déduire oralement la règle suivante :

> À l'imparfait, les verbes conjugués avec « nous » s'écrivent avec la terminaison « -ions ».
> À l'imparfait, les verbes conjugués avec « vous » s'écrivent avec la terminaison « -iez ».

5. Réinvestissement

Durée	5 minutes
Organisation	en groupes puis collectivement
Matériel	– une ardoise par élève (ou un cahier d'essai) – la trace écrite collective affichée

Proposer de reprendre les verbes écrits au tableau au début de la séance et de les corriger en groupes.
Mettre en commun les corrections et les valider collectivement. Cette fois-ci, on s'intéressera davantage à la méthode mise en œuvre pour réussir à conjuguer :

> Je dois toujours faire attention à bien écrire ce que j'entends.
> Quand je conjugue un verbe à l'imparfait avec « nous », j'écris la terminaison « -ions » à la fin.
> Quand je conjugue un verbe à l'imparfait avec « vous », j'écris la terminaison « -iez » à la fin.

6. Bilan et trace écrite

Durée 5 minutes
Matériel
- la trace écrite collective affichée
- la trace écrite individuelle de chaque élève

Demander aux élèves de rappeler une nouvelle fois la règle en suivant la carte mentale collective au tableau.
Compléter la trace écrite collective.

Exemple de carte mentale :

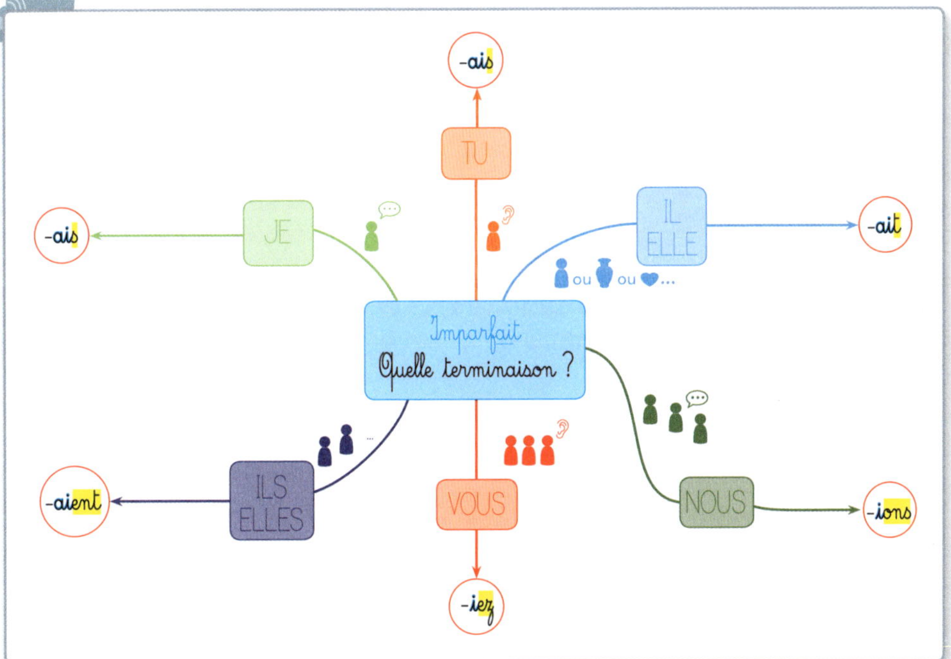

6-4. Carte mentale

Les élèves complètent leur carte mentale individuelle.

Séance 5 | S'entrainer à utiliser toutes les terminaisons de l'imparfait

SÉANCE BILAN

1. Rappel des séances précédentes

Durée	5 minutes
Matériel	la trace écrite collective affichée

Faire rappeler le travail mené lors des séances précédentes et ce qui a été appris, succinctement.

Préciser l'objectif de la séance : s'entrainer sur tout ce qui a été appris durant la séquence.

2. Entrainement sur ardoise

Durée	10 minutes
Matériel	– la trace écrite collective affichée – une ardoise par élève

Dicter les phrases suivantes :

« ***Je tenais*** *un ballon dans les mains.*

J'allais *à un cours d'escrime tous les jeudis.*

Tu te réjouissais *d'être en vacances.*

Elle vieillissait *de jour en jour.* (au singulier)

Il ajoutait *une banane dans son sac.*

Mon ami marchait *lentement.*

Le chien sautait *de joie.*

Ma sœur et moi quittions *la gare.*

Nous tournions *en rond.*

Vous viviez *dans une cabane.*

Tes amis et toi couriez *très vite.*

Vous démolissiez *un château de sable.*

Mon voisin regardait *par la fenêtre.*

Tous les participants étaient *récompensés.* »

3. Synthèse et trace écrite

Durée	15 minutes
Matériel	– le cahier de leçon – les supports de la leçon à manipuler 6-5. Support LAM

Demander aux élèves de faire le point sur tout ce qu'ils ont appris durant cette séquence.

Faire coller la trace écrite sous forme de leçon à manipuler. Elle servira de support pour la réalisation des exercices suivants.

4. Exercices d'entrainement

Durée	15 minutes
Matériel	– la trace écrite collective affichée – les fiches d'exercices bilan où les exercices ont déjà été ciblés individuellement 6-5. Exercices bilan niveau 1 et 6-5. Exercices bilan niveau 2, avec ou sans aide – la grille d'observation 6. Grille d'observation

Faire les exercices en suivant la démarche habituelle.

5. Bilan de la séquence

Durée	5 à 10 minutes
Matériel	aucun

Proposer à chaque élève de faire le point sur ses acquisitions.

Synthèse animée : pour compléter le bilan, il est possible de présenter à la classe le petit film d'animation « L'imparfait, un temps régulier » réalisé par Canopé (Les Fondamentaux) et disponible dans les ressources numériques.

© Canopé

6-5. Animation : L'imparfait, un temps régulier

Exercices bilan, niveaux 1 et 2

L'imparfait
Séance 5 – Exercices bilan – niveau 1

Prénom : ....
Date : ....

1 Conjugue les verbes entre parenthèses à l'imparfait.
★ **Ton but** : t'entraîner à conjuguer des verbes à l'imparfait avec « je », « il » ou « elle ».

a) Petit, je m' ______ (habiller) déjà tout seul. Je ______ (porter) souvent mon pull orange.

b) Je ______ (penser) que mon pantalon préféré m' ______ (aller) comme un gant.

c) La rayure sur le côté me ______ (donner) l'air d'un shérif américain.

d) Ma veste noire ______ (compléter) cette tenue.

e) J' ______ (imaginer) être le plus beau. Ma mère ______ (rire) en me regardant faire.

2 Conjugue les verbes entre parenthèses à l'imparfait.
★ **Ton but** : t'entraîner à conjuguer des verbes à l'imparfait avec « je », « tu », « il » ou « elle ».

a) Papy se ______ (reposer) toujours dans sa maison.

b) J' ______ (aller) souvent lui rendre visite. Je lui ______ (apporter) des gâteaux.

c) Tu m' ______ (accompagner). Tu ______ (adorer) Papy autant que moi.

d) Sa maison ______ (vieillir) en même temps que Papy mais elle ______ (sembler) chaleureuse.

e) Papy nous ______ (amuser) beaucoup avec ses blagues.

3 Conjugue les verbes entre parenthèses à l'imparfait.
★ **Ton but** : t'entraîner à conjuguer des verbes à l'imparfait avec « il », « elle », « ils » ou « elles ».

a) L'oisillon gris ______ (dormir) dans son nid. Sa mère ______ (chercher) de la nourriture.

b) Ses frères se ______ (coller) à lui pour se tenir chaud.

c) Réveillés, ils s' ______ (impatienter). Ils ______ (piailler).

d) L'oiselle ______ (apporter) des vers pour ses petits. Ils ______ (bondir) de joie.

e) L'oisillon gris ______ (déguster) aussi cette nourriture.

4 Conjugue les verbes entre parenthèses à l'imparfait.
★ **Ton but** : t'entraîner à conjuguer des verbes à l'imparfait avec « nous » et « vous ».

a) Lors de longs voyages en voiture, Inaya et moi ______ (demander) souvent quand Papa et toi ______ (penser) que nous arriverions.

b) Vous ______ (soupirer) la plupart du temps. Vous ______ (trouver) cela fatiguant.

c) Alors, nous ______ (jouer) aux devinettes.

d) Inaya et toi ______ (imaginer) des devinettes très difficiles.

e) Nous nous ______ (amuser) bien. Au bout d'un moment, nous ______ (dormir)

Réussir en conjugaison CE1-CE2 © Éditions Retz

L'imparfait
Séance 5 – Exercices bilan – niveau 2

Prénom : ....
Date : ....

1 Conjugue les verbes entre parenthèses à l'imparfait.
★ **Ton but** : t'entraîner à conjuguer des verbes à l'imparfait avec « je », « il » ou « elle ».

a) L'été dernier, je ______ (cueillir) des cerises. Je les ______ (déguster) avec ma meilleure amie.

b) Elle ______ (adorer) ces moments et moi aussi.

c) Chaque cerise ______ (être) un délice ! Le cerisier nous ______ (protéger) du soleil.

d) Je m' ______ (endormir) parfois dans l'herbe. Lisa ______ (rentrer) alors chez elle.

e) Tu ne me ______ (réveiller) pas avant le dîner. Tu me ______ (préparer) un bon repas.

2 Conjugue les verbes entre parenthèses à l'imparfait.
★ **Ton but** : t'entraîner à conjuguer des verbes à l'imparfait avec « je », « tu », « il » ou « elle ».

a) Je ______ (fêter) mon anniversaire le dernier dimanche de juin.

b) Tu ______ (venir) à chaque fois. Tu m' ______ (offrir) un super cadeau.

c) C'était comme si tu ______ (deviner) ce que je voulais !

d) Quand j' ______ (espérer) une petite voiture, tu m'en ______ (donner) une grande.

e) Le gâteau ______ (être) souvent au chocolat, parfois à la fraise.

f) La chantilly ______ (servir) pour la décoration. J'en ______ (raffoler) !

3 Conjugue les verbes entre parenthèses à l'imparfait.
★ **Ton but** : t'entraîner à conjuguer des verbes à l'imparfait avec « il », « elle », « ils » ou « elles ».

a) Aïssatou ______ (avoir) les cheveux longs. Ils ______ (briller) tant !

b) Ses yeux bleus ______ (regarder) le monde avec curiosité.

c) Elle ______ (porter) un bandeau. Ses vêtements ______ (sentir) bon la lessive.

d) Ses mains ______ (tenir) un cartable neuf. Toutes ses affaires s'y ______ (trouver).

e) Elle ______ (peiner) à le tenir correctement à cause de son poids.

f) Elle ______ (attendre) avec impatience l'arrivée de la maitresse pour ce jour de rentrée.

4 Conjugue les verbes entre parenthèses à l'imparfait.
★ **Ton but** : t'entraîner à conjuguer des verbes à l'imparfait avec « nous » et « vous ».

a) Au spectacle de fin d'année, nous ______ (être) très bien habillés.

b) Les garçons et toi ______ (porter) une cravate. Les filles et moi ______ (avoir) une robe.

c) Nous ______ (danser) tous ensemble. Parfois, nous ______ (changer) de partenaire.

d) Tes amis et toi ______ (préférez) le hip hop. Vous ______ (divertir) le public.

e) Toi et moi ______ (former) un bon duo. Nous ______ (réaliser) des enchainements difficiles.

Réussir en conjugaison CE1-CE2 © Éditions Retz

Le futur (CE1 et CE2)

1. Prérequis

– Savoir reconnaitre un verbe conjugué et son sujet.
– Savoir trouver l'infinitif d'un verbe conjugué.
– Connaitre les pronoms personnels sujets et savoir pronominaliser un groupe nominal sujet.

2. Objectifs

– Découvrir la conjugaison des verbes au futur.
– Découvrir la construction et les terminaisons du futur.

3. Structure de la séquence

– Nombre de séances : 5.
– Durée des séances : 45 à 50 minutes.

4. Déroulement des séances

1. Découvrir les terminaisons du futur avec « je » et « tu ».
2. Découvrir les terminaisons du futur avec « il » ou « elle » et « ils » ou « elles ».
3. S'entrainer à utiliser les terminaisons du futur avec « je », « tu », « il » ou « elle » et « ils » ou « elles ».
4. Découvrir les terminaisons du futur avec « nous » et « vous ».
5. S'entrainer à utiliser toutes les terminaisons du futur.

À savoir

Le futur se construit comme l'imparfait : au radical, on ajoute une terminaison constituée de deux morphèmes flexionnels. Le premier, « -er- » pour les verbes du premier groupe ou « -r- » pour les autres, indique le temps et le second indique la personne. Au singulier, de nouveaux marqueurs apparaissent : « -ai » pour « je » (que les élèves retrouveront en cycle 3 au passé simple), « -as » pour « tu » et « -a » pour « il ». Au pluriel, les lettres « -nt » deviennent « -ont ». Les élèves retrouveront ces marqueurs dans la conjugaison du verbe « avoir » au présent, mais en CE1, dans cette séquence, ils les découvrent tout juste.

On n'institutionnalisera pas la méthode parfois utilisée qui consiste à dire qu'il faut prendre l'infinitif pour y ajouter la terminaison. Cela reviendrait à dire que le fonctionnement de la conjugaison change complètement d'un temps à un autre.

Séance 1 | Découvrir les terminaisons du futur avec « je » et « tu »

SÉANCE DE DÉCOUVERTE

1. Compléter une phrase avec un indicateur du futur

Durée	15 minutes
Matériel	une ardoise par élève (ou un cahier d'essai)

Expliquer la situation qui va suivre (voir modalités p.166).

Interroger quelques élèves.
Lorsque les élèves semblent avoir compris, leur demander de passer à l'écrit avec le début de phrase suivant :

L'année prochaine, je…

Lister quelques propositions au tableau. Pour chaque proposition :

- demander à l'élève interrogé d'identifier le verbe conjugué, l'écrire tel que l'élève l'aura noté et l'encadrer en rouge ;
- corriger le reste directement en précisant qu'il s'agit, pour cette séance, de se concentrer sur le verbe ;
- demander à chaque élève quel est le temps de sa phrase (le futur). Il n'est pas utile de l'écrire au tableau.

Faire remarquer que tous les verbes sont au futur et en chercher la raison. L'expression « l'année prochaine » implique le futur. Le futur est un temps permettant de parler de ce qui ne s'est pas encore passé. En déduire qu'aujourd'hui, on cherchera à écrire des verbes conjugués au futur avec le pronom « je ».

Exemple de ce qui peut être noté au tableau

L'année prochaine, (je)...

je trouveré un nouveau sport.

je regarderais moins la télé.

je vivrés dans une maison.

Corriger les erreurs de transcription phonétique et d'orthographe des verbes. Ne pas corriger les erreurs liées à la construction du futur (« -er- » ou « -r- » + marque de la personne).

Inviter les élèves à débattre sur l'écriture de certains verbes au tableau.

Répéter le même déroulement avec le pronom personnel « tu » et le début de phrase « L'année prochaine, tu... ».

2. Rechercher des verbes conjugués au futur dans des ouvrages

Durée	10 minutes
Organisation	en groupes
Matériel	– un extrait sélectionné dans les ouvrages de la classe ou 7-1. Exemple de verbe conjugué – une feuille A4 pour l'exemple collectif – des notes repositionnables – des ouvrages de littérature de jeunesse

Proposer de mener l'enquête selon les modalités décrites en introduction.

Définir une liste de critères de sélection des verbes :

- ils sont conjugués au futur ;
- il y a le pronom personnel « je » ou « tu », avant.

Un exemple est réalisé en classe entière à l'aide d'un extrait.

Les élèves mènent l'enquête à l'aide des ouvrages proposés en coopérant. Deux possibilités s'offrent à vous. Pour la première, chaque groupe doit soit chercher le pronom « je », soit le pronom « tu ». Pour la seconde, chaque groupe cherche les deux pronoms.

3. Collecter les terminaisons trouvées

Durée 10 minutes
Matériel des bandes de papier

Sur le tableau, afficher une dizaine de bandes de papier préparées en amont. Y écrire les ensembles « sujets + verbes » trouvés par les élèves ainsi que l'infinitif des verbes sélectionnés.

Exemple de ce qui peut être noté au tableau

JE		TU	
je porterai	(→ porter)	tu commenceras	(→ commencer)
je chercherai	(→ chercher)	tu vivras	(→ vivre)
j'apprendrai	(→ apprendre)	tu grandiras	(→ grandir)
je finirai	(→ finir)	tu serviras	(→ servir)
j'agirai	(→ agir)	tu deviendras	(→ devenir)

Classer, directement, les bandes correspondant au pronom « je » et les bandes correspondant au pronom « tu ». Séparer le tableau en deux.

4. Déduire la règle

Durée 10 minutes
Matériel
- les ouvrages de littérature de jeunesse utilisés
- les notes repositionnables des élèves
- les bandes de papier utilisées

Rappeler le questionnement initial. Commencer avec le pronom personnel « je ». Proposer d'observer la terminaison de tous ces verbes conjugués : quelles sont les lettres communes ? Noter en haut du tableau : « -rai ».

Procéder de même avec le pronom personnel « tu ».

Lire tous les verbes notés en insistant sur le son [r] qui précède la terminaison. Mener les élèves à remarquer qu'il y a toujours « -er- » ou « -r- » avant la marque du sujet. C'est la marque du futur : elle fait partie de la terminaison. La terminaison est donc « « -erai » ou « -rai ».

Inciter à réfléchir sur le choix du « -r- » ou du « -er- ». Pour le cas de la lettre « -r- », toutes les lettres s'entendent, on parle de « r sonore ». Pour les lettres « -er- », les élèves auront plus de mal à identifier ce qui justifie le choix de ces lettres puisque la lettre « e » est parfois muette. Faire noter les infinitifs des verbes concernés et faire remarquer qu'il s'agit de verbes du premier groupe.

Remarque : Les élèves feront sans doute remarquer qu'il suffit de garder l'infinitif, de retirer le « -e » final s'il y en a, et de mettre la terminaison « -ai » ou « -as ». D'un point de vue pratique, cette méthode peut fonctionner. Cela étant, il est important de rappeler aux élèves qu'au futur, comme à l'imparfait, la terminaison se constitue d'une partie qui est en lien avec le temps (« -er » ou « -r- ») et d'une autre qui est en lien avec le sujet (ici « -ai » ou « -as »).

En déduire oralement la règle suivante :

> Au futur, les verbes conjugués avec « je » s'écrivent avec la terminaison « -erai » pour les verbes du premier groupe ou « -rai » pour tous les autres verbes.
> Au futur, les verbes conjugués avec « tu » s'écrivent avec la terminaison « -eras » pour les verbes du premier groupe ou « -ras » pour tous les autres verbes.

Remarque : De nombreux verbes irréguliers changent de radical au futur. « Être » a pour radical « ser- », « venir » a pour radical « viendr- », etc. Rappeler encore une fois l'importance capitale de dire le verbe et de noter ce qu'on entend. Certains verbes irréguliers seront abordés durant la troisième phase de la méthode.

Au-dessus de chaque colonne, noter la terminaison correspondante.

5. Réinvestissement

Durée	5 minutes
Organisation	en groupes puis collectivement
Matériel	– une ardoise par élève (ou un cahier d'essai) – une affiche vierge

Proposer de reprendre les verbes écrits au tableau au début de la séance et de les corriger en groupes.

Mettre en commun les corrections et les valider collectivement. Cette fois-ci, on s'intéressera davantage à la méthode mise en œuvre pour réussir à conjuguer :

> Pour conjuguer au futur, j'écris le radical et j'ajoute la terminaison du futur.
> Pour construire la terminaison du futur, j'écris les lettres « -er- » pour les verbes du premier groupe ou « -r- » pour tous les autres verbes, puis j'ajoute la marque du sujet :
> - si le sujet est « je », j'écris les lettres « -ai » ;
> - si le sujet est « tu », j'écris les lettres « -as ».

Tracer une carte mentale au tableau ou sur du papier affiche, aidant la formulation de cette méthode.

Exemple de carte mentale :

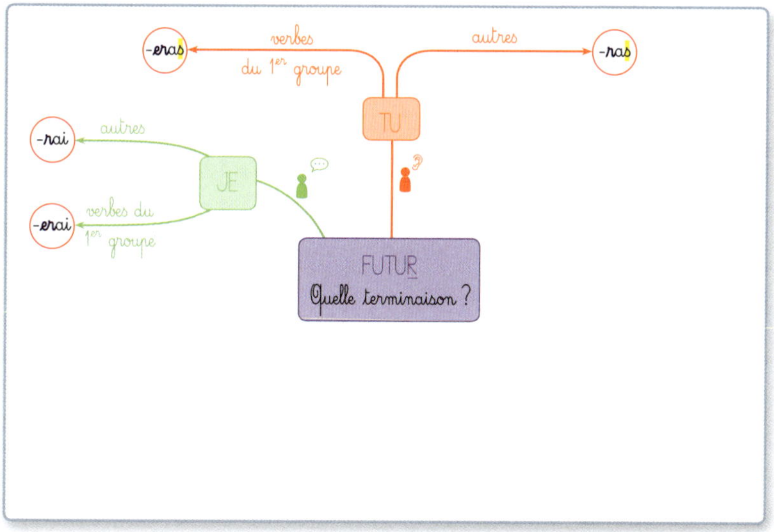

Conserver cette carte mentale en tant que trace écrite collective.

Séance 2 | Découvrir les terminaisons du futur avec « il » ou « elle » et « ils » ou « elles »

SÉANCE DE DÉCOUVERTE

1. Compléter une phrase avec un indicateur du futur

Durée	15 minutes
Matériel	une ardoise par élève (ou un cahier d'essai)

Annoncer l'objectif de la séance : découvrir la conjugaison des verbes au futur avec de nouveaux pronoms personnels sujets : « il » ou « elle » et « ils » ou « elles ». Rappeler que la conjugaison sera la même pour « il » et « elle » d'une part, et « ils » et « elles » d'autre part.

Rappeler la démarche et la consigne de la première séance.

Après avoir vérifié la bonne compréhension de la consigne, passer à l'écrit avec le début de phrase suivant :

L'année prochaine, il...

Lister quelques propositions au tableau.

Faire rappeler que tous les verbes sont au futur à cause de l'expression « l'année prochaine ». Rappeler que, cette fois-ci, on cherchera d'abord à écrire des verbes conjugués avec le pronom « il » (ou « elle ») au futur.

Exemple de ce qui peut être noté au tableau

L'année prochaine, (il)...

il [arivera] à l'heure.

il [serat] en CM1.

il [resteras] dans cette école.

Corriger les erreurs de transcription phonétique et d'orthographe des verbes.

Inviter les élèves à débattre sur l'écriture des verbes au tableau.

Répéter le même déroulement avec le pronom personnel « ils » et le début de phrase « L'année prochaine, ils... ».

2. Rechercher des verbes conjugués au futur dans des ouvrages

Durée	10 minutes
Organisation	en groupes
Matériel	– un extrait sélectionné dans les ouvrages de la classe ou 7-2. Exemple de verbe conjugué – une feuille A4 pour l'exemple collectif – des notes repositionnables – des ouvrages de littérature de jeunesse

Proposer de mener l'enquête selon les modalités décrites en introduction. Définir les critères de sélection des verbes.

Un exemple est réalisé en classe entière à l'aide de l'extrait des ressources numériques projeté.

Les élèves mènent l'enquête à l'aide des ouvrages proposés en coopérant.

3. Collecter les terminaisons trouvées

Durée	10 minutes
Matériel	des bandes de papier

Sur les bandes de papier préparées en amont, écrire les verbes trouvés par les élèves et leur demander l'infinitif.

Exemple de ce qui peut être noté au tableau

IL ou ELLE	ILS ou ELLES
il recevra (→ recevoir)	ils rempliront (→ remplir)
elle perdra (→ perdre)	elles sembleront (→ sembler)
elle punira (→ punir)	elles ouvriront (→ ouvrir)
il gardera (→ garder)	ils comprendront (→ comprendre)
elle voudra (→ vouloir)	ils resteront (→ rester)

Classer, directement, les bandes correspondant au pronom « il » ou « elle » et les bandes correspondant au pronom « ils » ou « elles ». Séparer le tableau en deux.

4. Déduire la règle

Durée	5 minutes
Matériel	– les ouvrages de littérature de jeunesse utilisés – les notes repositionnables des élèves – les bandes de papier utilisées

Rappeler le questionnement initial.

Proposer d'entourer les terminaisons des verbes trouvés.

Demander quelles sont les terminaisons possibles et les noter en haut du tableau, pour l'un et l'autre des pronoms personnels sujets : « -era » ou « -ra » et « -eront » ou « -ront ». Faire remarquer que les lettres « -nt » de la terminaison « -ront » sont les mêmes qu'au présent : c'est la marque de la troisième personne du pluriel.

Si nécessaire, lire tous les verbes notés en insistant sur le son [r] qui fait partie de la terminaison. Mener les élèves à remarquer qu'il y a toujours « -er- » ou « -r- » : c'est le marqueur du futur. Rappeler la construction du futur.

En déduire oralement la règle suivante :

> Au futur, les verbes conjugués avec « il » ou « elle » s'écrivent avec la terminaison « -era » pour les verbes du premier groupe ou « -ra » pour tous les autres verbes.
> Au futur, les verbes conjugués avec « ils » ou « elles » s'écrivent avec la terminaison « -eront » pour les verbes du premier groupe ou « -ront » pour tous les autres verbes.

Au-dessus de chaque colonne, noter la terminaison correspondante.

5. Réinvestissement

Durée	5 minutes
Organisation	en groupes puis collectivement
Matériel	– une ardoise par élève (ou un cahier d'essai) – la trace écrite collective affichée

Proposer de reprendre les verbes écrits au tableau au début de la séance et de les corriger en groupes.

Mettre en commun les corrections et les valider collectivement. Cette fois-ci, on s'intéressera davantage à la méthode mise en œuvre pour réussir à conjuguer :

Pour conjuguer au futur, j'écris le radical et j'ajoute la terminaison du futur.
Pour construire la terminaison du futur, j'écris les lettres « -er- » pour les verbes du premier groupe ou « -r- » pour tous les autres verbes, puis j'ajoute la marque du sujet :
- si le sujet est « il » ou « elle », j'écris la lettre « -a » ;
- si le sujet est « ils » ou « elles », j'écris les lettres « -ont ».

Tracer une carte mentale au tableau ou sur du papier affiche, aidant la formulation de cette méthode.

Exemple de carte mentale :

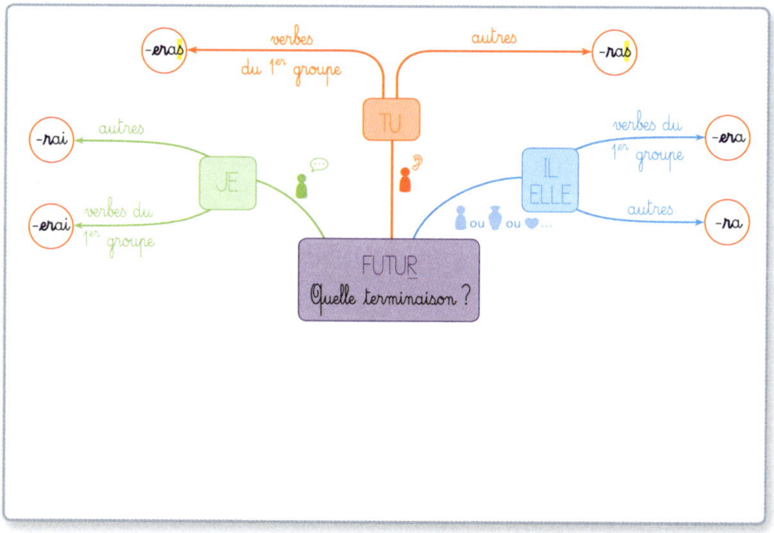

Conserver cette carte mentale en tant que trace écrite collective.

Séance 3 | S'entrainer à utiliser les terminaisons du futur avec « je », « tu », « il » ou « elle » et « ils » ou « elles »

SÉANCE D'ENTRAINEMENT

1. Rappel des séances précédentes

Durée	5 minutes
Matériel	la trace écrite collective affichée

Faire rappeler ce qui a été fait durant les deux séances précédentes et l'objet des recherches.

À l'aide de la trace écrite collective, faire rappeler les règles découvertes précédemment :

> Au futur, les verbes conjugués avec « je » s'écrivent avec la terminaison « -erai » pour les verbes du premier groupe ou « -rai » pour tous les autres verbes.
> Au futur, les verbes conjugués avec « tu » s'écrivent avec la terminaison « -eras » pour les verbes du premier groupe ou « -ras » pour tous les autres verbes.
> Au futur, les verbes conjugués avec « il » ou « elle » s'écrivent avec la terminaison « -era » pour les verbes du premier groupe ou « -ra » pour tous les autres verbes.
> Au futur, les verbes conjugués avec « ils » ou « elles » s'écrivent avec la terminaison « -eront » pour les verbes du premier groupe ou « -ront » pour tous les autres verbes.

Rappeler la construction de la terminaison du futur (« -er- » ou « -r- » + marque de la personne).

Après avoir fait le point sur les découvertes des séances précédentes, préciser que l'on va les mettre en pratique dans un exercice écrit, dans le but de s'entrainer.

2. Entrainement sur ardoise

Durée	10 minutes
Matériel	– la trace écrite collective affichée – une ardoise par élève

Dicter chacune des phrases suivantes :

« ***Je bondirai*** *de ma chaise.*

Elle entendra *ta chanson.*

Ils répondront *à mes questions.*

Tu réfléchiras *à une histoire.*

Je chercherai *de meilleurs livres.*

Tu marcheras *dans la rue.*

Elle tournera *en rond.*

Il agrandira *son dessin.*

Ils blanchiront *ce mur.*

Elles bondiront *hors de leur cachette.*

Le fruit pourrira.

Je partirai *en vacances cet été.*

Tu offriras *une rose à ta grand-mère.* »

Proposer de reformuler la règle au complet, en essayant, cette fois, d'insister sur la méthode que l'on suit quand on conjugue :

> Pour conjuguer au futur, j'écris le radical et j'ajoute la terminaison du futur.
> Pour construire la terminaison du futur, j'écris les lettres « -er- » pour les verbes du premier groupe ou « -r- » pour tous les autres verbes, puis j'ajoute la marque du sujet :
> - si le sujet est « je », j'écris les lettres « -ai » ;
> - si le sujet est « tu », j'écris les lettres « -as » ;
> - si le sujet est « il » (ou « elle »), j'écris la lettre « -a » ;
> - si le sujet est « ils » (ou « elles »), j'écris les lettres « -ont ».

Laisser les cartes mentales visibles pour l'exercice.

3. Exercice d'entrainement

Durée 20 minutes

Matériel
- la trace écrite collective affichée
- les fiches de l'exercice individuel (ou l'exercice projeté au tableau) 7-3. Exercice individuel niveau 1 et 7-3. Exercice individuel niveau 2, avec ou sans aide
- la grille d'observation 7. Grille d'observation

Faire les exercices en suivant la démarche habituelle.

4. Bilan et trace écrite

Durée	10 minutes
Matériel	– la trace écrite collective affichée – une feuille blanche A4 pour chaque élève ou le cahier de leçon

Demander aux élèves de rappeler une nouvelle fois la règle en suivant la carte mentale collective au tableau.

Les élèves recopient ensuite cette carte mentale sur la page dédiée, en prenant soin de laisser de la place. Cette trace écrite leur servira de leçon lors des prochains exercices.

Exemple de carte mentale :

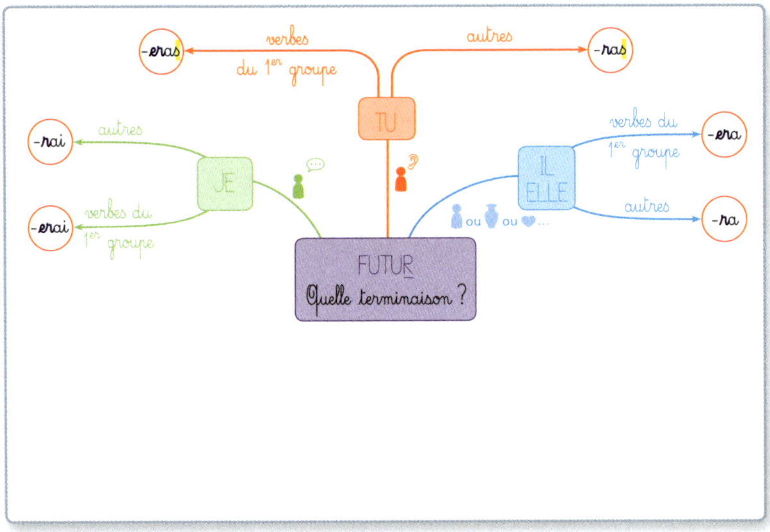

Séance 4 | Découvrir les terminaisons du futur avec « nous » et « vous »

SÉANCE DE DÉCOUVERTE

1. Compléter une phrase avec un indicateur du futur

Durée	15 minutes
Matériel	une ardoise par élève (ou un cahier d'essai)

Annoncer l'objectif de la séance : découvrir la conjugaison des verbes au futur avec deux nouveaux pronoms personnels sujets : « nous » et « vous ».

Rappeler la démarche et la consigne habituelles.

Après avoir vérifié la bonne compréhension de la consigne, passer à l'écrit avec le début de phrase suivant :

L'année prochaine, nous…

Les élèves écrivent la fin de la phrase uniquement, sur leur ardoise ou dans leur cahier d'essai.

Lister quelques propositions au tableau.

Rappeler que cette fois-ci, on cherchera à écrire des verbes conjugués au futur avec les pronoms « nous » et « vous ».

Exemple de ce qui peut être noté au tableau

L'année prochaine, (nous)…

nous écouterons le maitre.

nous crirons.

nous fairons un nouveau spectacle.

Corriger les erreurs de transcription phonétique et d'orthographe des verbes.

Inviter les élèves à débattre sur l'écriture des verbes au tableau.

Répéter le même déroulement avec le pronom personnel « vous » et le début de phrase « L'année prochaine, vous… ».

2. Rechercher des verbes conjugués au futur dans des ouvrages

Durée	10 minutes
Organisation	en groupes
Matériel	– un extrait sélectionné dans les ouvrages de la classe ou 7-4. Exemple de verbe conjugué – une feuille A4 pour l'exemple collectif – des notes repositionnables – des ouvrages de littérature de jeunesse

Proposer de reprendre la méthode habituelle pour mener l'enquête. Définir les critères de sélection des verbes.
Un exemple est réalisé en classe entière à l'aide de l'extrait des ressources numériques projeté.
Les élèves mènent l'enquête à l'aide des ouvrages proposés en coopérant.

3. Collecter les terminaisons trouvées

Durée	10 minutes
Matériel	des bandes de papier

Sur les bandes de papier préparées en amont, écrire les verbes trouvés par les élèves et leur demander l'infinitif.

Exemple de ce qui peut être noté au tableau

NOUS	VOUS
nous manquerons (→ manquer)	vous suivrez (→ suivre)
nous retrouverons (→ retrouver)	vous choisirez (→ choisir)
nous songerons (→ songer)	vous demanderez (→ demander)
nous adoucirons (→ adoucir)	vous passerez (→ passer)
nous reprendrons (→ reprendre)	vous fournirez (→ fournir)

Classer, directement, les bandes correspondant au pronom « nous » et les bandes correspondant au pronom « vous ». Séparer le tableau en deux.

4. Déduire la règle

Durée	5 minutes
Matériel	– les ouvrages de littérature de jeunesse utilisés – les notes repositionnables des élèves – les bandes de papier utilisées

Rappeler le questionnement initial.
Proposer d'entourer les terminaisons des verbes trouvés.
Demander quelles sont les terminaisons possibles et les noter en haut du tableau, pour l'un et l'autre des pronoms personnels sujets : « -erons » ou « -rons » et « -erez » ou « -rez ». Faire remarquer que ce sont les mêmes marqueurs de personne qu'au présent et à l'imparfait.
Si nécessaire, lire tous les verbes notés en insistant sur le son [r] qui fait partie de la terminaison. Mener les élèves à remarquer qu'il y a toujours « -er- » ou « -r- » : c'est le marqueur du futur. Rappeler la construction du futur.
En déduire oralement la règle suivante :

> Au futur, les verbes conjugués avec « nous » s'écrivent avec la terminaison « -erons » pour les verbes du premier groupe ou « -rons » pour tous les autres verbes.
> Au futur, les verbes conjugués avec « vous » s'écrivent avec la terminaison « -erez » pour les verbes du premier groupe ou « -rez » pour tous les autres verbes.

Au-dessus de chaque colonne, noter la terminaison correspondante.

5. Réinvestissement

Durée	5 minutes
Organisation	en groupes puis collectivement
Matériel	– une ardoise par élève (ou un cahier d'essai) – la trace écrite collective affichée

Proposer de reprendre les verbes écrits au tableau au début de la séance et de les corriger en groupes.
Mettre en commun les corrections et les valider collectivement.

6. Bilan et trace écrite

Durée 5 minutes

Matériel
– la trace écrite collective affichée
– la trace écrite individuelle de chaque élève

Demander aux élèves de rappeler une nouvelle fois la règle en suivant la carte mentale collective au tableau.
Compléter la trace écrite collective.

Exemple de carte mentale :

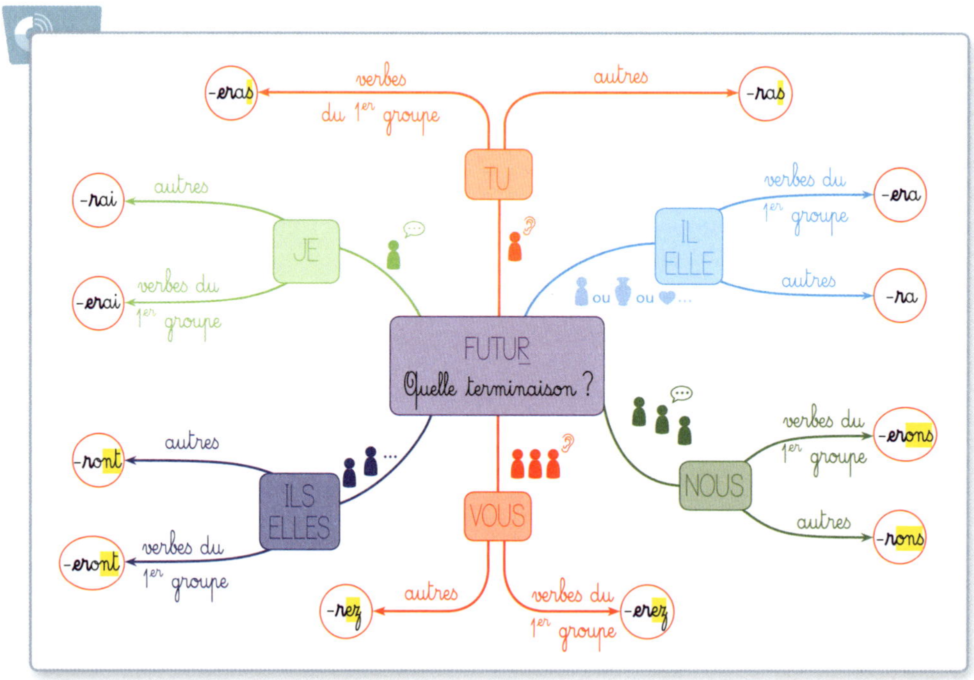

7-4. Carte mentale

Les élèves complètent leur carte mentale individuelle.

Séance 5 | S'entrainer à utiliser toutes les terminaisons du futur

SÉANCE BILAN

1. Rappel des séances précédentes

Durée	5 minutes
Matériel	la trace écrite collective affichée

Faire rappeler le travail mené lors des séances précédentes et ce qui a été appris, succinctement.
Préciser l'objectif de la séance : s'entrainer sur tout ce qui a été appris durant la séquence.

2. Entrainement sur ardoise

Durée	10 minutes
Matériel	– la trace écrite collective affichée – une ardoise par élève

Dicter les phrases suivantes.

*« **Je choisirai** un jeu.*

***Je saluerai** ton frère à l'école.*

***Tu retiendras** ta poésie.*

***Elle écrira** une carte postale pendant les vacances.*

***Il mangera** au restaurant.*

***Ma sœur écoutera** de la musique.*

***Le chat jouera** avec ce bouchon.*

***Ma famille et moi irons** à Lyon.*

***Nous reconnaitrons** certains monuments.*

***Vous servirez** des petits gâteaux pour le gouter.*

***Tes camarades et toi jouerez** dans la cour.*

***Vous présenterez** votre nouvel ami ce jour-là.*

***L'oisillon volera** dans le ciel.*

***Les élèves parleront**. »*

3. Synthèse et trace écrite

Durée 15 minutes
Matériel
– le cahier de leçon
– les supports de la leçon à manipuler 7-5. Support LAM

Demander aux élèves de faire le point sur tout ce qu'ils ont appris durant cette séquence.
Faire coller la trace écrite sous forme de leçon à manipuler. Elle servira de support pour la réalisation des exercices suivants.

4. Exercices d'entrainement

Durée 15 minutes
Matériel
– la trace écrite collective affichée
– les fiches d'exercices bilan où les exercices ont déjà été ciblés individuellement 7-5. Exercices bilan niveau 1 et 7-5. Exercices bilan niveau 2, avec ou sans aide
– la grille d'observation 7. Grille d'observation

Faire les exercices en suivant la démarche habituelle.

5. Bilan de la séquence

Durée 5 à 10 minutes
Matériel aucun

Proposer à chaque élève de faire le point sur ses acquisitions.

Synthèse animée : pour compléter le bilan, il est possible de présenter à la classe le petit film d'animation « Le futur » réalisé par Canopé (Les Fondamentaux) et disponible dans les ressources numériques.

© Canopé
7-5. Animation : Le futur

Exercices bilan, niveaux 1 et 2

7 Le futur
Séance 5 – Exercices bilan – niveau 1

Prénom : ....
Date : ....

1 Conjugue les verbes entre parenthèses au futur.

★ **Ton but** : t'entraîner à conjuguer des verbes au futur avec « tu », « il » ou « elle ».

a) Cet été, tu te ___ (promener) à la plage et tu ___ (sentir) l'odeur de la mer.

b) Tu t'___ (allonger) dans le sable et tu te ___ (reposer).

c) Ensuite, tu ___ (profiter) de cet espace pour construire un gigantesque château de sable.

d) Le donjon se ___ (trouver) au milieu de grandes murailles et de nombreuses tours.

e) Ce château sera si grand qu'il se ___ (remarquer) de très loin !

2 Conjugue les verbes entre parenthèses au futur.

★ **Ton but** : t'entraîner à conjuguer des verbes au futur avec « je », « tu », « il » ou « elle », « ils » ou « elles ».

a) Tout à l'heure, je ___ (dessiner) un arbre.

b) Son énorme tronc ___ (porter) de nombreuses branches.

c) Ses branches s'___ (éparpiller) dans tous les sens et ___ (grandir) jusqu'au ciel.

d) Ses nombreuses feuilles ___ (briller) sous les rayons du soleil.

e) Tu me ___ (dire) ce que tu en ___ (penser) ?

3 Conjugue les verbes entre parenthèses au futur.

★ **Ton but** : t'entraîner à conjuguer des verbes au futur avec « il », « elle », « ils » ou « elles ».

a) Ma mère me ___ (serrer) dans ses bras quand elle ___ (découvrir) mon dossier scolaire.

b) Elle ___ (appeler) mon père pour qu'il voie ça !

c) Ils me ___ (féliciter) puis Papa ___ (verser) sans doute une larme.

d) Ma mère lui ___ (dire) qu'il est trop émotif et lui ___ (tapoter) le dos.

4 Conjugue les verbes entre parenthèses au futur.

★ **Ton but** : t'entraîner à conjuguer des verbes au futur avec « nous » et « vous ».

a) Tout à l'heure, Timmy et moi ___ (jouer) dehors.

b) Avec nos rollers, nous ___ (rouler) jusqu'à l'école pour vous retrouver.

c) Jalil, Ava et toi vous ___ (amuser) déjà sur place.

d) Vous ___ (construire) un parcours.

e) Jalil et toi vous ___ (placer) à l'arrivée et vous ___ (applaudir) le gagnant.

f) Timmy et moi nous ___ (serrer) la main pour nous féliciter mutuellement.

Réussir en conjugaison CE1-CE2 © Éditions Retz

7 Le futur
Séance 5 – Exercices bilan – niveau 2

Prénom : ....
Date : ....

1 Conjugue les verbes entre parenthèses au futur.

★ **Ton but** : t'entraîner à conjuguer des verbes au futur avec « tu », « il » ou « elle ».

a) Demain, l'orage ___ (gronder). La foudre s'___ (abattre) loin d'ici.

b) Toi, tu te ___ (cacher) et tu ___ (pleurer) parce que tu as peur de l'orage.

c) Mais ne t'inquiète pas, un jour tu ___ (grandir) et tu ne ___ (trembler) plus quand tu ___ (entendre) l'orage.

d) Tu ___ (écouter) la pluie tomber. Sa douce musique t'___ (apaiser).

2 Conjugue les verbes entre parenthèses au futur.

★ **Ton but** : t'entraîner à conjuguer des verbes au futur avec « je », « tu », « il » ou « elle ».

a) Bientôt, une petite sœur ___ (agrandir) la famille.

b) Je m'en ___ (occuper) et je ___ (veiller) sur elle. Je lui ___ (apprendre) à parler.

c) Tu m'___ (aider) car toi aussi, tu ___ (jouer) le rôle du grand frère.

d) Papa ___ (changer) ses couches et je la ___ (nourrir).

e) Plus tard, je lui ___ (donner) son bain.

3 Conjugue les verbes entre parenthèses au futur.

★ **Ton but** : t'entraîner à conjuguer des verbes au futur avec « il », « elle », « ils » ou « elles ».

a) Demain, journée d'exercice : les pompiers ___ (sortir) leurs camions.

b) Ils les ___ (essayer) un à un et ils ___ (vérifier) que tout fonctionne.

c) La grande échelle ___ (servir) peut-être. Les alarmes ___ (retentir).

d) Mon père s'___ (entraîner) dans son uniforme. Il ne se ___ (reposer) que le soir.

e) Ils se ___ (réjouir) car tout ___ (fonctionner) normalement.

4 Conjugue les verbes entre parenthèses au futur.

★ **Ton but** : t'entraîner à conjuguer des verbes au futur avec « nous » et « vous ».

a) En récréation, Agathe et moi ___ (jouer) aux billes.

b) Nous ___ (échanger) certaines d'entre elles puis nous ___ (débuter) la partie.

c) Nous ___ (gagner) de nouvelles billes et nous en ___ (perdre) toutes les deux.

d) Emma, Arthur et toi ___ (rejoindre) la partie quand vous ___ (sortir) en récréation.

e) Nous ___ (profiter) de vos conseils. Puis, Agathe et moi ___ (retourner) en classe.

Réussir en conjugaison CE1-CE2 © Éditions Retz

Le passé composé (CE2)

1. Prérequis

– Savoir reconnaitre un verbe conjugué et son sujet.

– Savoir trouver l'infinitif d'un verbe conjugué en changeant le temps de la phrase.

– Connaitre les pronoms personnels sujets et savoir pronominaliser un groupe nominal sujet.

– Savoir conjuguer les verbes « être » et « avoir » au présent de l'indicatif.

2. Objectifs

– Découvrir la conjugaison des verbes du premier groupe et des verbes « faire », « aller », « dire », « venir », « pouvoir », « voir », « vouloir », « prendre » au passé composé.

– Découvrir la construction du passé composé.

3. Structure de la séquence

– Nombre de séances : 5.

– Durée des séances : 45 à 50 minutes.

4. Déroulement des séances

1. Découvrir le fonctionnement du passé composé avec les pronoms « je » et « tu ».
2. Découvrir le fonctionnement du passé composé avec les pronoms « il » ou « elle » et « ils » ou « elles ».
3. S'entrainer à utiliser le passé composé avec les pronoms « je », « tu », « il » ou « elle » et « ils » ou « elles ».
4. Découvrir le fonctionnement du passé composé avec les pronoms « nous » et « vous ».
5. S'entrainer à utiliser le passé composé avec tous les pronoms personnels sujets.

À savoir

Le passé composé se construit avec l'auxiliaire « avoir », le plus souvent, ou l'auxiliaire « être », au présent, auquel on ajoute le participe passé du verbe conjugué. Au cycle 2, on centre l'attention de l'élève sur l'auxiliaire « avoir ». De même, on se focalisera, dans cette séquence, sur les participes passés réguliers : ceux qui se terminent avec les lettres « -é » (verbes du premier groupe), « -i » ou « -u » (y compris les verbes dits « irréguliers » du programme comme « vouloir » ou « pouvoir »). On permet ainsi de construire les bases du passé composé de manière solide tout en couvrant quatre-vingt-huit des cent verbes les plus fréquents en langue française[1]. Le travail mené avec les verbes irréguliers des programmes permettra d'acquérir 98 % de ces verbes d'ici la fin de l'année.

Séance 1 | Découvrir le fonctionnement du passé composé avec les pronoms « je » et « tu »

SÉANCE DE DÉCOUVERTE

1. Compléter une phrase avec un indicateur du passé

Durée	15 minutes
Matériel	une ardoise par élève (ou un cahier d'essai)

Expliquer la situation qui va suivre (voir modalités p.166).

Interroger quelques élèves.

Remarque : La plupart des verbes se conjuguent avec l'auxiliaire « avoir » au passé composé. Or, on aurait bien du mal à dire « j'... » et à se faire comprendre. Dire « j'ai » va induire le passé composé plus facilement. Cela ne veut pas dire que les élèves sauront identifier le pronom personnel « je » et l'auxiliaire « avoir ».

1. Éduscol, *Liste de fréquence lexicale* : https://eduscol.education.fr/cid50486/liste-frequence-lexicale.html (consulté le 04/01/2020).

Lorsque les élèves semblent avoir compris, leur demander de passer à l'écrit avec le début de phrase suivant :

La semaine dernière, j'ai…

Lister quelques propositions au tableau. Écarter les propositions irrégulières, dont le participe passé se termine par « -t » ou « -s ». Expliquer qu'il s'agit de cas exceptionnels et qu'ils risquent de créer de la confusion pour le moment.

Pour chaque proposition :

- demander à l'élève interrogé d'identifier le verbe conjugué, l'écrire tel que l'élève l'aura noté et l'encadrer en rouge ;
- corriger le reste directement en précisant qu'il s'agit, pour cette séance, de se concentrer sur le verbe ;
- demander à chaque élève quel est le temps de sa phrase (le passé, voire le passé composé, si les élèves reconnaissent ce temps, en CE2). Il n'est pas utile de l'écrire au tableau.

Faire remarquer que tous les verbes sont au passé et en chercher la raison. L'expression « la semaine dernière » implique le passé. S'il est reconnu, utiliser le mot « passé composé ». Sinon, changer le temps de la phrase pour identifier le verbe conjugué et remarquer qu'il est composé de deux mots : c'est pour cela que ce temps s'appelle le « passé composé ».

En déduire qu'aujourd'hui, on cherchera à écrire des verbes conjugués au passé composé, avec le pronom « je ». Le pronom « je » ne sera pas toujours reconnu : rappeler que la lettre « e » de « je » est remplacée par une apostrophe devant une voyelle (ici, la lettre « a » de « ai »).

Exemple de ce qui peut être noté au tableau

La semaine dernière, (j'ai)…

j'ai manger une glace.

j'ai lu un livre.

j'ai regardé la lune.

Corriger les erreurs de transcription phonétique et d'orthographe. Ne pas corriger les erreurs liées à la construction du passé composé.

Inviter les élèves à débattre sur l'écriture de certains verbes au tableau.

Répéter le même déroulement avec le pronom personnel « tu » et le début de phrase « La semaine dernière, tu as… ».

2. Rechercher des verbes conjugués au passé composé dans des ouvrages

Durée	10 minutes
Organisation	en groupes
Matériel	– un extrait sélectionné dans les ouvrages de la classe ou 8-1. Exemple de verbe conjugué – une feuille A4 pour l'exemple collectif – des notes repositionnables – des ouvrages de littérature de jeunesse

Proposer de mener l'enquête selon les modalités décrites en introduction.

Définir une liste de critères de sélection des verbes :

- ils sont conjugués au passé composé, c'est-à-dire au passé, en deux mots ;
- il y a le pronom personnel « je » ou « tu », avant.

Prendre le temps de bien expliquer comment on peut reconnaitre certains verbes au passé composé : un verbe en deux mots (s'appuyer sur le sens du mot « composé »), qui évoque une action passée (en général), quelque chose qu'on a fait.

Un exemple est réalisé en classe entière à l'aide d'un extrait.

Les élèves mènent l'enquête à l'aide des ouvrages proposés en coopérant. Deux possibilités s'offrent à vous. Pour la première, chaque groupe doit soit chercher le pronom « je », soit le pronom « tu ». Pour la seconde, chaque groupe cherche les deux pronoms.

L'auxiliaire « être » sera plus difficilement reconnu du fait de l'inducteur (le début de phrase que complète l'élève) choisi précédemment. On pourra passer dans les groupes pour orienter les élèves en les questionnant : « Et ce verbe ? Il est en deux mots ? Tu penses qu'il pourrait être au passé composé ? Pourquoi ? ». Même si les élèves choisissent de les écarter de leur sélection, on pourra en parler au moment de la collecte.

Remarque : Les élèves ne trouveront pas tous les verbes au passé composé qu'ils rencontreront et commettront des erreurs, par exemple en sélectionnant des ensembles « être + adjectif attribut du sujet », mais la notion étant en train de se construire, c'est tout à fait normal. Le changement de temps de la phrase permet d'éliminer les intrus.

3. Collecter les terminaisons trouvées

Durée 10 minutes
Matériel des bandes de papier

Sur le tableau, afficher une dizaine de bandes de papier préparées en amont. Y écrire les ensembles « sujets + verbes » trouvés par les élèves ainsi que l'infinitif des verbes sélectionnés.

Exemple de ce qui peut être noté au tableau

JE	TU
j'ai laissé (→ laisser)	tu as mangé (→ manger)
je suis resté (→ rester)	tu as cru (→ croire)
j'ai aimé (→ aimer)	tu as présenté (→ présenter)
j'ai pu (→ pouvoir)	tu es resté (→ rester)
j'ai dit (→ dire)	tu as parlé (→ parler)

Classer, directement, les bandes correspondant au pronom « je » et les bandes correspondant au pronom « tu ». Séparer le tableau en deux.

S'il s'en présente, mettre de côté les exceptions dont le participe passé se termine par « -t » ou « -s » en précisant que certains verbes seront abordés plus tard dans l'année (« faire », « dire », etc.). Les étiquettes avec l'auxiliaire « être » seront mises de côté à la prochaine étape.

Certains verbes seront peut-être au plus-que-parfait. On peut les garder mais sans les intégrer dans la colonne du pronom personnel correspondant. Après avoir déduit la règle, on demandera aux élèves de trouver pourquoi ces verbes n'ont finalement pas été gardés : l'auxiliaire n'est pas au présent. Cela permettra de voir qu'il y a plusieurs temps composés.

4. Déduire la règle

Durée 10 minutes
Matériel
– les ouvrages de littérature de jeunesse utilisés
– les notes repositionnables des élèves
– les bandes de papier utilisées

Rappeler le questionnement initial. Commencer avec le pronom personnel « je ». Observer d'abord qu'il y a bien deux mots : c'est le sens du mot « composé » dans « passé composé ».
Puis, s'attarder sur le mot situé juste après le pronom personnel « je » (ou « j' ») pour constater que c'est le plus souvent le mot « ai ». Faire le lien avec le verbe « avoir » au présent.
Évoquer l'auxiliaire « être » en précisant que, comme celui-ci est moins fréquent que l'auxiliaire « avoir » et qu'il est sujet à des règles plus complexes, on ne le travaillera pas pour le moment. Écarter les étiquettes correspondant à l'auxiliaire « être ».
Enfin, regarder le deuxième mot : c'est celui qui porte le sens du verbe. Expliquer qu'il s'agit du participe passé du verbe. Lister les lettres finales : « -é », « -i » ou « -u ».
Observer les infinitifs des participes passés en « -é » pour faire le lien avec les verbes en « -er » (verbes du premier groupe et « aller »). Si le verbe « être » est apparu, l'ajouter à la liste des verbes dont le participe passé se termine avec la lettre « -é ».

Remarque : Toutes les terminaisons des participes passés ne seront pas abordées pendant cette première séquence. De fait, puisque la conjugaison du verbe « avoir » est déjà connue au présent, les efforts des élèves se concentreront essentiellement sur ces terminaisons des participes passés. Quand le passé composé sera maitrisé de tous, en fin d'année, il reste possible de compléter la leçon avec les terminaisons découvertes ultérieurement (« -s » ou « -t ») en gardant à l'esprit qu'il ne s'agit pas d'un attendu de fin de cycle, mais aussi qu'une introduction trop précoce pourrait générer des confusions et nuire à la mise en place d'automatismes stabilisés.

En déduire oralement la règle suivante :

> Pour conjuguer un verbe au passé composé, je conjugue le verbe « avoir » avec le sujet au présent puis j'ajoute le participe passé.
> Le participe passé des verbes qui se terminent en « -er » se termine par la lettre « -é ».
> Les autres participes passés peuvent se terminer par la lettre « -i » ou la lettre « u ».

Rappeler qu'il arrive que l'auxiliaire soit « être », mais que ce cas est plus rare et ne sera pas travaillé pour le moment.

5. Réinvestissement

Durée	5 minutes
Organisation	en groupes puis collectivement
Matériel	– une ardoise par élève (ou un cahier d'essai) – une affiche vierge

Proposer de reprendre les verbes écrits au tableau au début de la séance et de les corriger en groupes.

Mettre en commun les corrections et les valider collectivement. Cette fois-ci, on s'intéressera davantage à la méthode mise en œuvre pour réussir à conjuguer :

> Quand je conjugue un verbe au passé composé avec « je », j'écris d'abord l'auxiliaire « avoir » conjugué au présent : « j'ai ». Puis, j'ajoute le participe passé.
> Quand je conjugue un verbe au passé composé avec « tu », j'écris d'abord l'auxiliaire « avoir » conjugué au présent : « tu as ». Puis, j'ajoute le participe passé.
> Pour les participes passés des verbes en « -er », j'écris la terminaison « -é ». Pour les autres verbes, le participe passé se termine généralement par les lettres « -i » ou « u ».

Tracer une carte mentale au tableau ou sur du papier affiche, aidant la formulation de cette méthode.

Exemple de carte mentale :

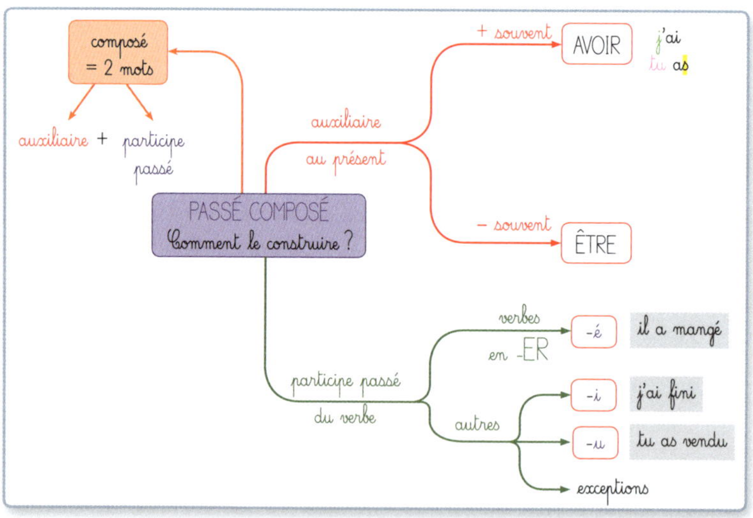

Conserver cette carte mentale en tant que trace écrite collective.

Séance 2 | Découvrir le fonctionnement du passé composé avec les pronoms « il » ou « elle » et « ils » ou « elles »

SÉANCE DE DÉCOUVERTE

1. Compléter une phrase avec un indicateur du passé

Durée	15 minutes
Matériel	une ardoise par élève (ou un cahier d'essai)

Annoncer l'objectif de la séance : découvrir la conjugaison des verbes au passé composé avec de nouveaux pronoms personnels sujets : « il » ou « elle » et « ils » ou « elles ». Rappeler qu'avec l'auxiliaire « avoir », la conjugaison sera la même pour « il » et « elle » d'une part, et « ils » et « elles » d'autre part.

Rappeler la démarche et la consigne de la première séance.

Après avoir vérifié la bonne compréhension de la consigne, passer à l'écrit avec le début de phrase suivant :

La semaine dernière, il a…

Lister quelques propositions au tableau.

Faire rappeler que tous les verbes sont au passé composé à cause de l'expression « la semaine dernière ». Rappeler que, cette fois-ci, on cherchera à écrire des verbes conjugués avec le pronom « il » (ou « elle ») au passé composé.

Exemple de ce qui peut être noté au tableau

La semaine dernière, (il)…

il a porté un sac.

il a chanté.

il a suivit un chien.

Inviter les élèves à débattre sur l'écriture des verbes au tableau.
Corriger les erreurs de transcription phonétique et d'orthographe des verbes.
Répéter le même déroulement avec le pronom personnel « ils » et le début de phrase « La semaine dernière, ils ont... ».

2. Rechercher des verbes conjugués au passé composé dans des ouvrages

Durée	10 minutes
Organisation	en groupes
Matériel	– un extrait sélectionné dans les ouvrages de la classe ou 8-2. Exemple de verbe conjugué – une feuille A4 pour l'exemple collectif – des notes repositionnables – des ouvrages de littérature de jeunesse

Proposer de mener l'enquête selon les modalités décrites en introduction.
Définir les critères de sélection des verbes en rappelant la construction du passé composé (l'auxiliaire « avoir » au présent et un participe passé).
Un exemple est réalisé en classe entière à l'aide de l'extrait des ressources numériques projeté.
Les élèves mènent l'enquête à l'aide des ouvrages proposés en coopérant.

3. Collecter les terminaisons trouvées

Durée	10 minutes
Matériel	des bandes de papier

Sur les bandes de papier préparées en amont, écrire les verbes trouvés par les élèves ainsi que l'infinitif des verbes sélectionnés.

Exemple de ce qui peut être noté au tableau

IL ou ELLE		ILS ou ELLES	
elle a expliqué	(→ expliquer)	ils ont retenu	(→ retenir)
il a donné	(→ donner)	elles ont aperçu	(→ apercevoir)
elle a chanté	(→ chanter)	elles ont été	(→ être)
il a eu	(→ avoir)	ils ont voulu	(→ vouloir)
elle a dit	(→ dire)	ils ont pourri	(→ pourrir)

Classer, directement, les bandes correspondant à la troisième personne du singulier les bandes qui correspondant à la troisième personne du pluriel. Séparer le tableau en deux.

4. Déduire la règle

Durée 5 minutes
Matériel
– les ouvrages de littérature de jeunesse utilisés
– les notes repositionnables des élèves
– les bandes de papier utilisées

Rappeler le questionnement initial. Commencer avec le pronom personnel « il ». Observer l'auxiliaire de chaque verbe afin de vérifier que ces verbes correspondent bien à des verbes conjugués au passé composé. Expliciter le lien entre la règle et ce qui est écrit : l'auxiliaire « avoir » conjugué au présent avec le pronom « il » donne bien « il a ». Observer ensuite le participe passé pour consolider la connaissance des terminaisons précédemment découvertes.
Rappeler oralement la règle suivante :

> Pour conjuguer un verbe au passé composé, je conjugue le verbe « avoir » avec le sujet au présent puis j'ajoute le participe passé.

Le participe passé des verbes qui se terminent en « -er » se termine par la lettre « -é ».
Les autres participes passés peuvent se terminer par la lettre « -i » ou la lettre « -u ».

Au-dessus de chaque colonne, noter la terminaison correspondante.

5. Réinvestissement

Durée	5 minutes
Organisation	en groupes puis collectivement
Matériel	– une ardoise par élève (ou un cahier d'essai) – la trace écrite collective affichée

Proposer de reprendre les verbes écrits au tableau au début de la séance et de les corriger en groupes.

Remarque : Même en CE2, selon les méthodes utilisées lors de l'année précédente ou celle qui est en cours, les confusions peuvent encore exister entre « ils sont » et « ils ont ». Proposer de rechercher l'infinitif du verbe à chaque fois, en passant la phrase à l'imparfait par exemple. Il est difficile de s'appuyer sur la prononciation, car les élèves se trompent parfois d'auxiliaire lorsqu'ils utilisent les temps composés à l'oral.

En règle générale, on n'évoque ces confusions que si elles se présentent !

Mettre en commun les corrections et les valider collectivement. Cette fois-ci, on s'intéressera davantage à la méthode mise en œuvre pour réussir à conjuguer :

Quand je conjugue un verbe au passé composé avec « il » ou « elle », j'écris d'abord l'auxiliaire « avoir » conjugué au présent : « il a ». Puis, j'ajoute le participe passé.
Quand je conjugue un verbe au passé composé avec « ils » ou « elles », j'écris d'abord l'auxiliaire « avoir » conjugué au présent : « ils ont ». Puis, j'ajoute le participe passé.
Pour les participes passés des verbes en « -er », j'écris la terminaison « -é ». Pour les autres verbes, le participe passé se termine généralement par les lettres « -i » ou « -u ».

Tracer une carte mentale au tableau ou sur du papier affiche, aidant la formulation de cette méthode.

Exemple de carte mentale :

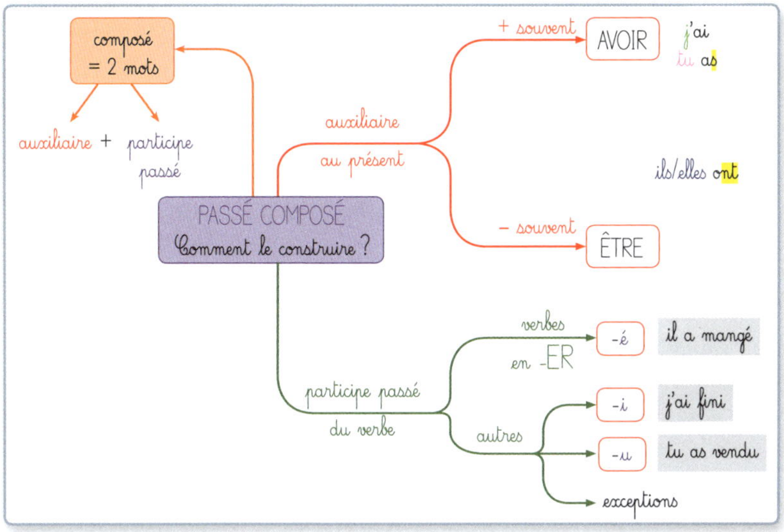

Conserver cette carte mentale en tant que trace écrite collective.

Séance 3 | S'entrainer à utiliser le passé composé avec les pronoms « je », « tu », « il » ou « elle » et « ils » ou « elles »

SÉANCE D'ENTRAINEMENT

1. Rappel des séances précédentes

Durée	5 minutes
Matériel	la trace écrite collective affichée

Faire rappeler ce qui a été fait durant les deux séances précédentes et l'objet des recherches.

À l'aide de la trace écrite collective, faire rappeler les règles découvertes précédemment :

Quand je conjugue un verbe au passé composé, je conjugue d'abord l'auxiliaire « avoir » au présent puis j'ajoute le participe passé.
Avec « je », l'auxiliaire « avoir » au présent s'écrit « j'ai ».
Avec « tu », l'auxiliaire « avoir » au présent s'écrit « tu as ».
Avec « il » ou « elle », l'auxiliaire « avoir » au présent s'écrit « il a » ou « elle a ».
Avec « ils » ou « elles », l'auxiliaire « avoir » au présent s'écrit « ils ont » ou « elles ont ».
Pour les participes passés des verbes en « -er », j'écris la terminaison « -é ». Pour les autres verbes, le participe passé peut se terminer par les lettres « -i » ou « -u ».

Après avoir fait le point sur les découvertes des séances précédentes, préciser que l'on va les mettre en pratique dans un exercice écrit, dans le but de s'entrainer.

2. Entrainement sur ardoise

Durée 10 minutes
Matériel – la trace écrite collective affichée
– une ardoise par élève

Dicter chacune des phrases suivantes :

*Hier, **j'ai été** au cinéma.*

***Il a rassemblé** un joli bouquet.*

***Elles ont cru** à une blague.*

***Tu as aimé** cette poésie.*

***J'ai aidé** mon père à laver la cuisine.*

***Tu as présenté** ton exposé.*

***Elle a agi** discrètement.*

***Il a étendu** le linge humide.*

***Les dinosaures ont existé** il y a très longtemps.*

***Elles ont retenu** leur poésie facilement.*

***La fleur a fané**.*

***J'ai obéi** à mes parents.*

***Tu as lu** des bandes dessinées l'été dernier.*

Proposer de reformuler la règle au complet, en essayant, cette fois, d'insister sur la méthode que l'on suit quand on conjugue :

> Pour conjuguer un verbe au passé composé, je conjugue le verbe « avoir » avec le sujet au présent puis j'ajoute le participe passé.
> Le participe passé des verbes du premier groupe se termine par la lettre « -é ».
> Les autres participes passés peuvent se terminer par la lettre « -is », « -it » ou « -u ».

Laisser les cartes mentales visibles pour l'exercice.

3. Exercice d'entrainement

Durée 20 minutes
Matériel
- la trace écrite collective affichée
- les fiches de l'exercice individuel (ou l'exercice projeté au tableau) 8-3. Exercice individuel niveau 2, avec ou sans aide
- la grille d'observation 8. Grille d'observation

Faire les exercices en suivant la démarche habituelle.

4. Bilan et trace écrite

Durée 10 minutes
Matériel
- la trace écrite collective affichée
- une feuille blanche A4 pour chaque élève ou le cahier de leçon

Demander aux élèves de rappeler une nouvelle fois la règle en suivant la carte mentale collective au tableau (voir carte mentale de la séance 2).

Les élèves recopient ensuite cette carte mentale sur la page dédiée, en prenant soin de laisser de la place. Cette trace écrite leur servira de leçon lors des prochains exercices.

Séance 4 | Découvrir le fonctionnement du passé composé avec les pronoms « nous » et « vous »

SÉANCE DE DÉCOUVERTE

1. Compléter une phrase avec un indicateur du passé

Durée	15 minutes
Matériel	une ardoise par élève (ou un cahier d'essai)

Annoncer l'objectif de la séance : découvrir la conjugaison des verbes au passé composé avec deux nouveaux pronoms personnels sujets : « nous » et « vous ».

Rappeler la démarche et la consigne habituelles.

Après avoir vérifié la bonne compréhension de la consigne, passer à l'écrit avec le début de phrase suivant :

La semaine dernière, nous avons...

Les élèves écrivent la fin de la phrase uniquement, sur leur ardoise ou dans leur cahier d'essai.

Lister quelques propositions au tableau.

Rappeler que cette fois-ci, on cherchera à écrire des verbes conjugués au passé composé, avec les pronoms « nous » et « vous ».

Exemple de ce qui peut être noté au tableau

La semaine dernière, (nous)...

nous avont fini la leçon.

nous avons joué au basket.

nous avons rempli nos cahiers.

Inviter les élèves à débattre sur l'écriture des verbes au tableau.
Corriger les erreurs de transcription phonétique et d'orthographe des verbes.
Répéter le même déroulement avec le pronom personnel « vous » et le début de phrase « La semaine dernière, vous... ».

2. Rechercher des verbes conjugués au passé composé dans des ouvrages

Durée	10 minutes
Organisation	en groupes
Matériel	– un extrait sélectionné dans les ouvrages de la classe ou 8-4. Exemple de verbe conjugué – une feuille A4 pour l'exemple collectif – des notes repositionnables – des ouvrages de littérature de jeunesse

Proposer de reprendre la méthode habituelle pour mener l'enquête.
Définir les critères de sélection des verbes.
Un exemple est réalisé en classe entière à l'aide de l'extrait des ressources numériques projeté.
Les élèves mènent l'enquête à l'aide des ouvrages proposés en coopérant.

3. Collecter les terminaisons trouvées

Durée	10 minutes
Matériel	des bandes de papier

Sur les bandes de papier préparées en amont, écrire les verbes trouvés par les élèves et leur demander l'infinitif.

Exemple de ce qui peut être noté au tableau

NOUS	VOUS
nous avons continué (→ continuer)	vous avez établi (→ établir)
nous avons éclairci (→ éclaircir)	vous avez perdu (→ perdre)
nous avons rendu (→ rendre)	vous avez rempli (→ remplir)
nous avons souhaité (→ souhaiter)	vous avez voulu (→ vouloir)
nous avons levé (→ lever)	vous avez servi (→ servir)

Classer, directement, les bandes correspondant au pronom « nous » et les bandes correspondant au pronom « vous ». Séparer le tableau en deux.

4. Déduire la règle

Durée	5 minutes
Organisation	en groupes puis collectivement
Matériel	– les ouvrages de littérature de jeunesse utilisés – les notes repositionnables des élèves – les bandes de papier utilisées

Rappeler le questionnement initial.

Observer l'auxiliaire de chaque verbe afin de vérifier que ces verbes correspondent bien à des verbes conjugués au passé composé. Expliciter le lien entre la règle et ce qui est écrit : l'auxiliaire « avoir » conjugué au présent avec le pronom « nous » donne bien « nous avons », etc.

Observer ensuite le participe passé pour consolider la connaissance des terminaisons précédemment découvertes.

Rappeler oralement la règle suivante :

Pour conjuguer un verbe au passé composé, je conjugue le verbe « avoir » avec le sujet au présent puis j'ajoute le participe passé.
Le participe passé des verbes qui se terminent en « -er » se termine par la lettre « -é ».
Les autres participes passés peuvent se terminer par la lettre « -i » ou la lettre « -u ».

Au-dessus de chaque colonne, noter la terminaison correspondante.

5. Réinvestissement

Durée	5 minutes
Organisation	en groupes puis collectivement
Matériel	– une ardoise par élève (ou un cahier d'essai) – la trace écrite collective affichée

Proposer de reprendre les verbes écrits au tableau au début de la séance et de les corriger en groupes.
Mettre en commun les corrections et les valider collectivement.

6. Bilan et trace écrite

Durée	5 minutes
Matériel	– la trace écrite collective affichée – la trace écrite individuelle de chaque élève

Demander aux élèves de rappeler une nouvelle fois la règle en suivant la carte mentale collective au tableau.
Compléter la trace écrite collective.

Exemple de carte mentale :

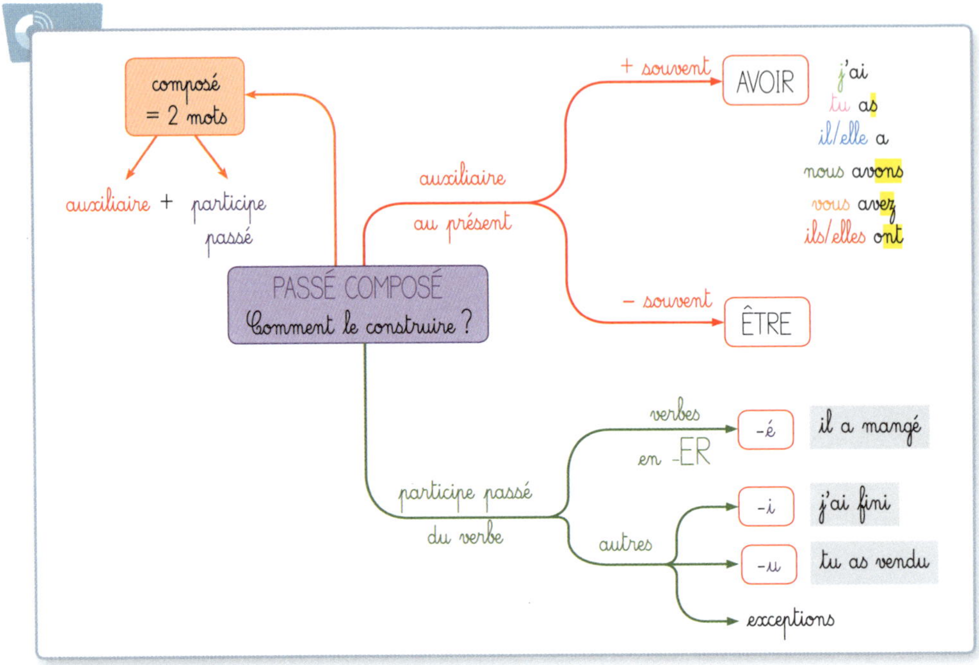

8-4. Carte mentale

Les élèves complètent leur carte mentale individuelle.

Séance 5 | S'entrainer à utiliser le passé composé avec tous les pronoms personnels sujets

SÉANCE BILAN

1. Rappel des séances précédentes

Durée	5 minutes
Matériel	la trace écrite collective affichée

Faire rappeler le travail mené lors des séances précédentes et ce qui a été appris, succinctement.
Préciser l'objectif de la séance : s'entrainer sur tout ce qui a été appris durant la séquence.

2. Entrainement sur ardoise

Durée 10 minutes
Matériel
– la trace écrite collective affichée
– une ardoise par élève

Dicter les phrases suivantes :

« ***J'ai rigolé*** *toute la journée.*
J'ai dessiné *pour mon père.*
Tu as ri *dans la classe.*
Elle a donné *un cadeau à son ami.*
Il a montré *la réponse au tableau.*
Ma tante a chanté *dans la salle de bains.*
L'oiseau a volé *jusqu'à l'arbre.*
Ma sœur et moi avons été *en colonie de vacances.*
Nous avons monté *les escaliers.*
Vous avez jeté *des confettis au carnaval.*
Tom et toi avez rédigé *un roman.*
Vous avez gardé *mon secret.*
Le cheval a galopé *dans le pré.*
Le jardin a fleuri *au printemps.* »

3. Synthèse et trace écrite

Durée 15 minutes
Matériel
– le cahier de leçon
– les supports de la leçon à manipuler 8-5. Support LAM

Demander aux élèves de faire le point sur tout ce qu'ils ont appris durant cette séquence.
Faire coller la trace écrite sous forme de leçon à manipuler. Elle servira de support pour la réalisation des exercices suivants.

4. Exercices d'entrainement

Durée	15 minutes
Matériel	– la trace écrite collective affichée – les fiches d'exercices bilan où les exercices ont déjà été ciblés individuellement 8-5. Exercices bilan niveau 2, avec ou sans aide – la grille d'observation 8. Grille d'observation

Faire les exercices en suivant la démarche habituelle.

Remarque : Dans les exercices de cette séance et ceux des séquences suivantes, lorsqu'il est demandé de conjuguer au passé composé, il se peut qu'un adverbe soit intercalé entre l'espace prévu pour l'écriture de l'auxiliaire et celui dédié au participe passé (« pas », « toujours », « aussi », etc.). Il est important d'expliciter que le premier espace est dévolu à l'auxiliaire et le second au participe passé : les deux espaces sont liés et dédiés au même verbe conjugué. Dans le cas de la négation, les élèves peuvent être d'autant plus perturbés qu'il arrive qu'on enseigne que le verbe conjugué se trouve entre les mots « ne » et « pas », sans préciser que cela n'est vrai que pour certains temps (les temps simples).

5. Bilan de la séquence

Durée	5 à 10 minutes
Matériel	aucun

Proposer à chaque élève de faire le point sur ses acquisitions.

Synthèse animée : pour compléter le bilan, il est possible de présenter à la classe le petit film d'animation « Conjuguer au passé composé » réalisé par Canopé (Les Fondamentaux) et disponible dans les ressources numériques.

© Canopé

8-5. Animation : Conjuguer au passé composé

Exercices bilan, niveau 2

8 **Le passé composé**
Séance 5 – Exercices bilan – niveau 2

Prénom : ....
Date : ....

1 Conjugue les verbes entre parenthèses au passé composé.

★ **Ton but :** t'entrainer à conjuguer des verbes au passé composé avec « tu », « il » ou « elle ».

a) Hier, tu ___ ___ (jouer) dans le jardin. Tu ___ ___ (commencer) par courir partout puis tu ___ ___ (grimper) au grand arbre.

b) Ton père n'___ pas ___ (aimer) et il ___ ___ (être) terrifié quand il t'___ ___ (voir) tout en haut ! Il ___ ___ (crier) pour que tu descendes.

c) Tu ___ ___ (sauter) puis tu ___ ___ (rouler) par terre pour amortir ta chute.

2 Conjugue les verbes entre parenthèses au passé composé.

★ **Ton but :** t'entrainer à conjuguer des verbes au passé composé avec « je », « tu », « il » ou « elle ».

a) Ce midi, j'___ ___ (manger) à la cantine. Le repas ___ ___ (être) bon !

b) Tu ___ ___ (déjeuner) à ma table. Tu ___ ___ (opter) pour le gratin.

c) J'___ ___ (choisir) une salade puis j'___ aussi ___ (sélectionner) du gratin.

d) La tarte au chocolat ___ ___ (compléter) notre repas à tous les deux.

e) J'___ ___ (savourer) mon dessert ! Enfin, j'___ ___ (boire) un peu d'eau.

3 Conjugue les verbes entre parenthèses au passé composé.

★ **Ton but :** t'entrainer à conjuguer des verbes au passé composé avec « il », « elle », « ils » ou « elles ».

a) Ce matin, Tim ___ ___ (fabriquer) une carte pour ses parents.

b) Il ___ ___ (représenter) sa maison. Il ___ ___ (toucher) ses parents.

c) Tim ___ ___ (dessiner) un cœur et il l'___ ___ (décorer) avec des feutres.

d) Sa carte ___ ___ (plaire) à ses parents. Ils ___ ___ (pleurer) de joie et ils ___ ___ (serrer) Tim dans leurs bras. Ils ___ ___ (ajouter) que c'était beau.

4 Conjugue les verbes entre parenthèses au passé composé.

★ **Ton but :** t'entrainer à conjuguer des verbes au passé composé avec « nous » et « vous ».

a) Au parc, Ava et toi ___ ___ (jouer) sur la balançoire.

b) Quand mon cousin et moi ___ ___ (demander) à vous rejoindre, vous ___ ___ (accepter) et vous nous ___ ___ (proposer) de nous balancer.

c) Vous ___ ___ (être) gentils et nous ___ ___ (aimer) votre compagnie.

d) Mon cousin et toi ___ ___ (balancer) vos jambes très forts et vous ___ ___ (être) très haut. Ava et moi ___ ___ (croire) que vous alliez tomber !

Réussir en conjugaison CE1-CE2 © Éditions Retz

8 **Le passé composé**
Séance 5 – Exercices bilan – niveau 2, avec aide

Prénom : ....
Date : ....

1 Conjugue les verbes entre parenthèses au passé composé.

★ **Ton but :** t'entrainer à conjuguer des verbes au passé composé avec « tu », « il » ou « elle ».

a) Hier, tu ___ jou___ (jouer) dans le jardin. Tu ___ commenc___ (commencer) par courir partout puis tu ___ grimp___ (grimper) au grand arbre.

b) Ton père n'___ pas aim___ (aimer) et il ___ ét___ (être) terrifié quand il t'___ v___ (voir) tout en haut ! Il ___ cri___ (crier) pour que tu descendes.

c) Tu ___ saut___ (sauter) puis tu ___ roul___ (rouler) par terre pour amortir ta chute.

2 Conjugue les verbes entre parenthèses au passé composé.

★ **Ton but :** t'entrainer à conjuguer des verbes au passé composé avec « je », « tu », « il » ou « elle ».

a) Ce midi, j'___ mang___ (manger) à la cantine. Le repas ___ ét___ (être) bon !

b) Tu ___ déjeun___ (déjeuner) à ma table. Tu ___ opt___ (opter) pour le gratin.

c) J'___ chois___ (choisir) une salade puis j'___ aussi sélectionn___ (sélectionner) du gratin.

d) La tarte au chocolat ___ complét___ (compléter) notre repas à tous les deux.

e) J'___ savour___ (savourer) mon dessert ! Enfin, j'___ b___ (boire) un peu d'eau.

3 Conjugue les verbes entre parenthèses au passé composé.

★ **Ton but :** t'entrainer à conjuguer des verbes au passé composé avec « il », « elle », « ils » ou « elles ».

a) Ce matin, Tim ___ fabriqu___ (fabriquer) une carte pour ses parents.

b) Il ___ représent___ (représenter) sa maison. Il ___ touch___ (toucher) ses parents.

c) Il ___ dessin___ (dessiner) un cœur et il l'___ décor___ (décorer) avec des feutres.

d) Sa carte ___ pl___ (plaire) à ses parents. Ils ___ pleur___ (pleurer) de joie et ils ___ serr___ (serrer) Tim dans leurs bras. Ils ___ ajout___ (ajouter) que c'était beau.

4 Conjugue les verbes entre parenthèses au passé composé.

★ **Ton but :** t'entrainer à conjuguer des verbes au passé composé avec « nous » et « vous ».

a) Au parc, Ava et toi ___ jou___ (jouer) sur la balançoire.

b) Quand mon cousin et moi ___ demand___ (demander) à vous rejoindre, vous ___ accept___ (accepter) et vous nous ___ propos___ (proposer) de nous balancer.

c) Vous ___ ét___ (être) gentils et nous ___ aim___ (aimer) votre compagnie.

d) Mon cousin et toi ___ balanc___ (balancer) vos jambes très forts et vous ___ ét___ (être) très haut. Ava et moi ___ cr___ (croire) que vous alliez tomber !

Réussir en conjugaison CE1-CE2 © Éditions Retz

Conjuguer les verbes « être » et « avoir » (CE1 et CE2)

1. Prérequis

– Savoir reconnaitre un verbe conjugué et son sujet dans une phrase.

– Savoir trouver l'infinitif d'un verbe conjugué.

– Connaitre les pronoms personnels sujets et savoir pronominaliser un groupe nominal sujet.

2. Objectifs

– Renforcer la maitrise de la conjugaison au présent, à l'imparfait, au futur (et au passé composé, en CE2).

– Découvrir la conjugaison des verbes « être » et « avoir ».

3. Structure de la séquence

– Nombre de séances : 5.

– Durée des séances : 40 à 50 minutes.

4. Déroulement des séances

1. Conjuguer « être » et « avoir » avec « je » et « tu ».
2. Conjuguer « être » et « avoir » avec « il » ou « elle » et « ils » ou « elles ».
3. Conjuguer « être » et « avoir » avec « je », « tu », « il » ou « elle » et « ils » ou « elles ».
4. Conjuguer « être » et « avoir » avec « nous » et « vous ».
5. Conjuguer « être » et « avoir » avec toutes les personnes, à tous les temps étudiés.

À savoir

Pour le verbe « être », l'imparfait est régulier : seul l'accent du radical change, « êt- » devenant « ét- ». Au futur, c'est le radical qui change pour devenir « se- » au lieu de « ét- ». Au présent, on constate tout de même la présence du marqueur de personne « -s » pour les pronoms « je » et « tu », « -t » pour le pronom « il » et « -nt » pour le pronom « ils ».

Pour le verbe « avoir », l'imparfait est, aussi, régulier. Au futur, le radical « av- » devient « au- ». Le marqueur « -ai » du futur pour la première personne du singulier n'est rencontrée qu'au présent du verbe (« j'ai »). Au présent, la conjugaison pour les pronoms « nous » et « vous » est régulière. Pour les autres personnes, on constate que le verbe conjugué correspond au marqueur de personne du futur : « -ai », « -as », « -a » et « -ont ».

Séance 1 | Conjuguer « être » et « avoir » avec « je » et « tu »

SÉANCE DE DÉCOUVERTE

1. Rechercher l'orthographe des verbes avec « je » et « tu »

Durée 15 minutes

Matériel
- une ardoise par élève (ou un cahier d'essai)
- l'affiche collective de récolte
  Exemple d'affiche collective de récolte CE1 et / ou
  Exemple d'affiche collective de récolte CE2
- une affiche vierge
- les extraits à projeter 9. Exemples « avoir » et 9. Exemples « être »

Noter au tableau les infinitifs des verbes « être » et « avoir » en expliquant que ce sont les verbes qui seront travaillés aujourd'hui.
Dicter les phrases suivantes.

> ***Je suis*** *un bon élève.*
>
> ***Tu es*** *très attentif.*
>
> ***J'ai*** *beaucoup de choses à apprendre.*
>
> ***Tu as*** *un joli cartable.*
>
> ***J'étais*** *concentré ce matin.*
>
> ***Tu étais*** *motivé pour le sport.*
>
> ***J'avais*** *un stylo quatre-couleurs.*
>
> ***Tu avais*** *un crayon à papier.*
>
> ***J'ai été*** *malade la semaine dernière.* (CE2)
>
> ***Tu as été*** *très généreux.* (CE2)

J'ai eu *un énorme cadeau pour mon anniversaire.* (CE2)

Tu as eu *un vélo par ta grand-mère.* (CE2)

Je serai *chez mon grand-père demain soir.*

Tu seras *chez toi demain soir.*

J'aurai *plus de cahiers en CM1.*

Tu auras *un nouveau stylo l'année prochaine.*

Il peut y avoir quelques erreurs au début, mais, une fois les règles rappelées (marqueurs de personne ou de temps déjà étudiés), la plupart des verbes seront plutôt bien écrits. « J'ai » pourrait avoir un « -s » chez certains élèves. De même, en CE2, il peut y avoir une confusion entre « été » et « était ». Rappeler que le mot « été » est, ici, un participe passé et qu'il a donc une terminaison de participe passé. Le participe passé « eu » peut, lui aussi, se voir attribuer différentes orthographes.

À la fin de chaque phrase, les différentes propositions sont copiées au tableau puis débattues en classe entière, si nécessaire. On reviendra, à chaque fois, à la règle précédemment étudiée qui sera reformulée par les élèves eux-mêmes.

S'appuyer sur l'affiche de récolte complétée tout au long de l'année. Sinon, utiliser l'extrait des ressources numériques, adapté.

Une fois validée, la bonne réponse sera consignée sur l'affiche collective. Rappeler le code utilisé.

Exemple de trace écrite :

	IMPARFAIT	PRÉSENT	FUTUR
JE	j'étais	je suis	je serai
	j'avais	j'ai	j'aurai
TU	tu étais	tu es	tu seras
	tu avais	tu as	tu auras

En CE2, la colonne « passé composé » sera à gauche de la colonne « imparfait ». On entourera la terminaison régulière de « tu as ». On soulignera en bleu le participe passé du verbe « avoir » car il n'est pas composé comme ceci : « radical + é / i / u » (par exemple, on n'écrit pas « avu » mais « eu »). Pour le participe passé de « être », la lettre « é » sera encadrée en bleu.

tu as été

Cet affichage permettra de faire remarquer :

– la régularité de l'imparfait ;

– le radical du futur qui ne change pas en fonction du sujet et la régularité des terminaisons ;

– l'irrégularité du présent, même si l'on retrouve la lettre « -s » finale dans « je suis » et avec le pronom « tu ».

Cette trace écrite reste affichée pour les exercices d'entrainement.

2. Exercice d'entrainement

Durée 20 minutes

Matériel
- la trace écrite collective affichée
- les fiches de l'exercice individuel (ou l'exercice projeté au tableau) 9-1. Exercice individuel niveau 1 et 9-1. Exercice individuel niveau 2, avec ou sans aide
- la grille d'observation 9. Grille d'observation

Faire les exercices en suivant la démarche habituelle.

3. Bilan

Durée 5 minutes

Matériel la trace écrite collective

Demander aux élèves de faire le point sur ce qu'ils ont appris et retenu.

Séance 2 | Conjuguer « être » et « avoir » avec « il » ou « elle » et « ils » ou « elles »

SÉANCE DE DÉCOUVERTE

1. Rechercher l'orthographe des verbes avec « il » ou « elle » et « ils » ou « elles »

Durée 15 minutes

Matériel
– une ardoise par élève (ou un cahier d'essai)
– l'affiche collective de récolte
Exemple d'affiche collective de récolte CE1 et / ou
Exemple d'affiche collective de récolte CE2
– une affiche vierge
– les extraits à projeter 9. Exemples « avoir » et 9. Exemples « être »

Faire rappeler le travail mené lors de la séance précédente. Noter au tableau les infinitifs des verbes « être » et « avoir » en précisant qu'il s'agit de poursuivre le travail mené sur ces verbes.

Dicter les phrases suivantes.

« ***Il est*** *très gentil.*

Ces chaussures sont *fantastiques.*

Mon frère a *faim.*

Mes sœurs ont *des livres.*

Le chat était *heureux.*

Le chien avait *des puces.*

Les chevaux étaient *dans le pré.*

Les oies avaient *des plumes blanches.*

Elle a été *la présidente du pays.* (CE2)

Ils ont été *fâchés longtemps.* (CE2)

Elles ont eu *du courage.* (CE2)

Il a eu *un gâteau.* (CE2)

Le livre sera *sur l'étagère.*

Les portes seront *ouvertes.*

Il aura *du temps pour apprendre.*

Ils auront *de l'aide si besoin.* »

Les troisièmes personnes du singulier et du pluriel étant très fréquemment rencontrées, les élèves ne devraient pas avoir trop de difficultés dans cet exercice.

À la fin de chaque phrase, les différentes propositions sont copiées au tableau puis débattues en classe entière, si nécessaire. On reviendra, à chaque fois, à la règle précédemment étudiée.

S'appuyer sur l'affiche collective de récolte ou sur l'extrait des ressources numériques. Une fois validée, la bonne réponse sera consignée sur l'affiche collective. Rappeler le code utilisé.

Exemple de trace écrite :

	IMPARFAIT	PRÉSENT	FUTUR
IL	il était il avait	il est il a	il sera il aura
ILS	ils étaient ils avaient	ils sont ils ont	ils seront ils auront

En CE2, la colonne « passé composé » sera à gauche de la colonne « imparfait ».

Cet affichage permettra de faire remarquer :

- la régularité de l'imparfait ;
- le radical du futur qui ne change pas en fonction du sujet et la régularité des terminaisons ;
- l'irrégularité du présent, même si l'on retrouve la lettre « -t » finale pour « il est » et les lettres « -nt » avec le pronom « ils ».

Cette trace écrite reste affichée pour les exercices d'entrainement.

2. Exercice d'entrainement

Durée 20 minutes

Matériel
- la trace écrite collective affichée
- les fiches de l'exercice individuel (ou l'exercice projeté au tableau) 9-2. Exercice individuel niveau 1 et 9-2. Exercice individuel niveau 2, avec ou sans aide
- la grille d'observation 9. Grille d'observation

Faire les exercices en suivant la démarche habituelle.

3. Bilan

Durée	5 minutes
Matériel	la trace écrite collective

Demander aux élèves de faire le point sur ce qu'ils ont appris et retenu.

Séance 3 | Conjuguer « être » et « avoir » avec « je », « tu », « il » ou « elle » et « ils » ou « elles »

SÉANCE D'ENTRAINEMENT

1. Rappel des séances précédentes

Durée	15 minutes
Matériel	– la trace écrite collective affichée – une ardoise par élève (ou un cahier d'essai)

Faire rappeler le travail mené lors des séances précédentes. Noter au tableau les infinitifs des verbes « être » et « avoir » en précisant qu'il s'agit de poursuivre le travail mené sur ces verbes.

Dicter les phrases suivantes.

__J'ai__ une superbe balle.
__Tu as__ toujours envie de dormir.
__Il a__ un chat chez lui.
__Ils ont__ de drôles d'idées.
__Je suis__ très heureuse.
__Tu es__ satisfait.
__Elle est__ enthousiaste.
__Elles sont__ solidaires.
__J'étais__ contrarié.
__Tu étais__ fatigué.
__Il était__ apeuré.
__Ils étaient__ affolés.
__J'avais__ un arbre dans le jardin.
__Tu avais__ un bouquet de fleurs.
__Il avait__ beaucoup de travail.
__Ils avaient__ de nombreux loisirs.

J'ai été *content de mon voyage.* (CE2)

Tu as été *ravi de partir.* (CE2)

Il a eu *la chance de rencontrer une star.* (CE2)

Elles ont eu *la coupe du championnat.* (CE2)

Je serai *en classe cet après-midi.*

Tu seras *en sortie.*

Il aura *des histoires à nous raconter.*

Elles auront *des souvenirs à rapporter chez elles.*

»

À la fin de chaque phrase, les différentes propositions sont copiées au tableau puis débattues en classe entière, au besoin. On reviendra, à chaque fois, à la règle précédemment étudiée.
Si nécessaire, utiliser l'extrait des ressources numériques ou l'affichage collectif.
La trace écrite collective reste affichée pour les exercices d'entrainement.

2. Exercice d'entrainement

Durée : 20 minutes

Matériel :
- la trace écrite collective affichée
- les fiches de l'exercice individuel (ou l'exercice projeté au tableau) 9-3. Exercice individuel niveau 1 et 9-3. Exercice individuel niveau 2, avec ou sans aide
- la grille d'observation 9. Grille d'observation

Faire les exercices en suivant la démarche habituelle.

3. Bilan

Durée : 5 minutes

Matériel : la trace écrite collective

Demander aux élèves de faire le point sur ce qu'ils ont appris et retenu.

Séance 4 | Conjuguer « être » et « avoir » avec « nous » et « vous »

SÉANCE DE DÉCOUVERTE

1. Rechercher l'orthographe des verbes avec « nous » et « vous »

Durée 15 minutes

Matériel
- une ardoise par élève (ou un cahier d'essai)
- l'affiche collective de récolte
  Exemple d'affiche collective de récolte CE1 et / ou
  Exemple d'affiche collective de récolte CE2
- une affiche vierge
- les extraits à projeter 9. Exemples « avoir » et 9. Exemples « être »

Faire rappeler le travail mené lors des séances précédentes. Noter au tableau les infinitifs des verbes « être » et « avoir » en précisant qu'il s'agit de poursuivre le travail mené sur ces verbes.

Dicter les phrases suivantes.

« ***Nous avons*** *un problème.*

Vous avez *une solution.*

Nous sommes *dans l'école.*

Vous êtes *dans la salle de sport.*

Nous avions *beaucoup de devoirs.*

Vous aviez *une poésie à apprendre.*

Nous étions *en CP.*

Vous étiez *en maternelle.*

Nous avons eu *le droit de jouer dehors.* (CE2)

Vous avez eu *la possibilité d'aller à la bibliothèque.* (CE2)

Ma sœur et moi avons été *au restaurant scolaire.* (CE2)

Vous avez été *gentils.* (CE2)

Nous aurons *un cadeau à offrir.*

Tes copains et toi aurez *des objets à vendre à la brocante.*

Nous serons *à l'anniversaire de Julien demain.*

Vous serez fatigués *à la fin de la journée.* »

« Nous sommes » et « vous êtes » sont les deux écritures les plus irrégulières et pourront éventuellement poser problème.

À la fin de chaque phrase, les différentes propositions sont copiées au tableau puis débattues en classe entière, si nécessaire. On reviendra, à chaque fois, à la règle précédemment étudiée.
S'appuyer sur l'affiche collective de récolte ou sur l'extrait des ressources numériques. Une fois validée, la bonne réponse sera consignée sur l'affiche collective.
Rappeler le code utilisé.

Exemple de trace écrite :

	IMPARFAIT	PRÉSENT	FUTUR
NOUS	nous étions	nous sommes	nous serons
	nous avions	nous avons	nous aurons
VOUS	vous étiez	vous êtes	vous serez
	vous aviez	vous avez	vous aurez

En CE2, la colonne « passé composé » sera à gauche de la colonne « imparfait ».

Cet affichage permettra de faire remarquer :
- la régularité de l'imparfait ;
- la régularité du verbe « avoir » au présent ;
- l'irrégularité du présent pour « être » ;
- le radical du futur qui ne change pas en fonction du sujet et la régularité des terminaisons.

Cette trace écrite reste affichée pour les exercices d'entrainement.

2. Exercices d'entrainement

Durée 20 minutes

Matériel
- la trace écrite collective affichée
- les fiches de l'exercice individuel (ou l'exercice projeté au tableau) 9-4. Exercice individuel niveau 1 et 9-4. Exercice individuel niveau 2, avec ou sans aide
- la grille d'observation 9. Grille d'observation

Faire les exercices en suivant la démarche habituelle.

3. Bilan

Durée	5 minutes
Matériel	la trace écrite collective

Demander aux élèves de faire le point sur ce qu'ils ont appris et retenu.

Séance 5 | Conjuguer « être » et « avoir » avec toutes les personnes, à tous les temps étudiés

SÉANCE DE BILAN

1. Rappel des séances précédentes

Durée	15 minutes
Matériel	– la trace écrite collective affichée – une ardoise par élève

Faire rappeler le travail mené lors des séances précédentes et ce qui a été appris, succinctement.

Préciser l'objectif de la séance : s'entrainer sur tout ce qui a été appris durant la séquence.

Dicter les phrases suivantes après avoir noté les infinitifs « être » et « avoir » au tableau.

> ***Nous sommes*** *dans la cour.*
>
> ***J'ai*** *une leçon à apprendre.*
>
> ***Ils sont*** *de bonne humeur.*
>
> ***Vous êtes*** *distraits.*
>
> ***Vous avez*** *des billes.*
>
> ***Ils ont*** *des cartes.*
>
> ***Tu étais*** *à la ferme.*
>
> ***Tom avait*** *une chèvre.*
>
> ***Les enfants étaient*** *appliqués.*
>
> ***Mes cousines et moi avions*** *des voitures à collectionner.*
>
> ***Nous étions*** *en train de courir.*
>
> ***Nous avons été*** *un peu pénibles.* (CE2)

Ils ont eu *de nombreux encouragements.* (CE2)

J'ai eu *des crayons de couleur.* (CE2)

Tu seras *au courant de tout.*

J'aurai *un peu peur.*

Ton frère et toi aurez *une crêpe à seize heures.* »

À la fin de chaque phrase, les différentes propositions sont copiées au tableau puis débattues en classe entière, au besoin. On reviendra, à chaque fois, à la règle précédemment étudiée.
Si nécessaire, utiliser l'extrait des ressources numériques ou l'affichage collectif.
La trace écrite collective reste affichée pour les exercices d'entrainement.

2. Synthèse et trace écrite

Durée	15 minutes
Matériel	– le cahier de leçon – les supports de la leçon à manipuler 9-5. Support LAM être et 9-5. Support LAM avoir

Demander aux élèves de faire le point sur tout ce qu'ils ont appris durant cette séquence.
Faire coller la trace écrite sous forme de leçon à manipuler. Elle servira de support pour la réalisation des exercices suivants.

3. Exercices d'entrainement

Durée	15 minutes
Matériel	– la trace écrite collective affichée – les fiches d'exercices bilan où les exercices ont déjà été ciblés individuellement 9-5. Exercices bilan niveau 1 et 9-5. Exercices bilan niveau 2, avec ou sans aide – la grille d'observation 9. Grille d'observation

Faire les exercices en suivant la démarche habituelle.

4. Bilan de la séquence

Durée 5 à 10 minutes
Matériel les traces écrites précédemment réalisées

Proposer à chaque élève de faire le point sur ses acquisitions.

Synthèse animée : pour compléter le bilan, il est possible de présenter à la classe le petit film d'animation « Le présent des verbes irréguliers : être, avoir, aller » (le verbe « aller » sera vu plus tard, à la séquence 12), réalisé par Canopé (Les Fondamentaux) et disponible dans les ressources numériques.

© Canopé

9-5. Animation : Le présent des verbes irréguliers : être, avoir, aller

Exercices bilan, niveaux 1 et 2

9 Conjuguer les verbes « être » et « avoir »

Séance 5 – Exercices bilan – niveau 1

Prénom : ....

Date : ....

1 Conjugue les verbes entre parenthèses au temps indiqué.

★ **Ton but :** t'entrainer à conjuguer « avoir » et « être » avec « je », « il » ou « elle ».

a) Cette année, j' .... (avoir, présent) un cahier bleu. Il .... (être, présent) propre et solide.

b) L'an passé, Mickaël .... (avoir, imparfait) le même cahier.

c) Mickaël .... (être, imparfait) content, car ce cahier .... (être, imparfait) très joli.

d) Il .... (avoir, imparfait) une couverture plastique.

e) Mon cahier vert .... (avoir, futur) une couverture que j' .... (avoir, futur) à décorer.

2 Conjugue les verbes entre parenthèses au temps indiqué.

★ **Ton but :** t'entrainer à conjuguer « avoir » et « être » avec « je », « tu », « il » ou « elle ».

a) Dans les mains, j' .... (avoir, présent) un livre d'histoire. Je .... (être, présent) impressionné.

b) Sur une image, un château .... (avoir, présent) de grandes murailles.

c) Tu .... (avoir, imparfait) ce livre chez toi. Tu .... (être, imparfait) peu intéressé par son contenu.

d) J' .... (être, imparfait) content que tu me le donnes.

e) Ce livre .... (avoir, futur) une place de choix dans ma bibliothèque.

f) Tu .... (être, futur) ravi de voir comme j'en prends soin.

3 Conjugue les verbes entre parenthèses au temps indiqué.

★ **Ton but :** t'entrainer à conjuguer « avoir » et « être » avec « il », « elle », « ils » ou « elles ».

a) Il y .... (avoir, présent) trois ans, Emy .... (être, imparfait) déjà dans ce club de judo.

b) Elle .... (avoir, imparfait) une ceinture blanche. Ses amis .... (avoir, imparfait) déjà la jaune.

c) Aujourd'hui, elle .... (avoir, présent) la même ceinture que ses camarades.

d) Ses amis .... (être, présent) solidaires : ils .... (être, futur) toujours là les uns pour les autres.

e) Emy .... (être, futur) un jour ceinture noire, et eux aussi.

4 Conjugue les verbes entre parenthèses au temps indiqué.

★ **Ton but :** t'entrainer à conjuguer « avoir » et « être » avec « nous » et « vous ».

a) Quand nous .... (être, imparfait) jeunes, ton père et moi n' .... (avoir, imparfait) pas de tablette.

b) Nous n' .... (avoir, imparfait) pas d'ordinateur. Aujourd'hui, nous .... (avoir, présent) tout ce qu'il faut.

c) Vous .... (avoir, présent) peut-être même plus que ce dont vous avez besoin.

d) Nous .... (avoir, futur) toujours à cœur votre bienêtre.

e) Vous .... (être, présent) nos enfants et vous le .... (être, futur) toujours !

Réussir en conjugaison CE1-CE2 © Éditions Retz

9 Conjuguer les verbes « être » et « avoir »

Séance 5 – Exercices bilan – niveau 2

Prénom : ....

Date : ....

1 Conjugue les verbes entre parenthèses au temps indiqué.

★ **Ton but :** t'entrainer à conjuguer « avoir » et « être » avec « je », « il » ou « elle ».

a) J' .... (avoir, présent) le dernier numéro de *BD magazine*. J' .... (avoir, passé composé) beaucoup de mal à le trouver.

b) Il .... (être, présent) très rare. Il n'y en .... (avoir, présent) que mille numéros au monde !

c) J' .... (être, passé composé) chez trois marchands de journaux puis sur internet.

d) Un particulier .... (être, passé composé) sympathique. Il en .... (avoir, imparfait) deux exemplaires.

e) Le magazine .... (être, futur) rangé dans ma bibliothèque.

2 Conjugue les verbes entre parenthèses au temps indiqué.

★ **Ton but :** t'entrainer à conjuguer « avoir » et « être » avec « je », « tu », « il » ou « elle ».

a) La poule .... (avoir, présent) deux œufs. Elle .... (être, présent) assise dessus pour le couver.

b) J' .... (avoir, présent) un panier pour les ramasser. Je .... (être, présent) prudent.

c) Tu .... (être, présent) avec moi dans le poulailler.

d) Hier, la poule n' .... (avoir, imparfait) aucun œuf. Tu .... (être, passé composé) vérifier.

e) Il y .... (avoir, futur) d'autres œufs cette semaine.

3 Conjugue les verbes entre parenthèses au temps indiqué.

★ **Ton but :** t'entrainer à conjuguer « avoir » et « être » avec « il », « elle », « ils » ou « elles ».

a) Dans un an, ton frère .... (être, futur) à la fac, mais ils .... (être, présent) encore au lycée.

b) Ton frère et le mien .... (être, futur) des étudiants. Ils .... (avoir, futur) un ordinateur.

c) Ils .... (avoir, futur) bientôt le baccalauréat à préparer. Je sais qu'ils .... (être, futur) prêts.

d) Ils .... (être, passé composé) à la bibliothèque hier. Leur révision .... (être, imparfait) difficile.

4 Conjugue les verbes entre parenthèses au temps indiqué.

★ **Ton but :** t'entrainer à conjuguer « avoir » et « être » avec « nous » et « vous ».

a) Nous .... (avons, imparfait) un chien. Bientôt, nous en .... (avoir, futur) deux.

b) Mon frère et moi .... (être, futur) aux anges. Nous .... (être, passé composé) dans un chenil.

c) Vous .... (avoir, futur) aussi envie d'en avoir un ! Vous en .... (avoir, imparfait) un, avant.

e) Un jour, vous .... (être, passé composé) surpris car nous .... (être, passé composé) sur son dos !

Réussir en conjugaison CE1-CE2 © Éditions Retz

Conjuguer les verbes « faire » et « dire » (CE1 et CE2)

1. Prérequis

– Savoir reconnaitre un verbe conjugué et son sujet dans une phrase.

– Savoir trouver l'infinitif d'un verbe conjugué.

– Connaitre les pronoms personnels sujets et savoir pronominaliser un groupe nominal sujet.

2. Objectifs

– Renforcer la maitrise de la conjugaison au présent, à l'imparfait, au futur (et au passé composé, en CE2).

– Découvrir la conjugaison des verbes « faire » et « dire ».

3. Structure de la séquence

– Nombre de séances : 5.

– Durée des séances : 40 à 50 minutes.

4. Déroulement des séances

1. Conjuguer « faire » et « dire » avec « je » et « tu ».
2. Conjuguer « faire » et « dire » avec « il » ou « elle » et « ils » ou « elles ».
3. Conjuguer « faire » et « dire » avec « je », « tu », « il » ou « elle » et « ils » ou « elles ».
4. Conjuguer « faire » et « dire » avec « nous » et « vous ».
5. Conjuguer « faire » et « dire » avec toutes les personnes, à tous les temps étudiés.

À savoir

À l'imparfait, les deux verbes se construisent de façon similaire : un « s », transcription du son [z], vient s'intercaler entre le radical et la terminaison.

Au futur, le radical de « faire » change pour devenir « fe- ». La conjugaison de « dire » est, elle, régulière.

Au présent, on note pour les deux verbes une similarité avec le pronom « nous », où le « s » apparait, et avec le pronom « vous », où la terminaison « -tes » remplace l'habituel « -ez ». Pour le verbe « dire », le « s » est également présent à la troisième personne du pluriel.

Séance 1 | Conjuguer « faire » et « dire » avec « je » et « tu »

SÉANCE DE DÉCOUVERTE

1. Rechercher l'orthographe des verbes avec « je » et « tu »

Durée 15 minutes

Matériel
- une ardoise par élève (ou un cahier d'essai)
- les affiches collectives de récolte Exemple d'affiche collective de récolte CE1 et Exemple d'affiche collective de récolte CE2
- une affiche vierge
- les extraits à projeter 10. Exemples « faire » et 10. Exemples « dire »

Noter au tableau les infinitifs des verbes « faire » et « dire » en expliquant que ce sont les verbes qui seront travaillés aujourd'hui.
Dicter les phrases suivantes.

> ***Je dis*** *une phrase simple.*
>
> ***Je dis*** *une blague.*
>
> ***Tu dis*** *que tu aimes les framboises.*
>
> ***Je fais*** *une roulade.*
>
> ***Tu fais*** *un schéma.*
>
> ***Tu fais*** *des cabrioles dans la cour.*
>
> ***Je disais*** *beaucoup de choses rigolotes quand j'étais plus petit.*
>
> *Ce matin,* ***tu disais*** *que tu aimais jouer à la balle.*
>
> *L'année dernière,* ***je faisais*** *souvent des dessins pour mes amis.*

J'ai dit que j'aimais la crème chantilly. (CE2)

J'ai fait *un spectacle de danse.* (CE2)

Tu as dit *ton prénom au nouvel élève.* (CE2)

Tu as fait *une carte d'invitation pour chacun de tes amis.* (CE2)

L'année prochaine, ***je dirai*** *à mes nouveaux amis de venir à mon anniversaire.*

La semaine prochaine, ***je ferai*** *du trampoline dans mon jardin.*

Demain, ***tu feras*** *des activités amusantes avec tes camarades.*

À l'imparfait, un « s » produisant le son [z] apparait entre le radical et la terminaison. Rappeler qu'il est important d'écrire ce que l'on entend et que la lettre « s » est celle qui est le plus souvent utilisée pour produire le son [z] entre deux voyelles.

À la fin de chaque phrase, les différentes propositions sont copiées au tableau puis débattues en classe entière, si nécessaire. On reviendra, à chaque fois, à la règle précédemment étudiée qui sera reformulée par les élèves eux-mêmes.

S'appuyer sur l'affiche de récolte complétée tout au long de l'année. Sinon, utiliser l'extrait des ressources numériques, adapté.

Une fois validée, la bonne réponse sera consignée sur l'affiche collective. Rappeler le code utilisé.

Exemple de trace écrite :

	IMPARFAIT	PRÉSENT	FUTUR
JE	je faisais	je fais	je ferai
	je disais	je dis	je dirai
TU	tu faisais	tu fais	tu feras
	tu disais	tu dis	tu diras

En CE2, la colonne « passé composé » sera à gauche de la colonne « imparfait ». Pour chaque verbe, on soulignera le participe passé et on encadrera « it » (en bleu).

tu as fait

Cet affichage permettra de faire remarquer :

- la régularité des terminaisons à tous les temps, pour ces deux verbes (ce n'est donc pas la source de difficulté de ces verbes-ci) ;
- que les verbes conjugués se terminent toujours par la lettre « -s » avec « tu » et presque toujours avec « je », exception faite du futur (c'est un rappel) ;
- qu'au présent, les deux verbes sont parfaitement réguliers avec « je » et « tu » ;
- qu'à l'imparfait, les deux verbes ont un « s », transcription du son [z], entre le radical et la terminaison ;
- que le verbe « faire » est particulier : il s'écrit « faisais » mais se prononce « fesais » [fəzɛ]. Cette particularité n'est pas maintenue au futur où l'on écrit le mot comme il se prononce.

Cette trace écrite reste affichée pour les exercices d'entrainement.

2. Exercice d'entrainement

Durée 20 minutes

Matériel
- la trace écrite collective affichée
- les fiches de l'exercice individuel (ou l'exercice projeté au tableau) 10-1. Exercice individuel niveau 1 et 10-1. Exercice individuel niveau 2, avec ou sans aide
- la grille d'observation 10. Grille d'observation

Faire les exercices en suivant la démarche habituelle.

3. Bilan

Durée 5 minutes

Matériel la trace écrite collective

Demander aux élèves de faire le point sur ce qu'ils ont appris et retenu.

Séance 2 | Conjuguer « faire » et « dire » avec « il » ou « elle » et « ils » ou « elles »

SÉANCE DE DÉCOUVERTE

1. Rechercher l'orthographe des verbes avec « il » ou « elle » et « ils » ou « elles »

Durée 15 minutes

Matériel
- une ardoise par élève (ou un cahier d'essai)
- les affiches collectives de récolte
  Exemple d'affiche collective de récolte CE1 et
  Exemple d'affiche collective de récolte CE2
- une affiche vierge
- les extraits à projeter 10. Exemples « faire » et
  10. Exemples « dire »

Faire rappeler le travail mené lors de la séance précédente. Noter au tableau les infinitifs des verbes « faire » et « dire » en précisant qu'il s'agit de poursuivre le travail mené sur ces verbes.

Dicter les phrases suivantes.

__Il dit__ des mensonges.

__Ils disent__ qu'ils préfèrent manger à la cantine.

__Ma sœur dit__ toujours ce qu'elle pense.

__Mon père fait__ de très bons plats.

__Mes parents font__ des blagues étranges.

__Elles font__ beaucoup de bruit.

__L'entraineur disait__ des choses très encourageantes.

__Nos adversaires faisaient__ beaucoup d'histoires.

Souvent, __ils disaient__ que nous avions triché.

__Le chat faisait__ des petits bonds dans le salon.

__Le chien a fait__ une bêtise. (CE2)

__Il a fait__ une sculpture impressionnante. (CE2)

__Elles ont fait__ une ronde pour jouer à la balle. (CE2)

__Les élèves ont dit__ qu'ils voulaient jouer dehors. (CE2)

L'année prochaine, __il fera__ plus chaud que cette année.

*La semaine prochaine, **mes amis feront** une sortie au musée.*

*Demain, **elle dira** à la maitresse qu'elle a perdu son stylo.*

***Ils diront** ce qu'ils en pensent plus tard.*

»

Le présent de « faire » à la troisième personne du pluriel surprend parfois. Conseiller aux élèves de commencer par écrire ce qu'ils entendent (« fon ») et de se souvenir de la règle déjà connue (« -ent » ou « -nt » avec « ils »). Il est aussi possible, au moment de la correction, de faire le parallèle avec « sont » qui a déjà été vu lors de la séquence sur le verbe « être ».
Insister, encore, sur la lettre « s » qui produit le son [z] dans « disent » et à l'imparfait : on écrit ce que l'on entend et la lettre « s » est la lettre la plus souvent utilisée pour faire le son [z] entre deux voyelles.
À l'imparfait, la différence entre singulier et pluriel ne s'entend pas. Inviter les élèves à rester vigilants sur ce point.

À la fin de chaque phrase, les différentes propositions sont copiées au tableau puis débattues en classe entière, si nécessaire. On reviendra, à chaque fois, à la règle précédemment étudiée.
S'appuyer sur l'affiche collective de récolte ou sur l'extrait des ressources numériques.
Une fois validée, la bonne réponse sera consignée sur l'affiche collective. Rappeler le code utilisé.

Exemple de trace écrite :

	IMPARFAIT	PRÉSENT	FUTUR
IL	il faisait	il fait	il fera
	il disait	il dit	il dira
ILS	ils faisaient	ils font	ils feront
	ils disaient	ils disent	ils diront

En CE2, la colonne « passé composé » sera à gauche de la colonne « imparfait ».

Cet affichage permettra de faire remarquer :

- la régularité des terminaisons à tous les temps, pour ces deux verbes (ce n'est donc pas la source de difficulté de ces verbes-ci) ;
- que les verbes conjugués se terminent toujours par « -nt » ou « -ent » avec « ils » ou « elles » et presque toujours par la lettre « -t » avec « il » ou « elle », exception faite du futur (c'est un rappel) ;
- qu'au présent, les deux verbes sont parfaitement réguliers avec « il » ou « elle » et « ils » ou « elles » ;
- qu'à l'imparfait, les deux verbes ont un « s », transcription du son [z], entre le radical et la terminaison ;
- que le verbe « faire » est particulier : il s'écrit « faisait » mais se prononce « fesait » [fəzɛ]. Cette particularité n'est pas maintenue au futur, où l'on écrit le mot comme il se prononce.

Cette trace écrite reste affichée pour les exercices d'entrainement.

2. Exercice d'entrainement

Durée 20 minutes

Matériel
- la trace écrite collective affichée
- les fiches de l'exercice individuel (ou l'exercice projeté au tableau) 10-2. Exercice individuel niveau 1 et 10-2. Exercice individuel niveau 2, avec ou sans aide
- la grille d'observation 10. Grille d'observation

Faire les exercices en suivant la démarche habituelle.

3. Bilan

Durée 5 minutes

Matériel la trace écrite collective

Demander aux élèves de faire le point sur ce qu'ils ont appris et retenu.

Séance 3 | Conjuguer « faire » et « dire » avec « je », « tu », « il » ou « elle » et « ils » ou « elles »

SÉANCE D'ENTRAINEMENT

1. Rappel des séances précédentes

Durée 15 minutes
Matériel – la trace écrite collective affichée
– une ardoise par élève (ou un cahier d'essai)

Faire rappeler le travail mené lors des séances précédentes. Noter au tableau les infinitifs des verbes « faire » et « dire » en précisant qu'il s'agit de poursuivre le travail mené sur ces verbes.

Dicter les phrases suivantes.

« ***Il dit*** *une bonne réponse.*

Ils disent *« au revoir ».*

Ma sœur dit *souvent les mêmes choses.*

Mon père fait *des photographies de paysages.*

Mes grands-parents font *des crêpes.*

Mes copines font *une course en trottinette.*

Mon frère disait *que j'avais de la chance.*

Ils faisaient *de la gymnastique tous les mardis.*

Tous les dimanches, ***mes parents faisaient*** *d'excellents gâteaux.*

Son fils faisait *des promenades tous les weekends.*

Ma mère a fait *sa valise pour partir en voyage.* (CE2)

Léonie a fait *ses lacets.* (CE2)

Elles ont fait *du ski cet hiver.* (CE2)

Les élèves ont dit *la vérité.* (CE2)

Il fera *attention la prochaine fois.*

Les hirondelles feront *leur nid au printemps.*

Demain, ***le maitre dira*** *aux élèves d'être calmes à la médiathèque.*

Les chercheurs diront *beaucoup de mots savants.* »

À la fin de chaque phrase, les différentes propositions sont copiées au tableau puis débattues en classe entière, au besoin. On reviendra, à chaque fois, à la règle précédemment étudiée.
Si nécessaire, utiliser l'extrait des ressources numériques ou l'affichage collectif.
La trace écrite collective reste affichée pour les exercices d'entrainement.

2. Exercice d'entrainement

Durée 20 minutes
Matériel
- la trace écrite collective affichée
- les fiches de l'exercice individuel (ou l'exercice projeté au tableau) 10-3. Exercice individuel niveau 1 et 10-3. Exercice individuel niveau 2, avec ou sans aide
- la grille d'observation 10. Grille d'observation

Faire les exercices en suivant la démarche habituelle.

3. Bilan

Durée 5 minutes
Matériel la trace écrite collective

Demander aux élèves de faire le point sur ce qu'ils ont appris et retenu.

Séance 4 | Conjuguer « faire » et « dire » avec « nous » et « vous »

SÉANCE DE DÉCOUVERTE

1. Rechercher l'orthographe des verbes avec « nous » et « vous »

Durée 15 minutes

Matériel
- une ardoise par élève (ou un cahier d'essai)
- les affiches collectives de récolte Exemple d'affiche collective de récolte CE1 et Exemple d'affiche collective de récolte CE2
- une affiche vierge
- les extraits à projeter 10. Exemples « faire » et 10. Exemples « dire »

Faire rappeler le travail mené lors des séances précédentes. Noter au tableau les infinitifs des verbes « faire » et « dire » en précisant qu'il s'agit de poursuivre le travail mené sur ces verbes.

Dicter les phrases suivantes.

« ***Nous disons*** *ce que nous avons retenu de notre leçon.*

Nous faisons *une production collective en arts plastiques.*

Vous dites *que vous êtes heureux.*

Vous faites *rarement des histoires.*

Nous disons *quels poèmes nous avons choisis.*

Ma sœur et moi disions *le titre des histoires que nous préférions.*

Vous faisiez *du vélo.*

Nous avons fait *la vaisselle ensemble.* (CE2)

Nous avons dit *des âneries.* (CE2)

Vous avez fait *les fous.* (CE2)

Vous avez dit *« bonjour ».* (CE2)

Nous dirons *« merci ».*

Vous direz *ce que vous voudrez.*

Nous ferons *de la peinture.*

Vous ferez *attention à vos affaires.* »

Au présent, on rencontre à nouveau le « s », qui produit le son [z], venant s'intercaler entre le radical et la terminaison. Cette fois-ci, il s'applique aux deux verbes : c'est l'une des raisons pour laquelle on a regroupé l'étude de ces derniers.
De même, avec « vous », la terminaison devient « -tes » au lieu de l'habituel « -ez ». On devrait pouvoir s'appuyer sur l'oral, mais certains élèves font encore l'erreur de dire « disez » et « faisez ». C'est une autre particularité que partagent ces deux verbes.

À la fin de chaque phrase, les différentes propositions sont copiées au tableau puis débattues en classe entière, si nécessaire. On reviendra, à chaque fois, à la règle précédemment étudiée.
S'appuyer sur l'affiche collective de récolte ou sur l'extrait des ressources numériques. Une fois validée, la bonne réponse sera consignée sur l'affiche collective. Rappeler le code utilisé.

Exemple de trace écrite :

	IMPARFAIT	PRÉSENT	FUTUR
NOUS	nous faisions	nous faisons	nous ferons
	nous disions	nous disons	nous dirons
VOUS	vous faisiez	vous faites	vous ferez
	vous disiez	vous dites	vous direz

En CE2, la colonne « passé composé » sera à gauche de la colonne « imparfait ».

Cet affichage permettra de faire remarquer :

- la régularité des terminaisons à tous les temps, pour ces deux verbes (ce n'est donc pas la source de difficulté de ces verbes-ci) ;
- que les verbes conjugués se terminent toujours par « -ons » avec « nous » et par « -ez » avec « vous » à l'imparfait et au futur ;
- qu'au présent, la marque de la personne est régulière avec « nous » ;
- qu'à l'imparfait, avec « nous » et « vous », mais aussi au présent avec « nous », les deux verbes ont un « s », transcription du son [z], entre le radical et la terminaison ;
- que le verbe « faire » est particulier : il s'écrit « faisons » mais se prononce « fesons » [fəzɔ̃]. Cette particularité n'est pas maintenue au futur, où l'on écrit le mot comme il se prononce.

Cette trace écrite reste affichée pour les exercices d'entrainement.

2. Exercice d'entrainement

Durée 20 minutes
Matériel
– la trace écrite collective affichée
– les fiches de l'exercice individuel (ou l'exercice projeté au tableau) 10-4. Exercice individuel niveau 1 et 10-4. Exercice individuel niveau 2, avec ou sans aide
– la grille d'observation 10. Grille d'observation

Faire les exercices en suivant la démarche habituelle.

3. Bilan

Durée 5 minutes
Matériel la trace écrite collective

Demander aux élèves de faire le point sur ce qu'ils ont appris et retenu.

Séance 5 | Conjuguer « faire » et « dire » avec toutes les personnes, à tous les temps étudiés

SÉANCE DE BILAN

1. Rappel des séances précédentes

Durée 15 minutes
Matériel
– la trace écrite collective affichée
– une ardoise par élève

Faire rappeler le travail mené lors des séances précédentes et ce qui a été appris, succinctement.

Préciser l'objectif de la séance : s'entrainer sur tout ce qui a été appris durant la séquence.
Dicter les phrases suivantes après avoir noté les infinitifs « faire » et « dire » au tableau.

*« **Nous faisons** de notre mieux.*

***Je fais** du bon travail.*

***Ils font** du basketball dans la cour de récréation.*

***Vous faites** preuve de courage, même quand c'est difficile.*

***Vous dites** « bonjour » à tout le monde.*

***Ils disent** qu'elle est malade.*

***Tu disais** un secret à ton amie.*

***Tom disait** de faire attention.*

***Les amis de mes parents disaient** qu'ils partiraient en vacances bientôt.*

***Mes amis et moi faisions** beaucoup de bruit à ma fête d'anniversaire.*

***Nous disions** beaucoup de blagues.*

***Nous avons fait** un jeu très amusant.* (CE2)

***Ils ont dit** qu'ils s'étaient bien amusés.* (CE2)

***J'ai dit** « merci » à tous mes invités.* (CE2)

***Tu diras** ce qu'il te plait.*

***Je ferai** un peu de sport.*

***Ton frère et toi ferez** de la luge. »*

À la fin de chaque phrase, les différentes propositions sont copiées au tableau puis débattues en classe entière, au besoin. On reviendra, à chaque fois, à la règle précédemment étudiée.
Si nécessaire, utiliser l'extrait des ressources numériques ou l'affichage collectif.
La trace écrite collective reste affichée pour les exercices d'entrainement.

2. Synthèse et trace écrite

Durée	15 minutes
Matériel	– le cahier de leçon – les supports de la leçon à manipuler 10-5. Support LAM faire et 10-5. Support LAM dire

Demander aux élèves de faire le point sur tout ce qu'ils ont appris durant cette séquence.
Faire coller la trace écrite sous forme de leçon à manipuler. Elle servira de support pour la réalisation des exercices suivants.

3. Exercices d'entrainement

Durée 15 minutes

Matériel
- la trace écrite collective affichée
- les fiches d'exercices bilan où les exercices ont déjà été ciblés individuellement 10-5. Exercices bilan niveau 1 et 10-5. Exercices bilan niveau 2, avec ou sans aide
- la grille d'observation 10. Grille d'observation

Faire les exercices en suivant la démarche habituelle.

4. Bilan de la séquence

Durée 5 à 10 minutes

Matériel les traces écrites précédemment réalisées

Proposer à chaque élève de faire le point sur ses acquisitions.

Exercices bilan, niveaux 1 et 2

10

Conjuguer les verbes « faire » et « dire »

Séance 5 – Exercices bilan – niveau 1

Prénom : ……………………

Date : ……………………

1 Conjugue les verbes entre parenthèses au temps indiqué.

★ **Ton but :** t'entrainer à conjuguer « avoir » et « être » avec « je », « il » ou « elle ».

a) Tim …… (faire, imparfait) une bêtise dans la cour. Il …… (dire, imparfait) des gros mots.

b) Si je …… (dire, imparfait) la vérité à la maitresse, il serait surement puni.

c) La maitresse …… (dire, présent) toujours qu'il faut être honnête.

d) Elle ajoute que si un élève …… (dire, présent) la vérité, il ne se …… (faire, futur) pas punir.

e) Je …… (dire, futur) à Tim qu'il devrait se dénoncer, mais il …… (faire, futur) comme il l'entend.

2 Conjugue les verbes entre parenthèses au temps indiqué.

★ **Ton but :** t'entrainer à conjuguer « avoir » et « être » avec « je », « tu » et « il ».

a) Le mardi, je …… (faire, présent) du pingpong. L'an dernier, je …… (faire, imparfait) du dessin.

b) Toi, tu me …… (dire, présent) que tu ne …… (faire, présent) plus rien.

c) Tu …… (faire, imparfait) de la danse, avant. Tu …… (faire, futur) du sport à nouveau, bientôt ?

d) Je te …… (dire, futur) si le pingpong me plait.

e) Tu …… (dire, imparfait) que tu aimais ça.

3 Conjugue les verbes entre parenthèses au temps indiqué.

★ **Ton but :** t'entrainer à conjuguer « avoir » et « être » avec « il », « elle », « ils » ou « elles ».

a) Mon chat …… (faire, présent) « Miaou ». Mes chiens …… (faire, présent) « Ouaf ! ».

b) Avant, j'avais des poules. Elles …… (faire, imparfait) « Cot, cot ». Et la chèvre …… (faire, imparfait) « Bêêê ».

c) Avant, mon cousin …… (dire, imparfait) qu'il adorait ça. Il …… (faire, imparfait) de belles imitations.

d) Quand il aura des animaux chez lui et qu'ils …… (faire, futur) autant de bruit, il ne …… (dire, futur) plus ça !

4 Conjugue les verbes entre parenthèses au temps indiqué.

★ **Ton but :** t'entrainer à conjuguer « avoir » et « être » avec « nous » et « vous ».

a) Quand nous …… (faire, futur) notre pièce de théâtre, nous …… (dire, futur) notre texte facilement.

b) Pour le moment, vous …… (faire, présent) les souffleurs, car nous …… (dire, présent) le texte avec hésitation.

c) Nous …… (faire, imparfait) beaucoup d'erreurs hier encore. Nous …… (dire, imparfait) d'autres mots que ceux du texte.

d) Vous …… (dire, présent) que nous …… (faire, présent) des progrès.

Réussir en conjugaison CE1-CE2 © Éditions Retz

10

Conjuguer les verbes « faire » et « dire »

Séance 5 – Exercices bilan – niveau 2

Prénom : ……………………

Date : ……………………

1 Conjugue les verbes entre parenthèses au temps indiqué.

★ **Ton but :** t'entrainer à conjuguer « avoir » et « être » avec « je », « il » ou « elle ».

a) En CP, je …… (faire, imparfait) mal mes lettres. Je …… (dire, imparfait) que je n'y arriverais jamais !

b) Le maître …… (dire, imparfait) qu'il fallait être patient. Il …… (faire, imparfait) tout pour m'aider.

c) Ma mère …… …… (dire, passé composé) que je finirais par réussir, elle aussi.

d) Aujourd'hui, je …… (faire, présent) de belles lettres. J'…… …… (faire, passé composé) beaucoup d'efforts.

e) Dans quelques semaines, je …… (faire, futur) mon premier cours de calligraphie.

2 Conjugue les verbes entre parenthèses au temps indiqué.

★ **Ton but :** t'entrainer à conjuguer « avoir » et « être » avec « je », « tu » et « il ».

a) La classe …… (faire, présent) du ski en classe de neige. Hier, je …… (faire, imparfait) le timide, je l'…… …… (dire, passé composé) au moniteur. Mais aujourd'hui, je …… (faire, futur) de mon mieux.

b) Ce soir, je …… (faire, futur) une veillée « bricolage ». Je te …… (dire, futur) ce que j'ai fabriqué.

c) Demain, l'animateur nous …… (faire, futur) chercher des traces d'animaux dans la neige.

d) L'année dernière, la maitresse n'…… pas …… (faire, passé composé) de classe de neige.

3 Conjugue les verbes entre parenthèses au temps indiqué.

★ **Ton but :** t'entrainer à conjuguer « avoir » et « être » avec « il », « elle », « ils » ou « elles ».

a) Si Carole …… (dire, présent) son secret, qu'est-ce que ses amis …… (faire, futur) ?

b) Luc et Amine …… (faire, imparfait) semblant de rien, mais ils m'…… …… (dire, passé composé) qu'ils savaient tout. Ils …… (dire, futur) peut-être le secret à tout le monde !

c) Carole …… (dire, imparfait) des mensonges à Malo. Quand il le saura, qu'est-ce qu'il …… (dire, futur) ?

d) Carole et Malo …… …… (faire, passé composé) les quatre-cents coups ensemble !

4 Conjugue les verbes entre parenthèses au temps indiqué.

★ **Ton but :** t'entrainer à conjuguer « avoir » et « être » avec « nous » et « vous ».

a) Jeunes, Léo et moi …… (faire, imparfait) les clowns. Nous …… (dire, imparfait) des blagues.

b) Nous …… …… (faire, passé composé) plusieurs numéros comiques.

c) Aujourd'hui, nous …… (faire, présent) un spectacle de temps en temps pour nos enfants.

d) Nous leur …… (dire, présent) qu'il est bon de rire. Papa et toi nous le …… (dire, imparfait) souvent.

e) Maintenant, c'est vous qui …… (faire, présent) les clowns ! Un jour, nos enfants …… (faire, futur) comme vous.

Réussir en conjugaison CE1-CE2 © Éditions Retz

Conjuguer le verbe « prendre » (CE2)

1. Prérequis

– Savoir reconnaitre un verbe conjugué et son sujet dans une phrase.

– Savoir trouver l'infinitif d'un verbe conjugué.

– Connaitre les pronoms personnels sujets et savoir pronominaliser un groupe nominal sujet.

2. Objectifs

– Renforcer la maitrise de la conjugaison au présent, à l'imparfait, au futur et au passé composé.

– Découvrir la conjugaison du verbe « prendre ».

3. Structure de la séquence

– Nombre de séances : 5.

– Durée des séances : 40 à 50 minutes.

4. Déroulement des séances

1. Conjuguer « prendre » avec « je » et « tu ».
2. Conjuguer « prendre » avec « il » ou « elle » et « ils » ou « elles ».
3. Conjuguer « prendre » avec « je », « tu », « il » ou « elle » et « ils » ou « elles ».
4. Conjuguer « prendre » avec « nous » et « vous ».
5. Conjuguer « prendre » avec toutes les personnes, à tous les temps étudiés.

À savoir

« Prendre » est un verbe fréquent qui pourra servir de modèle pour les autres verbes dont l'infinitif se termine avec les lettres « -dre ». La principale difficulté consiste à savoir si le radical conserve la lettre « d » ou non. À l'imparfait comme au futur, on s'appuiera sur ce qui est entendu. Au présent, cela n'est pas toujours possible.

En effet, au présent, la lettre « d » est conservée au singulier, mais ne s'entend pas. Avec le pronom « il » (ou « elle »), on n'ajoute pas de « -t » final pour marquer la personne. Ce « d » disparait au pluriel et le « n » est doublé pour le pronom « ils » (ou « elles »), permettant ainsi à la lettre « e » de produire le son [ɛ].

Ce radical, sans la lettre « d », est conservé à l'imparfait. Au futur, cependant, la lettre « d » refait son apparition.

Séance 1 | Conjuguer « prendre » avec « je » et « tu »

SÉANCE DE DÉCOUVERTE

1. Rechercher l'orthographe du verbe avec « je » et « tu »

Durée 15 minutes

Matériel
- une ardoise par élève (ou un cahier d'essai)
- l'affiche collective de récolte
  Exemple d'affiche collective de récolte CE2
- une affiche vierge
- les extraits à projeter 11. Exemples « prendre »

Noter au tableau l'infinitif du verbe « prendre » en expliquant qu'il s'agit du verbe qui sera travaillé aujourd'hui.
Dicter les phrases suivantes.

« ***Je prends*** *mon sac de piscine.*

Tu prends *beaucoup de place sur le banc.*

Je prenais *deux biscuits pour le petit-déjeuner.*

Tu prenais *un croissant.*

J'ai pris *des vêtements de sport.*

Tu as pris *des vacances.*

Je prendrai *une assiette de poisson et purée.*

Tu prendras *des nouilles sautées.* »

Deux erreurs peuvent être rencontrées. La principale concerne la présence de la lettre « d » dans la terminaison au présent. Il s'agit de l'une des particularités principales de ce verbe, qui est également celle des verbes se terminant par les lettres « -dre ». Il se peut aussi que les élèves écrivent deux fois la lettre « n » à l'imparfait. Or, « enn- » se dit [ɛn] (« ènne ») et « en- », suivi d'une voyelle, se dira [ən] (« eune »). On pourra éventuellement s'appuyer sur la leçon de phonologie ou d'orthographe correspondante, si elle a déjà été réalisée.

À la fin de chaque phrase, les différentes propositions sont copiées au tableau puis débattues en classe entière, si nécessaire. On reviendra, à chaque fois, à la règle précédemment étudiée qui sera reformulée par les élèves eux-mêmes.

S'appuyer sur l'affiche de récolte complétée tout au long de l'année. Sinon, utiliser l'extrait des ressources numériques, adapté.

Une fois validée, la bonne réponse sera consignée sur l'affiche collective. Rappeler le code utilisé.

Exemple de trace écrite :

	IMPARFAIT	PRÉSENT	FUTUR
JE	je prenais	je prends	je prendrai
TU	tu prenais	tu prends	tu prendras

La colonne « passé composé » sera à gauche de la colonne « imparfait ». On entourera la terminaison régulière de « tu as ». Pour chaque verbe, on soulignera le participe passé et on encadrera en bleu les lettres « -is ».

tu as pris

Cet affichage permettra de faire remarquer :

- la régularité de l'imparfait et du futur ;
- l'importance de conserver la lettre « d » au futur (elle s'entend) ;
- l'irrégularité du présent, même si l'on retrouve la présence de la lettre « -s » finale avec les pronoms « je » et « tu » : il faut simplement penser à garder la lettre « d ».

Cette trace écrite reste affichée pour les exercices d'entrainement.

2. Exercice d'entrainement

Durée 20 minutes
Matériel
- la trace écrite collective affichée
- les fiches de l'exercice individuel (ou l'exercice projeté au tableau) 11-1. Exercice individuel niveau 2, avec ou sans aide
- la grille d'observation 11. Grille d'observation

Faire les exercices en suivant la démarche habituelle.

3. Bilan

Durée 5 minutes
Matériel la trace écrite collective

Demander aux élèves de faire le point sur ce qu'ils ont appris et retenu.

Séance 2 | Conjuguer « prendre » avec « il » ou « elle » et « ils » ou « elles »

SÉANCE DE DÉCOUVERTE

1. Rechercher l'orthographe du verbe avec « il » ou « elle » et « ils » ou « elles »

Durée 15 minutes
Matériel
- une ardoise par élève (ou un cahier d'essai)
- l'affiche collective de récolte Exemple d'affiche collective de récolte CE2
- une affiche vierge
- les extraits à projeter 11. Exemples « prendre »

Faire rappeler le travail mené lors de la séance précédente. Noter au tableau l'infinitif du verbe « prendre » en précisant qu'il s'agit de poursuivre le travail mené sur ce verbe.

Dicter les phrases suivantes.

« *Il* ***prend*** *le train.*

Elles prennent *la voiture.*

Il prenait *son vélo.*

Elles prenaient *leur moto.*

Le voisin ***a pris*** *une pomme au marché.*

Mes oncles ***ont pris*** *une salade.*

Le bébé de ma tante ***prendra*** *beaucoup de poids les premiers mois.*

Les animaux du zoo ***prendront*** *la nourriture qu'on leur apporte.* »

Comme précédemment, deux erreurs peuvent être rencontrées. La principale concerne la présence de la lettre « -d », à la place de la lettre « -t », au présent, avec la troisième personne du singulier. Il se peut aussi que les élèves ne sachent pas s'il faut écrire deux fois la lettre « n », au présent et à l'imparfait, avec le pronom « ils » ou « elles ». On rappellera que « enn- » se dit [ɛn] (« ènne ») et « en- », suivi d'une voyelle, se dira [ən] (« eune »).

À la fin de chaque phrase, les différentes propositions sont copiées au tableau puis débattues en classe entière, si nécessaire. On reviendra, à chaque fois, à la règle précédemment étudiée.
S'appuyer sur l'affiche collective de récolte ou sur l'extrait des ressources numériques. Une fois validée, la bonne réponse sera consignée sur l'affiche collective. Rappeler le code utilisé.

Exemple de trace écrite :

	IMPARFAIT	PRÉSENT	FUTUR
IL	il prenait	il prend	il prendra
ILS	ils prenaient	ils prennent	ils prendront

La colonne « passé composé » sera à gauche de la colonne « imparfait ». On entourera la terminaison régulière de « tu as ». Pour chaque verbe, on soulignera le participe passé et on encadrera en bleu les lettres « -is ».

il a pris

Cet affichage permettra de faire remarquer :
- la régularité de l'imparfait et du futur ;
- l'importance de conserver la lettre « d » au futur (elle s'entend) ;

– l'irrégularité du présent, où la lettre « -d » remplace le « -t » avec le pronom « il » et où la lettre « n » est doublée avec le pronom « ils ».

Cette trace écrite reste affichée pour les exercices d'entrainement.

2. Exercice d'entrainement

Durée 20 minutes

Matériel
- la trace écrite collective affichée
- les fiches de l'exercice individuel (ou l'exercice projeté au tableau) 11-2. Exercice individuel niveau 2, avec ou sans aide
- la grille d'observation 11. Grille d'observation

Faire les exercices en suivant la démarche habituelle.

3. Bilan

Durée 5 minutes

Matériel la trace écrite collective

Demander aux élèves de faire le point sur ce qu'ils ont appris et retenu.

Séance 3 | Conjuguer « prendre » avec « je », « tu », « il » ou « elle » et « ils » ou « elles »

SÉANCE D'ENTRAINEMENT

1. Rappel des séances précédentes

Durée 15 minutes

Matériel
- la trace écrite collective affichée
- une ardoise par élève (ou un cahier d'essai)

Faire rappeler le travail mené lors des séances précédentes. Noter au tableau l'infinitif du verbe « prendre » en précisant qu'il s'agit de poursuivre le travail mené sur ce verbe.

Dicter les phrases suivantes.

« ***Je prends*** *un rendez-vous.*

Tu prends *un congé.*

Le bateau prend *la mer.*

Les oiseaux prennent *les graines laissées pour eux.*

Je prenais *peur facilement.*

Tu prenais *tout cela au sérieux.*

Il prenait *ses affaires.*

Les élèves prenaient *leur cahier.*

Les garçons ont pris *la corde à sauter.*

Luciana a pris *une balle.*

J'ai pris *une raquette.*

Tu as pris *l'autre raquette.*

Je prendrai *un dessert ce midi.*

Tu prendras *une part de tarte.*

Timéo prendra *de la glace au citron.*

Élise et Inès prendront *un yaourt.* »

À la fin de chaque phrase, les différentes propositions sont copiées au tableau puis débattues en classe entière, au besoin. On reviendra, à chaque fois, à la règle précédemment étudiée.
Si nécessaire, utiliser l'extrait des ressources numériques ou l'affichage collectif.
La trace écrite collective reste affichée pour les exercices d'entrainement.

2. Exercice d'entrainement

Durée 20 minutes

Matériel
- la trace écrite collective affichée
- les fiches de l'exercice individuel (ou l'exercice projeté au tableau) 11-3. Exercice individuel niveau 2, avec ou sans aide
- la grille d'observation 11. Grille d'observation

Faire les exercices en suivant la démarche habituelle.
Remarque : À partir de cette séance, des verbes de la famille de « prendre » (comme « comprendre », « apprendre », « reprendre », « surprendre », etc.) peuvent apparaitre. Il est nécessaire de prendre un moment pour observer la construction de ces verbes (ajout d'un préfixe) et d'en justifier la présence : ils se conjuguent exactement comme « prendre ». Au besoin, conjuguer collectivement un ou deux verbes de la famille de « prendre », pour verbaliser la procédure mentale que doit réaliser l'élève : reconnaitre le préfixe, le recopier puis conjuguer « prendre » et écrire à la suite directement (« tout collé »).

3. Bilan

Durée : 5 minutes
Matériel : la trace écrite collective

Demander aux élèves de faire le point sur ce qu'ils ont appris et retenu.

Séance 4 | Conjuguer « prendre » avec « nous » et « vous »

SÉANCE DE DÉCOUVERTE

1. Rechercher l'orthographe du verbe avec « nous » et « vous »

Durée : 15 minutes
Matériel :
- une ardoise par élève (ou un cahier d'essai)
- l'affiche collective de récolte
  Exemple d'affiche collective de récolte CE2
- une affiche vierge
- les extraits à projeter 11. Exemples « prendre »

Faire rappeler le travail mené lors des séances précédentes. Noter au tableau l'infinitif du verbe « prendre » en précisant qu'il s'agit de poursuivre le travail mené sur ce verbe.
Dicter les phrases suivantes.

« ***Nous prenons*** *une chaise.*

Vous prenez *place.*

Nous prenions *un café.*

Vous preniez *le thé.*

Nous avons pris *un carnet.*

Vous avez pris *vos bagages.*

Nous prendrons *notre maillot de bain.*

Vous prendrez *le soleil.* »

À la fin de chaque phrase, les différentes propositions sont copiées au tableau puis débattues en classe entière, si nécessaire. On reviendra, à chaque fois, à la règle précédemment étudiée.

S'appuyer sur l'affiche collective de récolte ou sur l'extrait des ressources numériques. Une fois validée, la bonne réponse sera consignée sur l'affiche collective. Rappeler le code utilisé.

Exemple de trace écrite :

	IMPARFAIT	PRÉSENT	FUTUR
NOUS	nous prenions	nous prenons	nous prendrons
VOUS	vous preniez	vous prennez	vous prendrez

La colonne « passé composé » sera à gauche de la colonne « imparfait ». On entourera la terminaison régulière de « nous avons » ou « vous avez ». Pour chaque verbe, on soulignera le participe passé et on encadrera en bleu les lettres « -is ».

nous avons pris vous avez pris

Cet affichage permettra de faire remarquer :

- la régularité de ce verbe à tous les temps ;
- l'importance de conserver la lettre « d » au futur (elle s'entend).

Cette trace écrite reste affichée pour les exercices d'entrainement.

2. Exercice d'entrainement

Durée 20 minutes

Matériel
- la trace écrite collective affichée
- les fiches de l'exercice individuel (ou l'exercice projeté au tableau) 11-4. Exercice individuel niveau 2, avec ou sans aide
- la grille d'observation 11. Grille d'observation

Faire les exercices en suivant la démarche habituelle.

3. Bilan

Durée	5 minutes
Matériel	la trace écrite collective

Demander aux élèves de faire le point sur ce qu'ils ont appris et retenu.

Séance 5 | Conjuguer « prendre » avec toutes les personnes, à tous les temps étudiés

SÉANCE DE BILAN

1. Rappel des séances précédentes

Durée	15 minutes
Matériel	– la trace écrite collective affichée – une ardoise par élève

Faire rappeler le travail mené lors des séances précédentes et ce qui a été appris, succinctement.
Préciser l'objectif de la séance : s'entrainer sur tout ce qui a été appris durant la séquence.

Dicter les phrases suivantes après avoir noté l'infinitif « prendre » au tableau.

« ***Nous prenons*** *un livre à la bibliothèque.*

Je prends *mon casque de vélo.*

Les élèves prennent *beaucoup de temps pour revenir.*

Vous prenez *vos jambes à votre cou.*

Tu prenais *du lait.*

Elsa prenait *des céréales.*

Les souris prenaient *tout le fromage laissé là.*

Mes amis et moi prenions *notre temps.*

Nous avons pris *de la peinture.*

Ils ont pris *leurs manteaux.*

J'ai pris *mes chaussures.*

Tu prendras *froid.*

Je prendrai *note de tes conseils.*

Ton cousin et toi prendrez *en compte les indications.* »

À la fin de chaque phrase, les différentes propositions sont copiées au tableau puis débattues en classe entière, au besoin. On reviendra, à chaque fois, à la règle précédemment étudiée.
Si nécessaire, utiliser l'extrait des ressources numériques ou l'affichage collectif.
La trace écrite collective reste affichée pour les exercices d'entrainement.

2. Synthèse et trace écrite

Durée 15 minutes
Matériel
- le cahier de leçon
- les supports de la leçon à manipuler 11-5. Support LAM « prendre »

Demander aux élèves de faire le point sur tout ce qu'ils ont appris durant cette séquence.
Faire coller la trace écrite sous forme de leçon à manipuler. Elle servira de support pour la réalisation des exercices suivants.

3. Exercice d'entrainement

Durée 15 minutes
Matériel
- la trace écrite collective affichée
- les fiches d'exercices bilan où les exercices ont déjà été ciblés individuellement 11-5. Exercice bilan niveau 2, avec ou sans aide
- la grille d'observation 11. Grille d'observation

Faire les exercices en suivant la démarche habituelle.

4. Bilan de la séquence

Durée 5 à 10 minutes
Matériel les traces écrites précédemment réalisées

Proposer à chaque élève de faire le point sur ses acquisitions.

Exercices bilan, niveau 2

11

Conjuguer le verbe « prendre »

Séance 5 – Exercices bilan – niveau 2

Prénom : ……………………………

Date : ……………………………

1 Conjugue le verbe au temps indiqué.

★ **Ton but** : t'entrainer à conjuguer « prendre » avec « je », « il » ou « elle ».

a) Ma sœur …… …… la décision de dormir avec moi sous la tente.
(prendre, passé composé)

b) Elle …… beaucoup de place ! Je …… pourtant soin de ne pas la déranger.
(prendre, imparfait) (prendre, imparfait)

c) Alors j'…… …… mon oreiller et je suis retourné dans la caravane.
(prendre, passé composé)

d) Je …… le temps de lui expliquer ma gêne, mais elle ne …… pas.
(prendre, présent) (comprendre, présent)

e) À l'avenir, elle …… une tente pour elle et j'en …… une pour moi.
(prendre, futur) (prendre, futur)

2 Conjugue le verbe au temps indiqué.

★ **Ton but** : t'entrainer à conjuguer « prendre » avec « je », « tu » et « il ».

a) Hier, tu …… …… plein de photos. Tu …… de jolis clichés.
(prendre, passé composé) (prendre, imparfait)

b) Ce matin, j'…… …… l'appareil photo. Il …… peu de place.
(prendre, passé composé) (prendre, présent)

c) Tu te …… : je ne critique pas tes talents de photographe.
(méprendre, présent)

d) J'ai envie de m'entrainer avec l'appareil. Tu …… ? C'est en essayant que j'…… . Puis tu …… le temps de regarder mes prises.
(comprendre, présent) (apprendre, présent) (prendre, futur)

3 Conjugue le verbe « prendre » au temps indiqué.

★ **Ton but** : t'entrainer à conjuguer « prendre » avec « il », « elle », « ils » ou « elles ».

a) Noa …… peur dans le noir. Alors, il …… son courage à deux mains.
(prendre, imparfait) (prendre, présent)

b) Il …… …… le taureau par les cornes et a décidé d'éteindre sa veilleuse.
(prendre, passé composé)

c) Ses sœurs l'…… …… sur le fait. Elles le …… pour un poltron !
(prendre, passé composé) (prendre, imparfait)

d) Pour le moment, elles …… cela pour du bluff. Demain, elles …… conscience de son geste. Elles …… Noa pour exemple !
(prendre, présent) (prendre, futur) (prendre, futur)

4 Conjugue le verbe au temps indiqué.

★ **Ton but** : t'entrainer à conjuguer « prendre » avec « nous » et « vous ».

a) Nous …… notre décision demain. Nous …… notre temps.
(prendre, futur) (prendre, présent)

b) Ton frère et toi nous …… …… pour des imbéciles !
(prendre, passé composé)

c) Nous …… …… le temps de discuter avec vous, mais vous …… soin de nous cacher la vérité. D'habitude, quand vous faites une bêtise, vous …… vos responsabilités et nous vous …… .
(prendre, passé composé) (prendre, imparfait) (prendre, présent) (comprendre, présent)

d) Vous …… connaissance de nos conclusions après une bonne nuit de sommeil.
(prendre, futur)

Réussir en conjugaison CE1-CE2 © Éditions Retz

11

Conjuguer le verbe « prendre »

Séance 5 – Exercices bilan – niveau 2, avec aide

Prénom : ……………………………

Date : ……………………………

1 Conjugue le verbe au temps indiqué.

★ **Ton but** : t'entrainer à conjuguer « prendre » avec « je », « il » ou « elle ».

a) Ma sœur …… pr…… la décision de dormir avec moi sous la tente.
(prendre, passé composé)

b) Elle pren…… beaucoup de place ! Je pren…… pourtant soin de ne pas la déranger.
(prendre, imparfait) (prendre, imparfait)

c) Alors j'…… pr…… mon oreiller et je suis retourné dans la caravane.
(prendre, passé composé)

d) Je pren…… le temps de lui expliquer ma gêne, mais elle ne compren…… pas.
(prendre, présent) (comprendre, présent)

e) À l'avenir, elle prend…… une tente pour elle et j'en prend…… une pour moi.
(prendre, futur) (prendre, futur)

2 Conjugue le verbe au temps indiqué.

★ **Ton but** : t'entrainer à conjuguer « prendre » avec « je », « tu » et « il ».

a) Hier, tu a…… pr…… plein de photos. Tu pren…… de jolis clichés.
(prendre, passé composé) (prendre, imparfait)

b) Ce matin, j'…… pr…… l'appareil photo. Il pren…… peu de place.
(prendre, passé composé) (prendre, présent)

c) Tu te mépren…… : je ne critique pas tes talents de photographe.
(méprendre, présent)

d) J'ai envie de m'entrainer avec l'appareil. Tu compren…… ? C'est en essayant que j'appren…… . Puis tu prend…… le temps de regarder mes prises.
(comprendre, présent) (apprendre, présent) (prendre, futur)

3 Conjugue le verbe « prendre » au temps indiqué.

★ **Ton but** : t'entrainer à conjuguer « prendre » avec « il », « elle », « ils » ou « elles ».

a) Noa pren…… peur dans le noir. Alors, il pr…… son courage à deux mains.
(prendre, imparfait) (prendre, présent)

b) Il …… pr…… le taureau par les cornes et a décidé d'éteindre sa veilleuse.
(prendre, passé composé)

c) Ses sœurs l'…… pr…… sur le fait. Elles le pren…… pour un poltron !
(prendre, passé composé) (prendre, imparfait)

d) Pour le moment, elles prenn…… cela pour du bluff. Demain, elles prend…… conscience de son geste. Elles prend…… Noa pour exemple !
(prendre, présent) (prendre, futur) (prendre, futur)

4 Conjugue le verbe au temps indiqué.

★ **Ton but** : t'entrainer à conjuguer « prendre » avec « nous » et « vous ».

a) Nous prend…… notre décision demain. Nous pren…… notre temps.
(prendre, futur) (prendre, présent)

b) Ton frère et toi nous av…… pr…… pour des imbéciles !
(prendre, passé composé)

c) Nous av…… pr…… le temps de discuter avec vous, mais vous pren…… soin de nous cacher la vérité. D'habitude, quand vous faites une bêtise, vous pren…… vos responsabilités et nous vous compren…… .
(prendre, passé composé) (prendre, imparfait) (prendre, présent) (comprendre, présent)

d) Vous prend…… connaissance de nos conclusions après une bonne nuit de sommeil.
(prendre, futur)

Réussir en conjugaison CE1-CE2 © Éditions Retz

12

Conjuguer les verbes « aller » et « venir » (CE1 et CE2)

1. Prérequis

– Savoir reconnaitre un verbe conjugué et son sujet dans une phrase.

– Savoir trouver l'infinitif d'un verbe conjugué.

– Connaitre les pronoms personnels sujets et savoir pronominaliser un groupe nominal sujet.

2. Objectifs

– Renforcer la maitrise de la conjugaison au présent, à l'imparfait, au futur (et au passé composé, en CE2).

– Découvrir la conjugaison des verbes « aller » et « venir ».

3. Structure de la séquence

– Nombre de séances : 5.

– Durée des séances : 40 à 50 minutes.

4. Déroulement des séances

1. Conjuguer « aller » et « venir » avec « je » et « tu ».
2. Conjuguer « aller » et « venir » avec « il » ou « elle » et « ils » ou « elles ».
3. Conjuguer « aller » et « venir » avec « je », « tu », « il » ou « elle » et « ils » ou « elles ».
4. Conjuguer « aller » et « venir » avec « nous » et « vous ».
5. Conjuguer « aller » et « venir » avec toutes les personnes, à tous les temps étudiés.

À savoir

Au présent, les élèves confondent souvent les verbes « aller » et « venir » au singulier et à la troisième personne du pluriel, car le radical du verbe « aller » n'a rien de commun avec « all- ». « Je vais » et « je viens » sont aisément intervertis. Le sens sera un point d'appui important.

À l'imparfait, « aller » est parfaitement régulier. Le radical de « venir » est « ven- ». Les terminaisons sont régulières.

Au futur, le radical des deux verbes change. Pour « aller », le radical est « i- » et pour « venir », le radical est « viend- ». Les terminaisons sont régulières.

En CE2, le passé composé peut potentiellement être problématique à cause de l'accord du participe passé en présence de l'auxiliaire « être ». Pour éviter de fragiliser les acquis récents, on gardera des sujets masculins. Avec « nous », « vous » et « ils », on ne peut pas éviter le pluriel. On se limitera au masculin pluriel.

Du point de vue du sens, il est intéressant de noter que le verbe « aller » exprime un mouvement à partir du lieu où l'on est vers un autre lieu. Le verbe « venir », quant à lui, indique un mouvement inverse, en direction de l'endroit où l'on est. Il faudra probablement expliciter cette nuance de sens aux élèves.

Séance 1 | Conjuguer « aller » et « venir » avec « je » et « tu »

SÉANCE DE DÉCOUVERTE

1. Rechercher l'orthographe des verbes avec « je » et « tu »

Durée 15 minutes

Matériel
- une ardoise par élève (ou un cahier d'essai)
- les affiches collectives de récolte
  Exemple d'affiche collective de récolte CE1 et
  Exemple d'affiche collective de récolte CE2
- une affiche vierge
- les extraits à projeter 12. Exemples « aller » et
  12. Exemples « venir »

Faire rappeler le travail mené lors de la séance précédente. Noter au tableau les infinitifs des verbes « aller » et « venir » en précisant qu'il s'agit de poursuivre le travail mené sur ces verbes.

Dicter les phrases suivantes.

« ***Je viens*** *chez toi.*

Tu viens *chez moi.*

Je vais *à l'école.*

Tu vas *à la piscine.*

Je venais *à vélo.* ***Tu venais*** *à moto.*

J'allais *au parc.*

Tu allais *au gymnase.*

Je suis venu *très tôt.* (CE2)

Tu es venu *aussi vite que possible.* (CE2)

Je suis allé *chez ma grand-mère.* (CE2)

Tu es allé *chez ton grand-père.* (CE2)

Je viendrai *à ton anniversaire.*

Tu viendras *chez moi le weekend prochain.*

J'irai *au magasin.*

Tu iras *au collège.* »

En CE2, l'accord du participe passé peut encore poser problème. Rappeler la règle à chaque fois. Selon que l'élève qui écrit est un garçon ou une fille, il devra accorder le participe passé. Pour « tu », préciser oralement si on parle à un garçon ou à une fille :
– si on parle à un garçon : « tu es venu » ;
– si on parle à une fille : « tu es venue ».

À la fin de chaque phrase, les différentes propositions sont copiées au tableau puis débattues en classe entière, si nécessaire. On reviendra, à chaque fois, à la règle précédemment étudiée.
S'appuyer sur l'affiche collective de récolte complétée tout au long de l'année ou sur l'extrait des ressources numériques, adapté.
Une fois validée, la bonne réponse sera consignée sur l'affiche collective. Rappeler le code utilisé.

Exemple de trace écrite :

	IMPARFAIT	PRÉSENT	FUTUR
JE	j'allais	je vais	j'irai
	je venais	je viens	je viendrai
TU	tu allais	tu vas	tu iras
	tu venais	tu viens	tu viendras

En CE2, la colonne « passé composé » sera à gauche de la colonne « imparfait ».

Cet affichage permettra de faire remarquer :

- la régularité de l'imparfait ;
- le radical du futur qui ne change pas en fonction du sujet et la régularité des terminaisons ;
- l'irrégularité du présent, même si l'on retrouve la présence de la lettre « -s » finale.

Cette trace écrite reste affichée pour les exercices d'entrainement.

2. Exercice d'entrainement

Durée	20 minutes
Matériel	– la trace écrite collective affichée – Les fiches de l'exercice individuel (ou l'exercice projeté au tableau) 12-1. Exercice individuel niveau 1 et 12-1. Exercice individuel niveau 2, avec ou sans aide – la grille d'observation 12. Grille d'observation

Faire les exercices en suivant la démarche habituelle.

3. Bilan

Durée	5 minutes
Matériel	la trace écrite collective

Demander aux élèves de faire le point sur ce qu'ils ont appris et retenu.

Séance 2 | Conjuguer « aller » et « venir » avec « il » ou « elle » et « ils » ou « elles »

SÉANCE DE DÉCOUVERTE

1. Rechercher l'orthographe des verbes avec « il » ou « elle » et « ils » ou « elles »

Durée 15 minutes

Matériel
- une ardoise par élève (ou un cahier d'essai)
- les affiches collectives de récolte
  Exemple d'affiche collective de récolte CE1 et
  Exemple d'affiche collective de récolte CE2
- une affiche vierge
- les extraits à projeter 12. Exemples « aller » et
  12. Exemples « venir »

En CE2, les pronoms « il » et « ils » permettent l'introduction de l'accord du participe passé avec l'auxiliaire « être » puisque ces pronoms personnels impliquent un sujet singulier ou pluriel. On pourra expliquer qu'il y a aussi un accord avec les sujets féminins (« elle » ou « elles »), mais qu'on se limitera à l'accord en nombre, dans un premier temps.

Noter au tableau les infinitifs des verbes « aller » et « venir » en expliquant que ce sont les verbes qui seront travaillés aujourd'hui.

Dicter les phrases suivantes.

« *Il va* au sport.

Elles vont voir un spectacle.

Elle vient nous voir.

Ils viennent tranquillement.

Le garçon allait à l'école tous les jours.

Les filles allaient aussi à l'école.

Le chien venait vers moi.

Les chats ne *venaient* pas.

Le fils de ma voisine est venu chez moi. (CE2)

La jeune homme est allé se promener. (CE2)

Les voisins sont venus. (CE2)

Les voisins sont allés à une exposition. (CE2)

Les rats ne *viendront* pas tant qu'il y a quelqu'un dans la pièce.

Elles n'*iront* pas s'entrainer ce soir.

Il ne *viendra* pas à ma fête.

Elle n'*ira* pas au spectacle de danse. »

Au présent, « viennent » prend deux « n », comme avec le verbe « prendre ». Rappeler, en s'appuyant sur la leçon d'orthographe ou de phonologie réalisée préalablement, si possible, que ces deux « n » permettent à la lettre « e » de produire le son [ɛ]. En CE2, rappeler qu'avec l'auxiliaire « être », le participe passé s'accorde avec le sujet. Prendre le temps d'expliciter à chaque exemple.

À la fin de chaque phrase, les différentes propositions sont copiées au tableau puis débattues en classe entière, si nécessaire. On reviendra, à chaque fois, à la règle précédemment étudiée qui sera reformulée par les élèves eux-mêmes.

S'appuyer sur l'affiche collective de récolte complétée tout au long de l'année ou sur l'extrait des ressources numériques, adapté.

Une fois validée, la bonne réponse sera consignée sur l'affichage collectif. Rappeler le code utilisé.

Exemple de trace écrite :

	IMPARFAIT	PRÉSENT	FUTUR
IL	il allait	il va	il ira
	il venait	il vient	il viendra
ILS	ils allaient	ils vont	ils iront
	ils venaient	ils viennent	ils viendront

En CE2, la colonne « passé composé » sera à gauche de la colonne « imparfait ». Il faudra, à chaque fois, proposer une ligne avec le pronom masculin et une ligne avec le pronom féminin.

il est allé

elle est allée

+ être

Cet affichage permettra de faire remarquer :

- la régularité de l'imparfait ;
- le radical du futur qui ne change pas en fonction du sujet et la régularité des terminaisons ;
- l'irrégularité du présent, même si l'on retrouve la présence de la lettre « -t » finale pour « il vient » et les lettres « -nt » avec le pronom « ils ».

Cette trace écrite reste affichée pour les exercices d'entrainement.

2. Exercice d'entrainement

Durée 20 minutes

Matériel
- la trace écrite collective affichée
- les fiches de l'exercice individuel (ou l'exercice projeté au tableau) 12-2. Exercice individuel niveau 1 et 12-2. Exercice individuel niveau 2, avec ou sans aide
- la grille d'observation 12. Grille d'observation

Faire les exercices en suivant la démarche habituelle.

3. Bilan

Durée 5 minutes

Matériel la trace écrite collective

Demander aux élèves de faire le point sur ce qu'ils ont appris et retenu.

Séance 3 | Conjuguer « aller » et « venir » avec « je », « tu », « il » ou « elle » et « ils » ou « elles »

SÉANCE D'ENTRAINEMENT

1. Rappel des séances précédentes

Durée	15 minutes
Matériel	– la trace écrite collective affichée – une ardoise par élève (ou un cahier d'essai)

Faire rappeler le travail mené lors des séances précédentes. Noter au tableau les infinitifs des verbes « aller » et « venir » en précisant qu'il s'agit de poursuivre le travail mené sur ces verbes.
Dicter les phrases suivantes.

« ***Je vais*** *courir dehors.*
Tu vas *faire la fête.*
Tu viens *avec moi.*
Il vient *rapidement.*
Ils viennent *en courant.*
Il va *dans le sud de la France.*
Je venais *tous les matins.*
Tu venais *au centre aéré.*
J'allais *m'entrainer dehors.*
Il allait *au théâtre.*
Elles allaient *au cinéma.*
Je suis venu. (CE2)
Tu es allé *en ville.* (CE2)
Il est allé *à Lyon.* (CE2)
Ils sont venus *en France.* (CE2)
J'irai *faire des courses demain.*
Tu iras *aider tes parents.*
Ils viendront *nous rendre visite.*
Elle viendra *avec ses affaires.* »

À la fin de chaque phrase, les différentes propositions sont copiées au tableau puis débattues en classe entière, au besoin. On reviendra, à chaque fois, à la règle précédemment étudiée.
Si nécessaire, utiliser l'extrait des ressources numériques ou l'affichage collectif.
La trace écrite collective reste affichée pour les exercices d'entrainement.

2. Exercice d'entrainement

Durée	20 minutes
Matériel	– la trace écrite collective affichée – les fiches de l'exercice individuel (ou l'exercice projeté au tableau) 12-3. Exercice individuel niveau 1 et 12-3. Exercice individuel niveau 2, avec ou sans aide – la grille d'observation 12. Grille d'observation

Faire les exercices en suivant la démarche habituelle.

Remarque : Si cela n'a pas déjà été fait, on pourra profiter de cet exercice pour souligner un point intéressant : s'il y a un verbe après « aller » ou « venir », il est à l'infinitif.

3. Bilan

Durée	5 minutes
Matériel	la trace écrite collective

Demander aux élèves de faire le point sur ce qu'ils ont appris et retenu.

Séance 4 | Conjuguer « aller » et « venir » avec « nous » et « vous »

SÉANCE DE DÉCOUVERTE

1. Rechercher l'orthographe des verbes avec « nous » et « vous »

Durée 15 minutes

Matériel
- une ardoise par élève (ou un cahier d'essai)
- les affiches collectives de récolte
  Exemple d'affiche collective de récolte CE1 et
  Exemple d'affiche collective de récolte CE2
- une affiche vierge
- les extraits à projeter 12. Exemples « aller » et
  12. Exemples « venir »

Faire rappeler le travail mené lors des séances précédentes. Noter au tableau les infinitifs des verbes « aller » et « venir » en précisant qu'il s'agit de poursuivre le travail mené sur ces verbes.

Dicter les phrases suivantes.

« ***Nous venons*** *de cette direction.*

Nous allons *dans une ferme.*

Vous allez *visiter une grotte préhistorique.*

Vous venez *avec de bonnes chaussures.*

Nous allions *en sortie chaque année.*

Vous veniez *nous rendre visite régulièrement.*

Vous alliez *à Paris très souvent.*

Nous venions *avec toute notre famille.*

Nous sommes venus *avec un sac.* (CE2)

Mes copains et moi sommes allés *au parc.* (CE2)

Ton frère et toi êtes venus *avec vos parents.* (CE2)

Vous êtes allés *au cirque.* (CE2)

Nous irons *avec toi.*

Vous irez *faire du vélo dans ma rue.*

Nous viendrons.

Vous viendrez. »

En CE2, rappeler la règle de l'accord du participe passé avec l'auxiliaire « être » à chaque fois. Donner les informations nécessaires pour que l'élève puisse réaliser l'accord correctement. On considère que l'élève est inclus dans « nous » : si l'élève est un garçon, « nous » est masculin, mais s'il est féminin, l'accord dépend de qui l'accompagne.

À la fin de chaque phrase, les différentes propositions sont copiées au tableau puis débattues en classe entière, au besoin. On reviendra, à chaque fois, à la règle précédemment étudiée.

S'appuyer sur l'affiche collective de récolte complétée tout au long de l'année ou sur l'extrait des ressources numériques, adapté.

Une fois validée, la bonne réponse sera consignée sur l'affichage collectif. Rappeler le code utilisé.

Exemple de trace écrite :

	IMPARFAIT	PRÉSENT	FUTUR
NOUS	nous allions	nous allons	nous irons
	nous venions	nous venons	nous viendrons
VOUS	vous alliez	vous allez	vous irez
	vous veniez	vous venez	vous viendrez

En CE2, la colonne « passé composé » sera à gauche de la colonne « imparfait ».

Cet affichage permettra de faire remarquer :

- la régularité de l'imparfait et du présent ;
- le radical du futur qui ne change pas en fonction du sujet et la régularité des terminaisons.

Cette trace écrite reste affichée pour les exercices d'entrainement.

2. Exercice d'entrainement

Durée 20 minutes
Matériel
– la trace écrite collective affichée
– les fiches de l'exercice individuel (ou l'exercice projeté au tableau) 12-4. Exercice individuel niveau 1 et 12-4. Exercice individuel niveau 2, avec ou sans aide
– la grille d'observation 12. Grille d'observation

Faire les exercices en suivant la démarche habituelle.

3. Bilan

Durée 5 minutes
Matériel la trace écrite collective

Demander aux élèves de faire le point sur ce qu'ils ont appris et retenu.

Séance 5 | Conjuguer « aller » et « venir » avec toutes les personnes, à tous les temps étudiés

SÉANCE DE BILAN

1. Rappel des séances précédentes

Durée 15 minutes
Matériel
– la trace écrite collective affichée
– une ardoise par élève

Faire rappeler le travail mené lors des séances précédentes et ce qui a été appris, succinctement.

Préciser l'objectif de la séance : s'entrainer sur tout ce qui a été appris durant la séquence.
Dicter les phrases suivantes après avoir noté les infinitifs « aller » et « venir » au tableau.

« ***Nous venons*** *en paix.*

Vous allez *dormir.*

Je viens *avec toi.*

Tu vas *jouer au ballon.*

Il va *faire du sport.*

Ils viennent *avec leur chat.*

Les élèves venaient *avec le sourire.*

Les danseurs allaient *sur scène.*

Tu venais *en costume.*

Vous veniez *déguisés.*

Il allait *tomber !*

Tu allais *réviser.*

Je venais *m'entrainer.*

Il est venu *avec son matériel.* (CE2)

Julien et moi sommes allés *dans ta classe.* (CE2)

Vous êtes allés *dans un autre pays.* (CE2)

Amine et Alyssa sont venus. (CE2)

Vous viendrez *dans une semaine.*

J'irai *au cours de dessin mercredi.*

Tu iras *en CM1.*

Elles viendront *pour Noël.* »

À la fin de chaque phrase, les différentes propositions sont copiées au tableau puis débattues en classe entière, au besoin. On reviendra, à chaque fois, à la règle précédemment étudiée.
Si nécessaire, utiliser l'extrait des ressources numériques ou l'affichage collectif.
La trace écrite collective reste affichée pour les exercices d'entrainement.

2. Synthèse et trace écrite

Durée 15 minutes
Matériel
– le cahier de leçon
– les supports de la leçon à manipuler 12-5. Support LAM « aller » aller et 12-5. Support LAM « venir »

Demander aux élèves de faire le point sur tout ce qu'ils ont appris durant cette séquence.
Faire coller la trace écrite sous forme de leçon à manipuler. Elle servira de support pour la réalisation des exercices suivants.

3. Exercices d'entrainement

Durée 15 minutes
Matériel
- la trace écrite collective affichée
- les fiches d'exercices par bilan où les exercices ont déjà été ciblés individuellement 12-5. Exercice bilan niveau 1 et 12-5. Exercice bilan niveau 2, avec ou sans aide
- la grille d'observation 12. Grille d'observation

Faire les exercices en suivant la démarche habituelle.

4. Bilan de la séquence

Durée 5 à 10 minutes
Matériel les traces écrites précédemment réalisées

Proposer à chaque élève de faire le point sur ses acquisitions.

Synthèse animée : pour compléter le bilan, il est possible de montrer de nouveau à la classe le petit film d'animation « Le présent des verbes irréguliers : être, avoir, aller » (les verbes « être » et « avoir » ayant été vus à la séquence 9), réalisé par Canopé (Les Fondamentaux) et disponible dans les ressources numériques.

© Canopé

12-5. Animation : Le présent des verbes irréguliers : être, avoir, aller

Exercices bilan, niveaux 1 et 2

Conjuguer les verbes « aller » et « venir »
Séance 5 – Exercices bilan – niveau 1

Prénom : ……………………
Date : ……………………

1 Conjugue les verbes entre parenthèses au temps indiqué.
★ **Ton but :** t'entrainer à conjuguer « aller » et « venir » avec « je », « tu », « il » ou « elle ».

a) Ces vacances, tu ________ (aller, présent) au Cameroun. Ensuite, tu ________ (aller, futur) au Maroc.

b) Aaron ________ (venir, futur) avec toi, mais avant, il ________ (aller, présent) voir ses grands-parents.

c) L'année dernière, il ________ (aller, imparfait) à Tunis quand tu ________ (aller, imparfait) en Égypte.

d) Tu ________ (venir, imparfait) de découvrir les pharaons : tu avais adoré ce voyage !

e) J'________ (aller, futur) peut-être visiter ce pays l'année prochaine.

2 Conjugue les verbes entre parenthèses au temps indiqué.
★ **Ton but :** t'entrainer à conjuguer « aller » et « venir » avec « je », « tu » et « il » ou « elle ».

a) Il y a deux ans, tu ________ (venir, imparfait) chez notre nounou le mercredi.

b) Tu ________ (venir, imparfait) à vélo avec ta mère. Je ________ (venir, imparfait) à pied avec mon frère.

c) Aujourd'hui, tu ne ________ (aller, présent) plus chez cette nounou.

d) Je ________ (aller, présent) chez toi parfois et tu ________ (venir, présent) chez moi, d'autres fois.

e) Plus tard, j'________ (aller, futur) avec toi au parc et Anna ________ (venir, futur) avec nous.

3 Conjugue les verbes entre parenthèses au temps indiqué.
★ **Ton but :** t'entrainer à conjuguer « aller » et « venir » avec « il », « elle », « ils » ou « elles ».

a) Le jeune Grec Ambrosios ________ (aller, présent) s'entrainer tous les matins.

b) Avant, ses frères ________ (aller, imparfait) s'entrainer avec lui, mais Ambrosios était le plus fort.

c) Ambrosios ________ (aller, présent) devenir célèbre. Il ________ (venir, présent) de consulter un oracle.

d) Ses frères n'en ________ (revenir, présent) pas ! Ambrosios ________ (aller, présent) devoir grandir un peu.

e) Il ________ (aller, futur) à l'aventure et ________ (revenir, futur) couvert de gloire !

4 Conjugue les verbes entre parenthèses au temps indiqué.
★ **Ton but :** t'entrainer à conjuguer « aller » et « venir » avec « nous » et « vous ».

a) Vous ________ (venir, présent) tout juste d'arriver. Vous n'________ (aller, présent) pas nous croire !

b) Nous ________ (aller, présent) tout vous dire. Nous ________ (venir, présent) de parler au chanteur Karim.

c) Nous ________ (aller, imparfait) à ses concerts ensemble. Vous ________ (venir, imparfait) en avance.

d) Nous ________ (aller, futur) le revoir à son prochain concert : il va sortir un nouvel album !

e) Vous ________ (venir, futur) avec nous ?

Réussir en conjugaison CE1-CE2 © Éditions Retz

Conjuguer les verbes « aller » et « venir »
Séance 5 – Exercices bilan – niveau 2

Prénom : ……………………
Date : ……………………

1 Conjugue les verbes entre parenthèses au temps indiqué.
★ **Ton but :** t'entrainer à conjuguer « aller » et « venir » avec « je », « tu », « il » ou « elle ».

a) Je ________ (aller, présent) au parc d'attractions avec Elga, Gabin et toi.

b) Tu n'________ (aller, imparfait) jamais dans les attractions à sensations fortes quand tu étais petit.

c) Papa ________ (aller, imparfait) avec toi manger une glace pendant que Gabin ________ (venir, imparfait) avec moi faire un tour de grand huit.

d) Mais cet été, tu ________ ________ (aller, passé composé) dans la tour infernale. Tu ________ ________ (venir, passé composé) avec moi !

e) Elga ________ (aller, futur) dans le château hanté. Tu ________ (aller, présent) voir : ce sera super !

2 Conjugue les verbes entre parenthèses au temps indiqué.
★ **Ton but :** t'entrainer à conjuguer « aller » et « venir » avec « je », « tu » et « il ».

a) L'an passé, Milo ________ (aller, imparfait) chez l'orthophoniste. J'________ (aller, imparfait) parfois avec lui.

b) Milo ________ ________ (venir, passé composé) me dire qu'il n'y ________ (aller, présent) presque plus.

c) Tu y ________ (aller, présent) toujours, toi ? Un jour, tu n'________ (aller, futur) plus.

d) Tu ________ (venir, futur) avec moi au football, alors ? Milo ________ (venir, futur) peut-être avec nous.

3 Conjugue les verbes entre parenthèses au temps indiqué.
★ **Ton but :** t'entrainer à conjuguer « aller » et « venir » avec « il », « elle », « ils » ou « elles ».

a) Viktor ________ (aller, imparfait) souvent au cinéma. Il ________ (venir, imparfait) avec ses sœurs.

b) Aujourd'hui, Viktor ________ (aller, présent) plus à la bibliothèque. Il ________ (aller, présent) à l'université.

c) Ses sœurs ________ (aller, présent) au cinéma sans lui. Leurs parents ________ (venir, présent) parfois avec elles.

d) Bientôt, Viktor ________ (venir, futur) avec eux. Ils ________ (aller, futur) voir un film d'animation.

4 Conjugue les verbes entre parenthèses au temps indiqué.
★ **Ton but :** t'entrainer à conjuguer « aller » et « venir » avec « nous » et « vous ».
Précision : le narrateur (je, moi) est un garçon. Il s'adresse à deux autres garçons (vous).

a) Nous ________ (aller, imparfait) à une soirée karaoké quand vous ________ ________ (venir, passé composé) à notre rencontre.

b) Vous ________ (revenir, imparfait) d'un café et vous ________ (aller, imparfait) à la même soirée que nous.

c) Nous ________ (aller, présent) souvent aux mêmes fêtes, car nous avons des amis communs.

d) Vous ________ (venir, présent) avec nous à l'anniversaire de Karen et nous ________ (aller, futur) à celui d'Ester, aussi.

e) Vous ________ (venir, futur) à la fête que j'organise dans trois jours ?

Réussir en conjugaison CE1-CE2 © Éditions Retz

Conjuguer les verbes « pouvoir » et « vouloir » (CE2)

1. Prérequis

– Savoir reconnaitre un verbe conjugué et son sujet dans une phrase.

– Savoir trouver l'infinitif d'un verbe conjugué.

– Connaitre les pronoms personnels sujets et savoir pronominaliser un groupe nominal sujet.

2. Objectifs

– Renforcer la maitrise de la conjugaison au présent, à l'imparfait, au futur et au passé composé.

– Découvrir la conjugaison des verbes « pouvoir » et « vouloir ».

3. Structure de la séquence

– Nombre de séances : 5.

– Durée des séances : 40 à 50 minutes.

4. Déroulement des séances

1. Conjuguer « pouvoir » et « vouloir » avec « je » et « tu ».
2. Conjuguer « pouvoir » et « vouloir » avec « il » ou « elle » et « ils » ou « elles ».
3. Conjuguer « pouvoir » et « vouloir » avec « je », « tu », « il » ou « elle » et « ils » ou « elles ».
4. Conjuguer « pouvoir » et « vouloir » avec « nous » et « vous ».
5. Conjuguer « pouvoir » et « vouloir » avec toutes les personnes, à tous les temps étudiés.

À savoir

La principale irrégularité des verbes « pouvoir » et « vouloir » se trouve au présent, au singulier. On écrira, par exemple, « je peux ». Le radical change, mais le marqueur de personne aussi. Le « -s » devient « -x ». Cette transformation a la même origine que le « -s » devenant « -x » pour le pluriel des noms. À la troisième personne du pluriel, le radical des deux verbes change aussi : « peuv- » et « veul- ».

À l'imparfait, la conjugaison est régulière.

Au futur, le radical change aussi : « pour- » et « voud- ». Les terminaisons sont régulières.

Séance 1 | Conjuguer « pouvoir » et « vouloir » avec « je » et « tu »

SÉANCE DE DÉCOUVERTE

1. Rechercher l'orthographe des verbes avec « je » et « tu »

Durée 15 minutes

Matériel
- une ardoise par élève (ou un cahier d'essai)
- l'affiche collective de récolte
  Exemple d'affiche collective de récolte CE2
- une affiche vierge
- les extraits à projeter 13. Exemples « pouvoir » et 13. Exemples « vouloir »

Noter au tableau les infinitifs des verbes « pouvoir » et « vouloir » en expliquant que ce sont les verbes qui seront travaillés aujourd'hui.

Dicter les phrases suivantes.

> ***Je veux*** *que tu m'écoutes.*
> ***Tu veux*** *toujours décider de tout.*
> ***Je peux*** *t'aider.*
> ***Tu peux*** *écouter une chanson.*
> ***Je voulais*** *un chien pour mon anniversaire.*
> ***Tu voulais*** *un vélo.*
> ***Je pouvais*** *courir.*
> ***Tu pouvais*** *rouler.*
> ***J'ai voulu*** *dessiner un chat.*
> ***Tu as voulu*** *lire ce livre.*
> ***J'ai pu*** *écrire une histoire.*

Tu as pu *te reposer.*

Ce soir, ***je voudrai*** *un gâteau.*

Tu voudras *une glace.*

Je pourrai *nager.*

Tu pourras *peindre.*

La présence de la lettre « -x » après les lettres « eu » n'est pas toujours spontanée. Faire le parallèle avec le pluriel des noms : derrière les lettres « eu », le « -s » devient « -x ». Ici aussi, le « -s » habituellement réservé aux pronoms « je » et « tu » se transforme en « -x ».
Les deux « r » de « pouvoir » au futur, « pourr- », ne seront pas toujours écrits.

À la fin de chaque phrase, les différentes propositions sont copiées au tableau puis débattues en classe entière, si nécessaire. On reviendra, à chaque fois, à la règle précédemment étudiée qui sera reformulée par les élèves eux-mêmes.

S'appuyer sur l'affiche de récolte complétée tout au long de l'année. Sinon, utiliser l'extrait des ressources numériques, adapté.

Une fois validée, la bonne réponse sera consignée sur l'affiche collective. Rappeler le code utilisé.

Exemple de trace écrite :

	IMPARFAIT	PRÉSENT	FUTUR
JE	je pouvais tu voulais	je peux je veux	je pourrai je voudrai
TU	tu pouvais tu voulais	tu peux tu veux	tu pourras tu voudras

La colonne « passé composé » sera à gauche de la colonne « imparfait ».

Cet affichage permettra de faire remarquer :

- la régularité de l'imparfait ;
- le radical du futur qui ne change pas en fonction du sujet et la régularité des terminaisons ;
- l'irrégularité du présent avec la lettre « -s » qui devient « -x ».

Cette trace écrite reste affichée pour les exercices d'entrainement.

2. Exercice d'entrainement

Durée 20 minutes
Matériel
– la trace écrite collective affichée
– les fiches de l'exercice individuel (ou l'exercice projeté au tableau) 13-1. Exercice individuel niveau 2, avec ou sans aide
– la grille d'observation 13. Grille d'observation

Faire les exercices en suivant la démarche habituelle.

Remarque : On peut en profiter pour souligner un point intéressant : s'il y a un verbe après « vouloir » ou « pouvoir » (ce qui est souvent le cas), il est à l'infinitif.

3. Bilan

Durée 5 minutes
Matériel la trace écrite collective

Demander aux élèves de faire le point sur ce qu'ils ont appris et retenu.

Séance 2 | Conjuguer « pouvoir » et « vouloir » avec « il » ou « elle » et « ils » ou « elles »

SÉANCE DE DÉCOUVERTE

1. Rechercher l'orthographe des verbes avec « il » ou « elle » et « ils » ou « elles »

Durée 15 minutes
Matériel
– une ardoise par élève (ou un cahier d'essai)
– l'affiche collective de récolte Exemple d'affiche collective de récolte CE2
– une affiche vierge
– les extraits à projeter 13. Exemples « pouvoir » et 13. Exemples « vouloir »

Faire rappeler le travail mené lors de la séance précédente. Noter au tableau les infinitifs des verbes « pouvoir » et « vouloir » en précisant qu'il s'agit de poursuivre le travail mené sur ces verbes.

Dicter les phrases suivantes.

« ***Le chat veut*** *des croquettes.*

Ma sœur peut *te prêter un manteau.*

Les enfants veulent *des bonbons.*

Les livres peuvent *tomber de l'étagère.*

La maitresse voulait *le calme.*

Les élèves voulaient *travailler.*

Ton frère pouvait *se reposer.*

Mes parents pouvaient *lire toute la journée.*

Les garçons ont voulu *jouer avec les filles.*

Il a voulu *aller au cinéma.*

Ils ont pu *entendre notre discussion.*

Elle a pu *reproduire ce schéma.*

Il pourra *faire ce qu'il veut.*

Les fiches pourront *être remplies cet après-midi.*

Le chien voudra *sortir.*

Les amis de mes parents voudront *nous rendre visite.* »

Étant donné qu'avec les première et deuxième personnes du singulier, le « -s » est devenu « -x », il se peut que certains élèves cherchent à compliquer inutilement la conjugaison des verbes « pouvoir » et « vouloir » au présent. Pourtant, le marqueur de la personne est régulier.
À la troisième personne du pluriel, on entend le son [œ] et non le son [ə] (ou [ø]). L'écriture est la même avec les lettres « eu », mais les élèves pourraient chercher autre chose, pensant qu'un changement de prononciation s'accompagne nécessairement d'un changement orthographique.

À la fin de chaque phrase, les différentes propositions sont copiées au tableau puis débattues en classe entière, si nécessaire. On reviendra, à chaque fois, à la règle précédemment étudiée.

S'appuyer sur l'affiche collective de récolte ou sur l'extrait des ressources numériques. Une fois validée, la bonne réponse sera consignée sur l'affiche collective. Rappeler le code utilisé.

Exemple de trace écrite :

	IMPARFAIT	PRÉSENT	FUTUR
IL	il pouvait	il peut	il pourra
	il voulait	il veut	il voudra
ILS	ils pouvaient	ils peuvent	ils pourront
	ils voulaient	ils veulent	ils voudront

La colonne « passé composé » sera à gauche de la colonne « imparfait ».

Cet affichage permettra de faire remarquer :

- la régularité de l'imparfait ;
- le radical du futur qui ne change pas en fonction du sujet et la régularité des terminaisons ;
- l'irrégularité du présent, même si l'on retrouve la présence la lettre « -t » finale avec « il » ou de « -nt » avec « ils ».

Cette trace écrite reste affichée pour les exercices d'entrainement.

2. Exercice d'entrainement

Durée 20 minutes

Matériel
- la trace écrite collective affichée
- les fiches de l'exercice individuel (ou l'exercice projeté au tableau) 13-2. Exercice individuel niveau 2, avec ou sans aide
- la grille d'observation 13. Grille d'observation

Faire les exercices en suivant la démarche habituelle.

3. Bilan

Durée 5 minutes
Matériel la trace écrite collective

Demander aux élèves de faire le point sur ce qu'ils ont appris et retenu.

Séance 3 | Conjuguer « pouvoir » et « vouloir » avec « je », « tu », « il » ou « elle » et « ils » ou « elles »

SÉANCE D'ENTRAINEMENT

1. Rappel des séances précédentes

Durée 15 minutes
Matériel
- la trace écrite collective affichée
- une ardoise par élève (ou un cahier d'essai)

Faire rappeler le travail mené lors des séances précédentes. Noter au tableau les infinitifs des verbes « pouvoir » et « vouloir » en précisant qu'il s'agit de poursuivre le travail mené sur ces verbes.

Dicter les phrases suivantes.

Je peux *chanter.*

Tu peux *écrire.*

Il peut *peindre.*

Elles peuvent *dessiner.*

Je veux *danser.*

Tu veux *lire.*

Elle veut *réfléchir un moment.*

Les chats veulent *rentrer.*

Je pouvais *partir.*

Tu voulais *rester.*

Ils voulaient *taper leur texte à l'ordinateur.*

Elle pouvait *illustrer sa poésie.*

J'ai pu *inventer des histoires.*

***Tu as voulu** ouvrir cette boite.*

***L'abeille a voulu** butiner cette fleur.*

***Les pions ont pu** tomber derrière le meuble.*

***Je pourrai** ranger mes affaires.*

***Tu voudras** un verre d'eau.*

***Ils voudront** manger.*

***La jeune fille pourra** t'accompagner.*

À la fin de chaque phrase, les différentes propositions sont copiées au tableau puis débattues en classe entière, au besoin. On reviendra, à chaque fois, à la règle précédemment étudiée.
Si nécessaire, utiliser l'extrait des ressources numériques ou l'affichage collectif.
La trace écrite collective reste affichée pour les exercices d'entrainement.

2. Exercice d'entrainement

Durée	20 minutes
Matériel	– la trace écrite collective affichée – les fiches de l'exercice individuel (ou l'exercice projeté au tableau) 13-3. Exercice individuel niveau 2, avec ou sans aide – la grille d'observation 13. Grille d'observation

Faire les exercices en suivant la démarche habituelle.

3. Bilan

Durée	5 minutes
Matériel	la trace écrite collective

Demander aux élèves de faire le point sur ce qu'ils ont appris et retenu.

Séance 4 | Conjuguer « pouvoir » et « vouloir » avec « nous » et « vous »

SÉANCE DE DÉCOUVERTE

1. Rechercher l'orthographe des verbes avec « nous » et « vous »

Durée	15 minutes
Matériel	– une ardoise par élève (ou un cahier d'essai) – l'affiche collective de récolte Exemple d'affiche collective de récolte CE2 – une affiche vierge – les extraits à projeter 13. Exemples « pouvoir » et 13. Exemples « vouloir »

Faire rappeler le travail mené lors des séances précédentes. Noter au tableau les infinitifs des verbes « pouvoir » et « vouloir » en précisant qu'il s'agit de poursuivre le travail mené sur ces verbes.

Dicter les phrases suivantes.

« ***Nous pouvons*** *nous entraider.*

Vous pouvez *faire une pause.*

Nous voulons *nos cahiers.*

Vous voulez *vos affaires.*

Nous pouvions *attendre.*

Vous pouviez *patienter.*

Nous voulions *nous dépêcher.*

Vous vouliez *une montre.*

Nous avons pu *apprendre notre leçon.*

Vous avez voulu *réciter votre poème.*

Nous avons voulu *réaliser une carte pour les fêtes.*

Vous avez pu *distribuer les invitations.*

Nous voudrons *peut-être écrire un article de journal.*

Vous pourrez *écrire des devinettes.*

Nous pourrons *vendre notre magazine.*

Vous voudrez *en acheter.* »

À la fin de chaque phrase, les différentes propositions sont copiées au tableau puis débattues en classe entière, si nécessaire. On reviendra, à chaque fois, à la règle précédemment étudiée.

S'appuyer sur l'affiche collective de récolte ou sur l'extrait des ressources numériques. Une fois validée, la bonne réponse sera consignée sur l'affiche collective. Rappeler le code utilisé.

Exemple de trace écrite :

	IMPARFAIT	PRÉSENT	FUTUR
NOUS	nous pouvions	nous pouvons	nous pourrons
	nous voulions	nous voulons	nous voudrons
VOUS	vous pouviez	vous pouvez	vous pourrez
	vous vouliez	vous voulez	vous voudrez

La colonne « passé composé » sera à gauche de la colonne « imparfait ».

Cet affichage permettra de faire remarquer :

- la régularité de l'imparfait et du présent ;
- le radical du futur qui ne change pas en fonction du sujet et la régularité des terminaisons.

Cette trace écrite reste affichée pour les exercices d'entrainement.

2. Exercice d'entrainement

Durée 20 minutes

Matériel
- la trace écrite collective affichée
- les fiches de l'exercice individuel (ou l'exercice projeté au tableau) 13-4. Exercice individuel niveau 2, avec ou sans aide
- la grille d'observation 13. Grille d'observation

Faire les exercices en suivant la démarche habituelle.

3. Bilan

Durée	5 minutes
Matériel	la trace écrite collective

Demander aux élèves de faire le point sur ce qu'ils ont appris et retenu.

Séance 5 | Conjuguer « pouvoir » et « vouloir » avec toutes les personnes, à tous les temps étudiés

SÉANCE DE BILAN

1. Rappel des séances précédentes

Durée	15 minutes
Matériel	– la trace écrite collective affichée – une ardoise par élève

Faire rappeler le travail mené lors des séances précédentes et ce qui a été appris, succinctement.

Préciser l'objectif de la séance : s'entrainer sur tout ce qui a été appris durant la séquence.

Dicter les phrases suivantes après avoir noté les infinitifs « pouvoir » et « vouloir » au tableau.

> ***Nous pouvons*** *essayer.*
>
> ***Vous voulez*** *une réponse immédiatement.*
>
> ***Je peux*** *chercher dans mes livres.*
>
> ***Tu peux*** *aller sur l'ordinateur.*
>
> ***Il peut*** *porter son sac jusqu'à la classe.*
>
> ***Elles veulent*** *de l'aide pour ranger la bibliothèque.*
>
> ***Nous voulions*** *quelque chose de beau.*
>
> ***Vous vouliez*** *quelque chose de grand.*
>
> ***Il pouvait*** *réaliser une fresque sur les murs de l'école.*

__Je voulais__ lui porter ses affaires.

__Nous avons pu__ finir à temps.

__Ils avaient voulu__ commencer ici.

__J'ai pu__ te payer ce voyage.

__Tu as voulu__ venir avec moi.

__Vous pourrez__ monter par ici.

__Je pourrai__ rentrer chez moi.

__Les enfants voudront__ faire comme toi.

__Tu voudras__ sortir ce matin. »

À la fin de chaque phrase, les différentes propositions sont copiées au tableau puis débattues en classe entière, au besoin. On reviendra, à chaque fois, à la règle précédemment étudiée.
Si nécessaire, utiliser l'extrait des ressources numériques ou l'affichage collectif.
La trace écrite collective reste affichée pour les exercices d'entrainement.

2. Synthèse et trace écrite

Durée 15 minutes
Matériel – le cahier de leçon
– les supports de la leçon à manipuler 12-5. Support LAM « pouvoir » et 12-5. Support LAM « vouloir »

Demander aux élèves de faire le point sur tout ce qu'ils ont appris durant cette séquence.
Faire coller la trace écrite sous forme de leçon à manipuler. Elle servira de support pour la réalisation des exercices suivants.

3. Exercices d'entrainement

Durée 15 minutes
Matériel – la trace écrite collective affichée
– les fiches d'exercices bilan où les exercices ont déjà été ciblés individuellement 13-5. Exercice bilan niveau 2, avec ou sans aide
– la grille d'observation 13. Grille d'observation

Faire les exercices en suivant la démarche habituelle.

4. Bilan de la séquence

Durée	5 à 10 minutes
Matériel	les traces écrites précédemment réalisées

Proposer à chaque élève de faire le point sur ses acquisitions.

Exercices bilan, niveau 2

13 **Conjuguer les verbes « pouvoir » et « vouloir »**
Séance 5 – Exercice bilan – niveau 2

……
……

1 Conjugue les verbes entre parenthèses au temps indiqué.

★ **Ton but** : t'entrainer à conjuguer « pouvoir » et « vouloir » avec « je », « il » ou « elle ».

a) Je …… (vouloir, imparfait) partir en balade. Charlie …… (vouloir, imparfait) attendre qu'il fasse beau.

b) J' …… …… (pouvoir, passé composé) préparer notre piquenique.

c) Maintenant que le soleil brille, je …… (pouvoir, présent) partir !

d) Je …… (vouloir, présent) passer par la forêt. Elle …… (vouloir, présent) marcher dans les champs.

e) Je …… (vouloir, futur) me reposer, après. Je …… (pouvoir, futur) m'arrêter dans une clairière.

2 Conjugue les verbes entre parenthèses au temps indiqué.

★ **Ton but** : t'entrainer à conjuguer « pouvoir » et « vouloir » avec « je », « tu », « il » ou « elle ».

a) Petite, je …… (vouloir, imparfait) un chien. Je …… (pouvoir, imparfait) vous embêter longtemps à ce sujet !

b) J' …… …… (vouloir, passé composé) un cheval aussi.

c) Maintenant, je …… (vouloir, présent) un chat. Maman …… (pouvoir, présent) aller voir à la SPA.

d) Tu ne …… (vouloir, présent) pas ? Je …… (pouvoir, futur) m'en occuper toute seule !

e) Maman …… (vouloir, futur) le caresser quand elle lit un livre.

3 Conjugue les verbes entre parenthèses au temps indiqué.

★ **Ton but** : t'entrainer à conjuguer « pouvoir » et « vouloir » avec « il », « elle », « ils » ou « elles ».

a) Pour ses trois ans, Ayoub …… (vouloir, imparfait) une véritable moto, mais ses parents n' …… pas …… (vouloir, passé composé)

b) Pour ses cinq ans, il …… (vouloir, présent) toujours une moto !

c) Ses parents ne …… (pouvoir, présent) pas céder. Ils …… (vouloir, présent) lui offrir un vélo.

d) D'après Ayoub, ses parents …… (pouvoir, futur) toujours utiliser la moto, s'ils veulent !

e) Il …… (vouloir, futur) juste monter derrière. Comme ça, il …… (pouvoir, futur) les surveiller !

4 Conjugue les verbes entre parenthèses au temps indiqué.

★ **Ton but** : t'entrainer à conjuguer « pouvoir » et « vouloir » avec « nous » et « vous ».

a) Anton et moi …… (vouloir, imparfait) voir la tour Eiffel. Papa et toi …… (vouloir, imparfait) visiter le Louvre.

b) Nous ne …… (pouvoir, imparfait) pas tout faire. Vous n' …… pas …… (vouloir, passé composé) que nous soyons déçus.

c) Nous …… …… (pouvoir, passé composé) voir la célèbre tour ! Nous …… (vouloir, présent) vous dire « merci ».

d) La prochaine fois, nous …… (pouvoir, futur) aller au Louvre. Vous …… (vouloir, futur) bien ?

Réussir en conjugaison CE1-CE2 © Éditions Retz

13 **Conjuguer les verbes « pouvoir » et « vouloir »**
Séance 5 – Exercice bilan – niveau 2, avec aide

Prénom : ……
Date : ……

1 Conjugue les verbes entre parenthèses au temps indiqué.

★ **Ton but** : t'entrainer à conjuguer « pouvoir » et « vouloir » avec « je », « il » ou « elle ».

a) Je voul…… (vouloir, imparfait) partir en balade. Charlie voul…… (vouloir, imparfait) attendre qu'il fasse beau.

b) J' …… p…… (pouvoir, passé composé) préparer notre piquenique.

c) Maintenant que le soleil brille, je peu…… (pouvoir, présent) partir !

d) Je veu…… (vouloir, présent) passer par la forêt. Elle veu…… (vouloir, présent) marcher dans les champs.

e) Je voud…… (vouloir, futur) me reposer, après. Je pour…… (pouvoir, futur) m'arrêter dans une clairière.

2 Conjugue les verbes entre parenthèses au temps indiqué.

★ **Ton but** : t'entrainer à conjuguer « pouvoir » et « vouloir » avec « je », « tu », « il » ou « elle ».

a) Petite, je voul…… (vouloir, imparfait) un chien. Je pou…… (pouvoir, imparfait) vous embêter longtemps à ce sujet !

b) J' …… voul…… (vouloir, passé composé) un cheval aussi.

c) Maintenant, je veu…… (vouloir, présent) un chat. Maman peu…… (pouvoir, présent) aller voir à la SPA.

d) Tu ne veu…… (vouloir, présent) pas ? Je pour…… (pouvoir, futur) m'en occuper toute seule !

e) Maman voudr…… (vouloir, futur) le caresser quand elle lit un livre.

3 Conjugue les verbes entre parenthèses au temps indiqué.

★ **Ton but** : t'entrainer à conjuguer « pouvoir » et « vouloir » avec « il », « elle », « ils » ou « elles ».

a) Pour ses trois ans, Ayoub voul…… (vouloir, imparfait) une véritable moto, mais ses parents n' …… pas voul…… (vouloir, passé composé)

b) Pour ses cinq ans, il veu…… (vouloir, présent) toujours une moto !

c) Ses parents ne peuv…… (pouvoir, présent) pas céder. Ils veul…… (vouloir, présent) lui offrir un vélo.

d) D'après Ayoub, ses parents pour…… (pouvoir, futur) toujours utiliser la moto, s'ils veulent !

e) Il voud…… (vouloir, futur) juste monter derrière. Comme ça, il pour…… (pouvoir, futur) les surveiller !

4 Conjugue les verbes entre parenthèses au temps indiqué.

★ Ton but : t'entrainer à conjuguer « pouvoir » et « vouloir » avec « nous » et « vous ».

a) Anton et moi voul…… (vouloir, imparfait) voir la tour Eiffel. Papa et toi voul…… (vouloir, imparfait) visiter le Louvre.

b) Nous ne pouv…… (pouvoir, imparfait) pas tout faire. Vous n' …… pas voul…… (vouloir, passé composé) que nous soyons déçus.

c) Nous …… p…… (pouvoir, passé composé) voir la célèbre tour ! Nous voul…… (vouloir, présent) vous dire « merci ».

d) La prochaine fois, nous pour…… (pouvoir, futur) aller au Louvre. Vous voud…… (vouloir, futur) bien ?

Réussir en conjugaison CE1-CE2 © Éditions Retz

Conjuguer le verbe « voir » (CE1 et CE2)

1. Prérequis

- Savoir reconnaitre un verbe conjugué et son sujet dans une phrase.
- Savoir trouver l'infinitif d'un verbe conjugué.
- Connaitre les pronoms personnels sujets et savoir pronominaliser un groupe nominal sujet.

2. Objectifs

- Renforcer la maitrise de la conjugaison au présent, à l'imparfait, au futur (et au passé composé, en CE2).
- Découvrir la conjugaison du verbe « voir ».

3. Structure de la séquence

- Nombre de séances : 5.
- Durée des séances : 40 à 50 minutes.

4. Déroulement des séances

1. Conjuguer « voir » avec « je » et « tu ».
2. Conjuguer « voir » avec « il » ou « elle » et « ils » ou « elles ».
3. Conjuguer « voir » avec « je », « tu », « il » ou « elle » et « ils » ou « elles ».
4. Conjuguer « voir » avec « nous » et « vous ».
5. Conjuguer « voir » avec toutes les personnes, à tous les temps étudiés.

À savoir

Au présent, la lettre « i » du radical devient « y » pour transcrire le son [j] avec les pronoms « nous » et « vous ».

Ce changement est aussi présent à l'imparfait pour toutes les personnes.

Au futur, le radical devient « ver- ».

À tous les temps, les terminaisons sont régulières.

Séance 1 | Conjuguer « voir » avec « je » et « tu »

SÉANCE DE DÉCOUVERTE

1. Rechercher l'orthographe du verbe avec « je » et « tu »

Durée 15 minutes

Matériel
- une ardoise par élève (ou un cahier d'essai)
- les affiches collectives de récolte Exemple d'affiche collective de récolte CE1 et Exemple d'affiche collective de récolte CE2
- une affiche vierge
- les extraits à projeter 14. Exemples « voir »

Noter au tableau l'infinitif du verbe « voir » en expliquant qu'il s'agit du verbe qui sera travaillé aujourd'hui.
Dicter les phrases suivantes.

> ***Je vois*** *un oiseau.*
>
> ***Tu vois*** *des feuilles tomber.*
>
> ***Je voyais*** *un arbre.*
>
> ***Tu voyais*** *des fleurs.*
>
> ***J'ai vu*** *des couleurs.* (CE2)
>
> ***Tu as vu*** *des formes.* (CE2)
>
> ***Je verrai*** *demain.*
>
> ***Tu verras*** *plus tard.*

Le présent ne posera pas de problème, car il s'écrit comme il s'entend et le marqueur de la personne est régulier.
À l'imparfait, le « y » pourrait manquer : entre deux voyelles, la lettre « i » devient « y ».
Au futur, les deux « r » ne seront pas toujours présents et la lettre « e » sera parfois écrite avec un accent aigu car, selon les régions, il arrive que l'on prononce quelque chose qui ressemble à [veʀe] (« véré »).

À la fin de chaque phrase, les différentes propositions sont copiées au tableau puis débattues en classe entière, si nécessaire. On reviendra, à chaque fois, à la règle précédemment étudiée qui sera reformulée par les élèves eux-mêmes.
S'appuyer sur l'affiche de récolte complétée tout au long de l'année. Sinon, utiliser l'extrait des ressources numériques, adapté.
Une fois validée, la bonne réponse sera consignée sur l'affiche collective. Rappeler le code utilisé.

Exemple de trace écrite :

	IMPARFAIT	PRÉSENT	FUTUR
JE	je voyais	je vois	je verrai
TU	tu voyais	tu vois	tu verras

En CE2, la colonne « passé composé » sera à gauche de la colonne « imparfait ».

Cet affichage permettra de faire remarquer :

- la régularité des terminaisons pour les trois temps ;
- la présence de la lettre « y » remplaçant la lettre « i » dans le radical à l'imparfait ;
- la lettre « r » du radical, doublée par celle de la terminaison au futur (il y a donc deux « r »).

Cette trace écrite reste affichée pour les exercices d'entrainement.

2. Exercice d'entrainement

Durée 20 minutes

Matériel
- la trace écrite collective affichée
- les fiches de l'exercice individuel (ou l'exercice projeté au tableau) 14-1. Exercice individuel niveau 1 et 14-1. Exercice individuel niveau 2, avec ou sans aide
- la grille d'observation 14. Grille d'observation

Faire les exercices en suivant la démarche habituelle.

3. Bilan

Durée 5 minutes

Matériel la trace écrite collective

Demander aux élèves de faire le point sur ce qu'ils ont appris et retenu.

Séance 2 | Conjuguer « voir » avec « il » ou « elle » et « ils » ou « elles »

SÉANCE DE DÉCOUVERTE

1. Rechercher l'orthographe du verbe avec « il » ou « elle » et « ils » ou « elles »

Durée 15 minutes

Matériel
- une ardoise par élève (ou un cahier d'essai)
- les affiches collectives de récolte Exemple d'affiche collective de récolte CE1 et Exemple d'affiche collective de récolte CE2
- une affiche vierge
- les extraits à projeter 14. Exemples « voir »

Faire rappeler le travail mené lors de la séance précédente. Noter au tableau l'infinitif du verbe « voir » en précisant qu'il s'agit de poursuivre le travail mené sur ce verbe.

Dicter les phrases suivantes.

« ***Il voit*** *de loin.*

Elles voient *très bien.*

Le chat voyait *dans la nuit.*

Les chouettes voyaient *dans le noir.*

Mon frère *n'y* ***a vu*** *que du feu.* (CE2)

Elles *n'****ont*** *rien* ***vu****.* (CE2)

Il verra *les nuages arriver.*

Ils verront *les plantes pousser.* »

La lettre « y » est toujours présente à l'imparfait.
Le radical du futur est inchangé.
Dans « ils voient », on ne peut pas juste mettre les lettres « -nt » pour marquer la personne, car « ils voint » se prononcerait [vwɛ̃] et non [vwa].

À la fin de chaque phrase, les différentes propositions sont copiées au tableau puis débattues en classe entière, si nécessaire. On reviendra, à chaque fois, à la règle précédemment étudiée.
S'appuyer sur l'affiche collective de récolte complétée tout au long de l'année ou sur l'extrait des ressources numériques, adapté.

Une fois validée, la bonne réponse sera consignée sur l'affiche collective. Rappeler le code utilisé.

Exemple de trace écrite :

	IMPARFAIT	PRÉSENT	FUTUR
IL	il voyait	il voit	il verra
ILS	ils voyaient	ils voient	ils verront

En CE2, la colonne « passé composé » sera à gauche de la colonne « imparfait ».

Cet affichage permettra de faire remarquer :

- la régularité des terminaisons à tous les temps ;
- la lettre « i » devenant « y » pour réaliser le son [j] à l'imparfait et au présent ;
- le radical du futur qui reste le même que pour « je » et « tu ».

Cette trace écrite reste affichée pour les exercices d'entrainement.

2. Exercice d'entrainement

Durée 20 minutes

Matériel
- la trace écrite collective affichée
- les fiches de l'exercice individuel (ou l'exercice projeté au tableau) 14-2. Exercice individuel niveau 1 et 14-2. Exercice individuel niveau 2, avec ou sans aide
- la grille d'observation 14. Grille d'observation

Faire les exercices en suivant la démarche habituelle.

3. Bilan

Durée 5 minutes

Matériel la trace écrite collective

Demander aux élèves de faire le point sur ce qu'ils ont appris et retenu.

Séance 3 | Conjuguer « voir » avec « je », « tu », « il » ou « elle » et « ils » ou « elles »

SÉANCE D'ENTRAINEMENT

1. Rappel des séances précédentes

Durée	15 minutes
Matériel	– la trace écrite collective affichée – une ardoise par élève (ou un cahier d'essai)

Faire rappeler le travail mené lors des séances précédentes. Noter au tableau l'infinitif du verbe « voir » en précisant qu'il s'agit de poursuivre le travail mené sur ce verbe.

Dicter les phrases suivantes.

« ***Je vois*** *ce que tu veux dire.*

Tu vois *assez mal.*

Ils voient *ce tableau.*

Elle voit *cette œuvre.*

Je voyais *une silhouette.*

Tu voyais *une ombre.*

Il voyait *le ciel.*

Les personnes voyaient *les arbres tanguer.*

Ils ont vu *une exposition.* (CE2)

Elle a vu *un spectacle.* (CE2)

J'ai vu *une pièce de théâtre.* (CE2)

Tu as vu *ce chat arriver de loin.* (CE2)

Je verrai *bien.*

Tu verras *quand ce sera le moment.*

Ils verront *notre représentation.*

Ton père verra *tout ce que tu as appris.* »

À la fin de chaque phrase, les différentes propositions sont copiées au tableau puis débattues en classe entière, au besoin. On reviendra, à chaque fois, à la règle précédemment étudiée.

Si nécessaire, utiliser l'extrait des ressources numériques ou l'affiche collective.

La trace écrite collective reste affichée pour les exercices d'entrainement.

2. Exercice d'entrainement

Durée 20 minutes
Matériel
– la trace écrite collective affichée
– les fiches de l'exercice individuel (ou l'exercice projeté au tableau) 14-3. Exercice individuel niveau 1 et 14-3. Exercice individuel niveau 2, avec ou sans aide
– la grille d'observation 14. Grille d'observation

Faire les exercices en suivant la démarche habituelle.

3. Bilan

Durée 5 minutes
Matériel la trace écrite collective

Demander aux élèves de faire le point sur ce qu'ils ont appris et retenu.

Séance 4 | Conjuguer « voir » avec « nous » et « vous »

SÉANCE DE DÉCOUVERTE

1. Rechercher l'orthographe du verbe avec « nous » et « vous »

Durée 15 minutes
Matériel
– une ardoise par élève (ou un cahier d'essai)
– les affiches collectives de récolte Exemple d'affiche collective de récolte CE1 et Exemple d'affiche collective de récolte CE2
– une affiche vierge
– les extraits à projeter 14. Exemples « voir »

Faire rappeler le travail mené lors des séances précédentes. Noter au tableau l'infinitif du verbe « voir » en précisant qu'il s'agit de poursuivre le travail mené sur ce verbe.

Dicter les phrases suivantes.

« ***Nous voyons*** *très bien ce que vous voulez dire.*

Vous voyez *l'harmonie de ces couleurs.*

Nous voyions *parfaitement.*

Vous voyiez *très précisément ce détail.*

Vous avez vu *la beauté du paysage.* (CE2)

Nous avons vu *un étrange personnage.* (CE2)

Nous verrons *ça ensemble.*

Vous verrez *comme j'ai bien rangé ma chambre.* »

Au présent aussi, la lettre « i » devient « y » entre deux voyelles.
Comme souvent avec les pronoms « nous » et « vous », les formes de l'imparfait et du présent se ressemblent beaucoup : la différence ne s'entend pas vraiment, ici, mais la lettre « i » de la terminaison de l'imparfait ne doit pas être oubliée.

À la fin de chaque phrase, les différentes propositions sont copiées au tableau puis débattues en classe entière, si nécessaire. On reviendra, à chaque fois, à la règle précédemment étudiée.
S'appuyer sur l'affiche collective de récolte complétée tout au long de l'année ou sur l'extrait des ressources numériques, adapté.
Une fois validée, la bonne réponse sera consignée sur l'affiche collective. Rappeler le code utilisé.

Exemple de trace écrite :

	IMPARFAIT	PRÉSENT	FUTUR
NOUS	nous voyions	nous voyons	nous verrons
VOUS	vous voyiez	vous voyez	vous verrez

En CE2, la colonne « passé composé » sera à gauche de la colonne « imparfait ».

Cet affichage permettra de faire remarquer :
- la régularité des terminaisons à tous les temps ;
- la lettre « i » devenant « y » pour réaliser le son [j] à l'imparfait et au présent ;
- le radical du futur qui reste le même que pour les autres pronoms ;

– la lettre « i » en début de terminaison de l'imparfait qui est maintenue malgré la présence de la lettre « y ».

Cette trace écrite reste affichée pour les exercices d'entrainement.

2. Exercice d'entrainement

Durée 20 minutes

Matériel
– la trace écrite collective affichée
– les fiches de l'exercice individuel (ou l'exercice projeté au tableau) 14-4. Exercice individuel niveau 1 et 14-4. Exercice individuel niveau 2, avec ou sans aide
– la grille d'observation 14. Grille d'observation

Faire les exercices en suivant la démarche habituelle.

3. Bilan

Durée 5 minutes

Matériel la trace écrite collective

Demander aux élèves de faire le point sur ce qu'ils ont appris et retenu.

Séance 5 | Conjuguer « voir » avec toutes les personnes, à tous les temps étudiés

SÉANCE DE BILAN

1. Rappel des séances précédentes

Durée 15 minutes.

Matériel
– la trace écrite collective affichée
– une ardoise par élève

Faire rappeler le travail mené lors des séances précédentes et ce qui a été appris, succinctement.

Préciser l'objectif de la séance : s'entrainer sur tout ce qui a été appris durant la séquence.

Dicter les phrases suivantes après avoir noté l'infinitif « voir » au tableau.

« ***Nous voyons*** *une œuvre d'art.*

Hier, ***nous voyions*** *mieux le soleil.*

Vous voyez *le tableau maintenant.*

Dans votre ancien appartement, ***vous voyiez*** *la tour Eiffel de votre fenêtre.*

Je vois *un beau livre dans ce rayon.*

Tu vois *un jouet dans celui-ci.*

Il voit *une boite de cartes à collectionner.*

Mes sœurs voient *de belles figures.*

Mes parents voyaient *un bureau bien rangé.*

Ma tante voyait *un beau ciel bleu.*

Je voyais *les nuages se déplacer dans le ciel.*

Ma maitresse a vu *mon casier en désordre.* (CE2)

J'ai vu *un numéro de clown.* (CE2)

Tu as vu *des dizaines de tableaux.* (CE2)

Mon petit frère a vu *ma collection de voitures.* (CE2)

Je verrai *ce que je peux faire.*

Vous verrez *cette leçon en classe.*

Tu verras *ton oncle demain.*

Nous verrons *la forêt et les montagnes.* »

À la fin de chaque phrase, les différentes propositions sont copiées au tableau puis débattues en classe entière, au besoin. On reviendra, à chaque fois, à la règle précédemment étudiée.
Si nécessaire, utiliser l'extrait des ressources numériques ou l'affiche collective.
La trace écrite collective reste affichée pour les exercices d'entrainement.

2. Synthèse et trace écrite

Durée	15 minutes
Matériel	– le cahier de leçon – les supports de la leçon à manipuler 14-5. Support LAM « voir »

Demander aux élèves de faire le point sur tout ce qu'ils ont appris durant cette séquence.
Faire coller la trace écrite sous forme de leçon à manipuler. Elle servira de support pour la réalisation des exercices suivants.

3. Exercices d'entrainement

Durée 15 minutes
Matériel
– la trace écrite collective affichée
– les fiches d'exercices bilan où les exercices ont déjà été ciblés individuellement 14-5. Exercice bilan niveau 1 et 14-5. Exercice bilan niveau 2, avec ou sans aide
– la grille d'observation 14. Grille d'observation

Faire les exercices en suivant la démarche habituelle.

4. Bilan de la séquence

Durée 5 à 10 minutes
Matériel les traces écrites précédemment réalisées

Proposer à chaque élève de faire le point sur ses acquisitions.

Exercices bilan, niveaux 1 et 2

14 **Conjuguer le verbe « voir »**
Séance 5 – Exercice bilan – niveau 1

Prénom : ....
Date : ....

1 Conjugue le verbe « voir » au temps indiqué.

★ **Ton but** : t'entrainer à conjuguer « voir » avec « je », « il » ou « elle ».

a) Je ______ (voir, présent) tous les livres de la bibliothèque. Avant, je ne ______ (voir, imparfait) pas ceux qui se trouvaient tout en haut. J'étais trop petit.

b) Demain, je ______ (voir, futur) les romans que tu as achetés. Je ne ______ (voir, imparfait) pas pourquoi tu en voulais plus, mais tu dis que tu as déjà lu tous ceux que nous avons.

c) Je ______ (voir, présent) que tu as besoin de nouveauté. Je ______ (voir, futur) si ces romans me plaisent.

d) Mon frère les ______ (voir, futur) plus tard. Je ______ (voir, présent) qu'il préfère les albums.

2 Conjugue le verbe « voir » au temps indiqué.

★ **Ton but** : t'entrainer à conjuguer « voir » avec « je », « tu », « il » ou « elle ».

a) Tu ______ (voir, imparfait) ton parrain tous les lundis. Je ______ (voir, imparfait) que tu étais contente.

b) Il venait à ton cours de karaté et il te ______ (voir, imparfait) t'entrainer.

c) Maintenant, tu le ______ (voir, présent) un peu moins. Je ______ (voir, présent) que tu es contrariée.

d) Quand tu seras adulte, tu ______ (voir, futur) qu'on ne fait pas toujours ce que l'on veut.

e) Il ______ (voir, futur) ta compétition ! Je ______ (voir, futur) s'il peut venir manger après.

3 Conjugue le verbe « voir » au temps indiqué.

★ **Ton but** : t'entrainer à conjuguer « voir » avec « il », « elle », « ils » ou « elles ».

a) Les chevaliers ______ (voir, imparfait) la princesse à son balcon tous les jours.

b) Ce qu'ils ne ______ (voir, imparfait) pas, c'est qu'elle ______ (voir, imparfait) son maitre d'armes tous les jours.

c) Les chevaliers ______ (voir, présent) un dragon terrifiant dans sa grotte.

d) La princesse ______ (voir, présent) leur peur. Elle entre. Est-ce que le dragon la ______ (voir, futur) ?

e) Les chevaliers ______ (voir, futur) qu'elle est douée. Elle ______ (voir, futur) leur admiration.

4 Conjugue le verbe « voir » au temps indiqué.

★ **Ton but** : t'entrainer à conjuguer « voir » avec « nous » et « vous ».

a) Vous ne ______ (voir, imparfait) pas le mur quand vous êtes entrés dans la salle.

b) Nous ne ______ (voir, imparfait) pas non plus les traces de feutre sur ce mur.

c) Maintenant, nous ______ (voir, présent) ces traces. Par contre, nous ne ______ (voir, présent) pas les feutres.

d) Si vous ______ (voir, présent) les feutres, dites-nous où ils sont. Nous ______ (voir, futur) où les ranger.

e) Vous ______ (voir, futur) bien si le coupable est parmi vous. Nous ______ (voir, futur) quoi faire.

Réussir en conjugaison CE1-CE2 © Éditions Retz

14 **Conjuguer le verbe « voir »**
Séance 5 – Exercice bilan – niveau 2

Prénom : ....
Date : ....

1 Conjugue le verbe « voir » au temps indiqué.

★ **Ton but** : t'entrainer à conjuguer « voir » avec « je », « il » ou « elle ».

a) Je ______ (voir, futur) mon ami Tom cet après-midi. Il ______ (voir, futur) à quelle heure il pourra venir.

b) Il ______ ______ (voir, passé composé) que j'étais impatient, mais je ne ______ (voir, présent) pas sa voiture.

c) Quand il sera là, Tom ______ (voir, futur) ma nouvelle collection de pièces de monnaie.

d) Je ne me ______ (voir, imparfait) pas collectionneur, avant. Mais j' ______ ______ (voir, passé composé) la collection de mon voisin.

e) Il ______ (voir, imparfait) l'envie dans mon regard et m'a donné ma première pièce.

2 Conjugue le verbe « voir » au temps indiqué.

★ Ton but : t'entrainer à conjuguer « voir » avec « je », « tu », « il » ou « elle ».

a) Je ______ (voir, présent) les nuages gris qui approchent. Tu ______ (voir, présent) bien qu'il va pleuvoir.

b) Ce matin, je ne ______ (voir, imparfait) rien dans le ciel et tu ne ______ (voir, imparfait) pas pourquoi nous annulerions le barbecue.

c) J' ______ ______ (voir, passé composé) que tu étais déçu. Mais ton frère peut venir, malgré tout.

d) Tu ______ (voir, futur) : le repas que j'ai préparé sera quand même très bon.

e) Je ______ (voir, futur) si ton frère l'apprécie. Il ______ (voir, futur) mes talents de cuisinier !

3 Conjugue le verbe « voir » au temps indiqué.

★ Ton but : t'entrainer à conjuguer « voir » avec « il », « elle », « ils » ou « elles ».

a) L'héroïne ne ______ (voir, imparfait) pas les voleurs. Les policiers ne les ______ (voir, imparfait) pas non plus.

b) Pourtant, elle ______ ______ (voir, passé composé) les voitures de police encercler la banque.

c) Les voleurs ______ ______ (voir, passé composé) la police mais ils ne ______ (voir, présent) pas l'héroïne arriver.

d) L'héroïne utilise sa vision laser et ______ (voir, présent) qu'elle peut neutraliser les voleurs.

e) Elle ______ (voir, futur) comment libérer les otages. Ils ______ (voir, futur) sa puissance !

4 Conjugue le verbe « voir » au temps indiqué.

★ Ton but : t'entrainer à conjuguer « voir » avec « nous » et « vous ».

a) Vous ______ ______ (voir, passé composé) le reportage sur les librairies ? Nous l' ______ ______ (voir, passé composé) hier.

b) Avant, nous ne ______ (voir, imparfait) pas ce métier ainsi, et nous ne ______ (voir, futur) plus le libraire au coin de la rue de la même façon.

c) Vous ______ (voir, présent) le temps qu'il passe à discuter avec les clients ? Nous ______ (voir, imparfait) le temps que ça nous faisait perdre, mais nous ne ______ (voir, imparfait) pas la qualité de ses conseils.

d) Vous ______ (voir, futur) comme le temps que le libraire prend est important.

Réussir en conjugaison CE1-CE2 © Éditions Retz

Bibliographie

Pour en savoir plus sur la conjugaison horizontale, voir :
- le blog de François Kleczewski : https://lewebpedagogique.com/conjugaison-horizontalece1/
- la publication de Carole Tisset : https://lewebpedagogique.com/conjugaison-horizontalece1/files/2016/01/Conjugaison-horizontale-Surtout-renoncer-au-tableau-de-conjugaison-BLE-91-n%C2%B025.pdf

Ouvrages théoriques

Quelle grammaire enseigner ?, Jean-Christophe Pellat (dir), Hatier, 2009.

Réussir son entrée en grammaire, Françoise Bellanger et Aurélie Bellanger, Retz, 2019.

Utiliser les cartes mentales à l'école, Muriel Lauzeille, Retz, 2017.

Publications officielles

BO n° 30 du 26 juillet 2018 : https://www.education.gouv.fr/bo/18/Hebdo30/MENE1820169A.htm?cid_bo=132987

Séquence 6, sur l'imparfait : Éduscol, *Liste de fréquence lexicale* : https://eduscol.education.fr/cid50486/liste-frequence-lexicale.html

Présentation des ressources numériques

• Retrouver les ressources en ligne sur mes-ressources-pedagogiques.editions-retz.com (voir page 2 de couverture) ou installer le DVD-Rom

Sur PC : Insérer le disque dans votre lecteur. L'installation se lance automatiquement. Si ce n'est pas le cas, aller dans « Poste de travail » (menu « Démarrer »), cliquer sur le fichier « Reussir_en_conjugaison_CE1-CE2_PC.exe » et suivre les étapes d'installation jusqu'à la fin. Une icone s'affiche alors sur le « Bureau » : double cliquer dessus pour lancer l'application.

Sur Mac : Insérer le disque dans votre lecteur et double cliquer sur l'icône pour l'ouvrir. Double cliquer sur « Reussir_en_conjugaison_CE1-CE2_MAC.dmg » puis glisser l'application dans le dossier « Applications ». Aller dans le dossier « Applications » et double cliquer sur « Reussir_en_conjugaison_CE1-CE2 ».

L'insertion du DVD n'est plus nécessaire une fois l'application installée sur l'ordinateur (PC et Mac).

Sur Linux : Insérer le disque dans votre lecteur et double cliquer sur « Reussir_en_conjugaison_CE1-CE2_linux64.tar.gz » puis décomposer le dossier. Double cliquer sur l'application pour l'ouvrir.

• Naviguer dans l'application

Cliquer sur le logo pour accéder au site des éditions Retz.

Cliquer sur la séquence souhaitée pour accéder aux ressources associées.

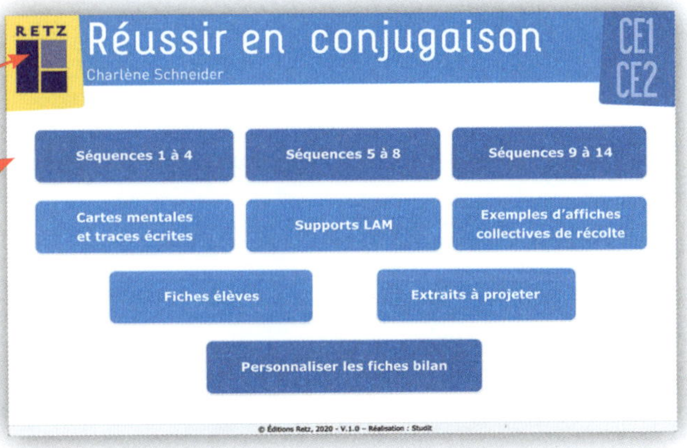

Cliquer sur le bandeau supérieur pour retourner à l'écran d'accueil.

Le titre du bloc sélectionné s'affiche en jaune.

Cliquer sur ces boutons pour accéder directement aux autres domaines, sans repasser par l'écran d'accueil.

L'ensemble des ressources associées à la séquence s'affiche dans la partie droite de l'écran.

• Toutes les ressources nécessaires à la mise en œuvre des activités, organisées par séquence.

Cliquer sur le nom du document pour le visionner, l'imprimer ou le vidéoprojeter… le document s'affiche dans une nouvelle fenêtre :

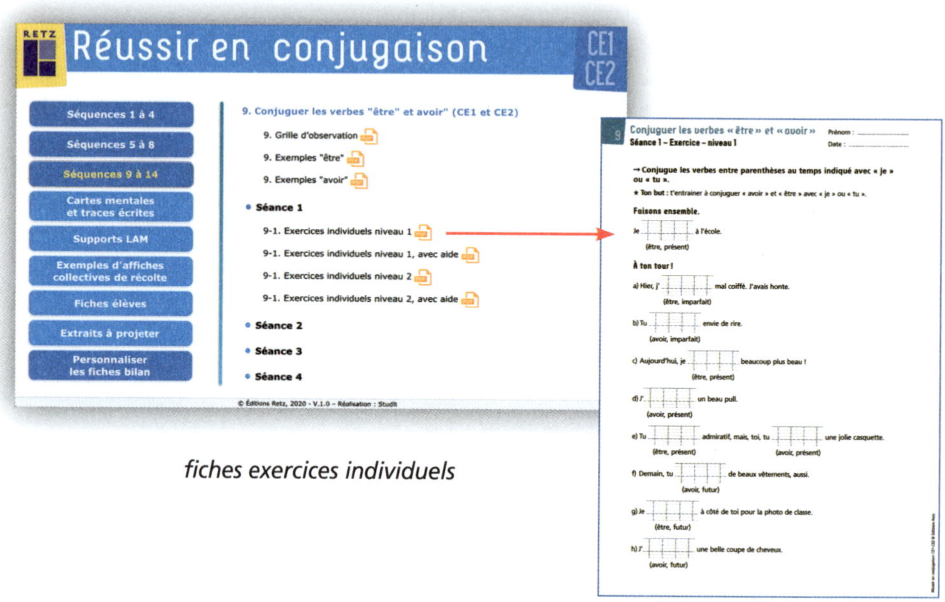

fiches exercices individuels

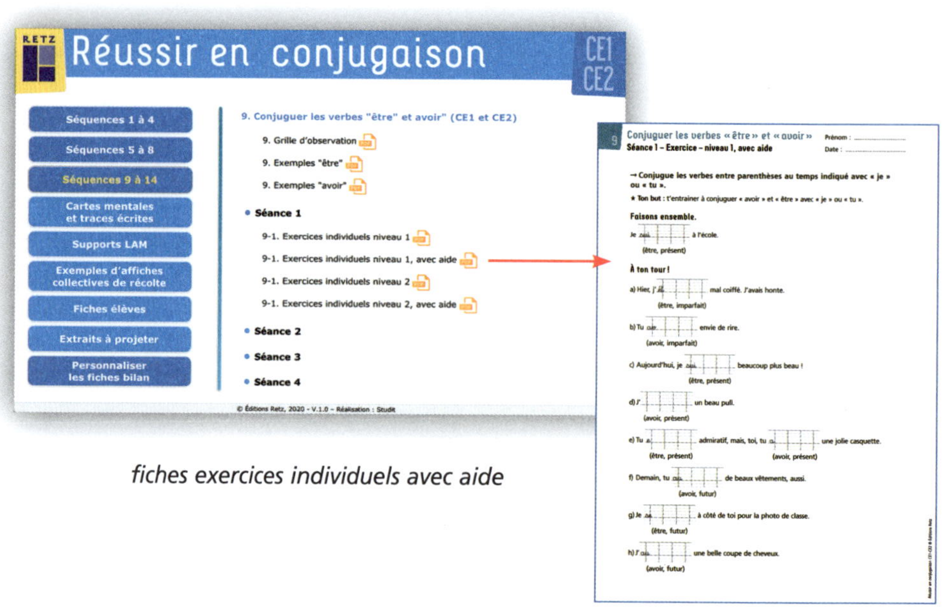

fiches exercices individuels avec aide

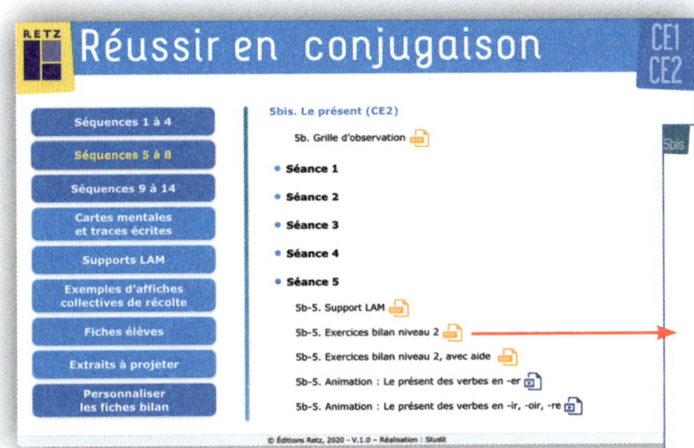

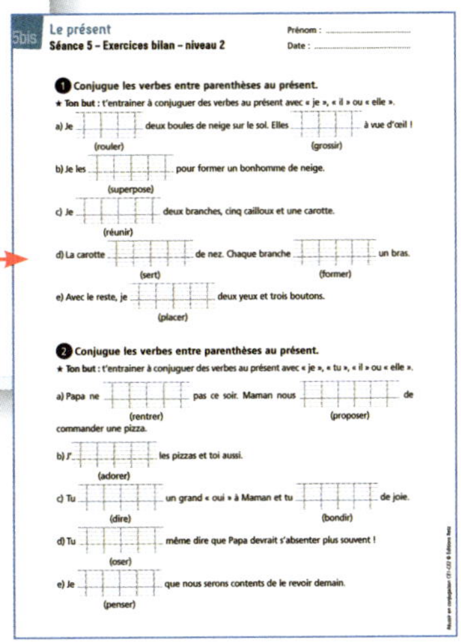

fiches exercices bilan

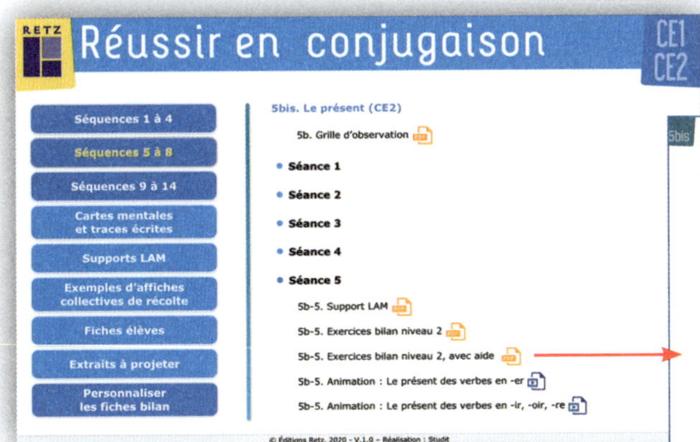

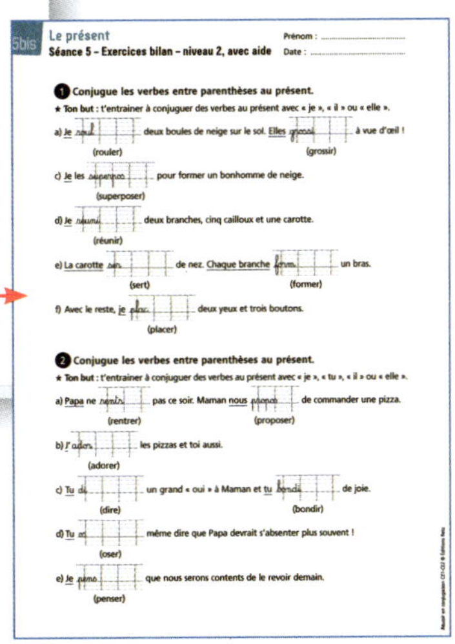

fiches exercices bilan avec aide

• Personnaliser les fiches élèves bilan

Réussir en conjugaison au CE1-CE2 propose des fiches élèves personnalisables et enregistrables.

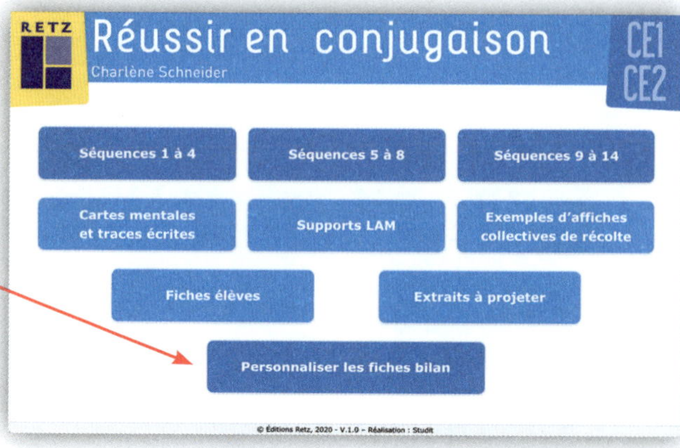

Cliquer sur la loupe pour afficher l'exercice.

Cliquer sur le + ou faire glisser les exercices choisis pour les faire apparaitre à droite de l'écran.

Changer l'ordre des exercices à l'aide des flèches, ou les supprimer en cliquant sur la croix.

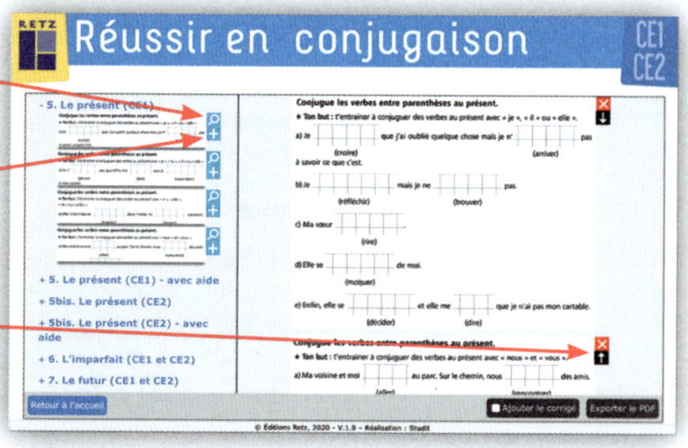

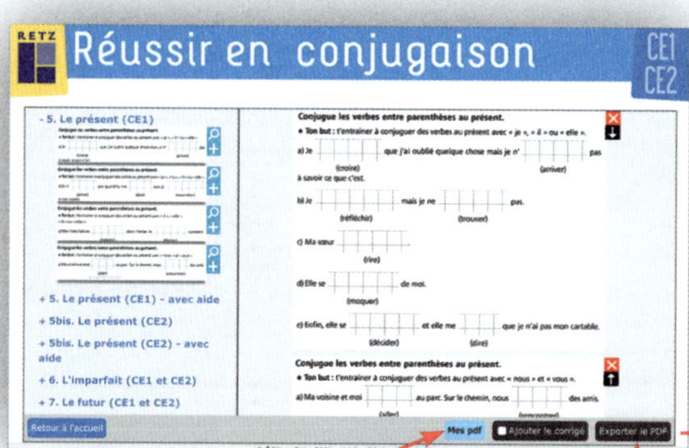

Cliquer sur « Mes pdf » pour ouvrir le dossier contenant les fiches personnalisées.

Cliquer sur « Exporter le PDF » pour générer la fiche personnalisée et pour l'enregistrer.

Le pdf exporté.

• Utiliser les tableaux dynamiques : cliquer sur la case du pronom personnel pour afficher un exemple

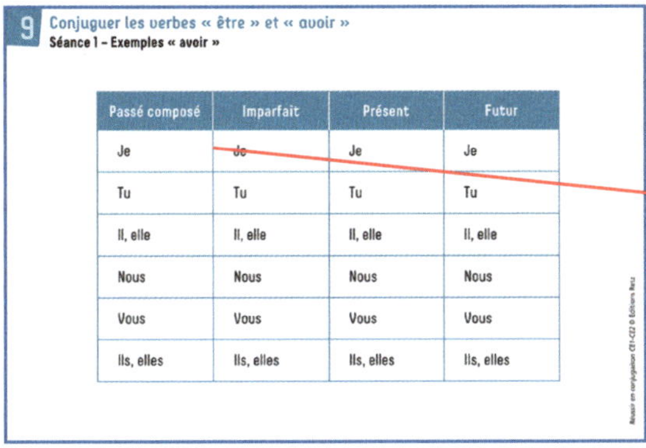
9 Conjuguer les verbes « être » et « avoir »
Séance 1 – Exemples « avoir »

Passé composé	Imparfait	Présent	Futur
Je	Je	Je	Je
Tu	Tu	Tu	Tu
Il, elle	Il, elle	Il, elle	Il, elle
Nous	Nous	Nous	Nous
Vous	Vous	Vous	Vous
Ils, elles	Ils, elles	Ils, elles	Ils, elles

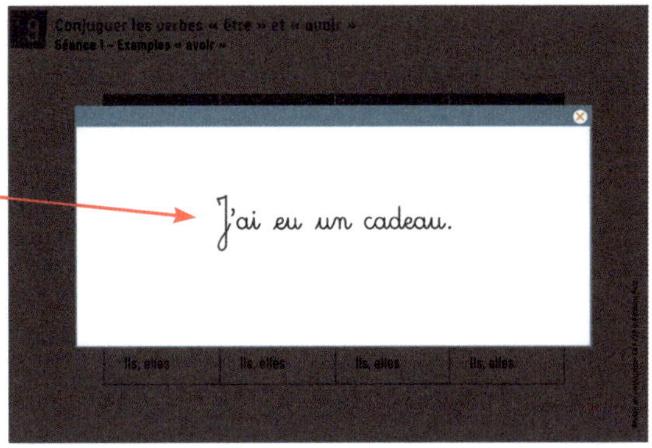

• Utiliser les cartes mentales et les supports LAM

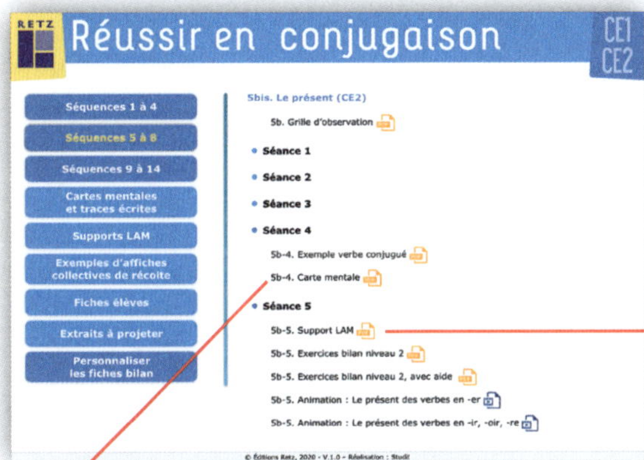

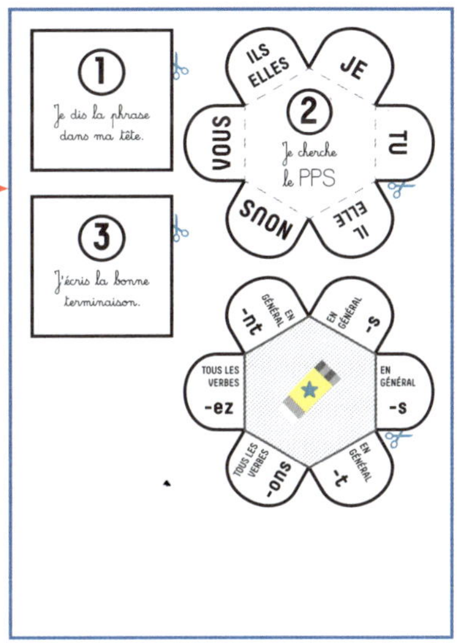

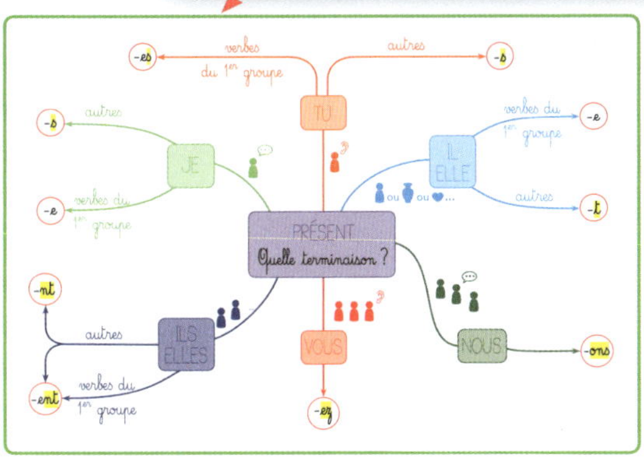

Le logiciel automatiquement utilisé pour cet affichage (Adobe Reader, Aperçu...) permet d'agir sur le document : zoom, rotation, impression...

Direction éditoriale : Céline Lorcher
Édition : Anne-Sophie Tilly
Illustration des figurines de la séquence 1 : Sophie Rohrbach
Illustrations des ressources numériques : Émilie Graebling
Toutes les photos sont des photos de l'auteure.
Création de la maquette : Nicolas Piroux
Mise en page : Patrick Leleux PAO
Correction : Bérengère de Rivoire
Réalisation du DVD-Rom : Studit
Conception et réalisation de la couverture : Nicolas Piroux
Photo de couverture : © iStock
Police cursive SG Stylo – SG Écriture – SG Normalize © 4HEURES, 1er juillet 2003

N° de projet : 10267197
Dépôt légal : juillet 2020 - N° 202007.0232
Achevé d'imprimer en France en août 2020
sur les presses de l'imprimerie Chirat

Conçu & fabriqué en France